乡村治理能力建设研究

印子 著

陕西新华出版传媒集团
陕西人民出版社

图书在版编目（CIP）数据

乡村治理能力建设研究 / 印子著. 一西安：陕西人民出版社，2021.2

ISBN 978-7-224-13925-9

Ⅰ.①乡… Ⅱ.①印… Ⅲ.①农村—群众自治—研究—中国 Ⅳ.①D638

中国版本图书馆 CIP 数据核字(2021)第 020817 号

总 策 划：宋亚萍
责任编辑：王亚嘉　党静媛
整体设计：白明娟

乡村治理能力建设研究

作　　者　印　子
出版发行　陕西新华出版传媒集团　陕西人民出版社
（西安北大街 147 号　邮编：710003）
印　　刷　西安市建明工贸有限责任公司
开　　本　787 毫米×1092 毫米　1/32
印　　张　8.5
字　　数　210 千字
版　　次　2021 年 2 月第 1 版
印　　次　2022 年 4 月第 2 次印刷
书　　号　ISBN 978-7-224-13925-9
定　　价　68.00 元

目录

导　论

一、乡村治理能力的困境

进入21世纪，乡村治理格局发生巨变，其中最大的变化是农业税费的取消和几乎与之同步进行的乡镇机构改革，两者对乡村治理产生了一系列的深远影响。[①] 在农业税费时期，国家向农民收取的农业税被用于支撑国家的现代化建设和维持基层政权的运作；而集体向农民收取的各种农业费用，主要用于改善农业生产条件和维持村级组织的运作。农业税费的取消，意味着国家和集体都不再向农民汲取农业剩余，这极大地减轻了乡村干部的工作压力，但由此产生的结果是村干部无法通过农业税费收缴与农民紧密互动，农民也很难以是否上缴农业税费为砝码，向乡村干部表达自身的治理需求。与此同时，乡镇机构改革使得人员编制得到精简，机构设置上更加简约，减少了乡镇政府的整体规模，扩大了乡镇政府的治理规模，增强了乡镇政府的治理负荷。在缺钱少人的环境下，乡镇政府除了依靠上级转移支付勉强维持机构运转，几乎无法为乡村社会供给农业生产生活方面的公

① 周飞舟：《从汲取型政权到“悬浮型”政权——税费改革对国家与农民关系之影响》，《社会学研究》2006年第3期。

共品。

针对乡村治理改革所产生的不良后果，国家通过对乡村社会的战略性反哺，在限制基层政权人事规模和公共财力的前提下，以公共资源下乡的方式，意图解决乡村社会发展的资源短缺难题。近十多年来，国家向乡村社会投入了巨大资源，乡村社会生产生活的基础条件获得极大改善，乡村道路、乡村医疗、农田水利设施、人居饮用水、电力设施、通信网络等都全面实现了提档升级。相比于20世纪，当代的乡村社会可谓焕然一新。在此基础上，党中央进一步提出实施乡村振兴战略，这可以被视为有史以来规模最大的国家主导型乡村建设计划。党中央明确提出了要推进和完善乡村治理体系和治理能力的现代化，主要目的就是为了确保乡村振兴战略的各项举措能够在乡村社会顺利开展。

本书关注并试图对当代乡村治理能力进行一个经验性的理解，而非抽象的理论解说。众所周知，治理能力通常是指国家能力，党的十八大提出“国家治理体系和治理能力”后，国家治理能力开始在学界成为流行的学术术语。目前对我国国家治理实践最具见解和影响的观点是王绍光提出的基础性国家能力理论，他把基础性国家能力分为强制能力、汲取能力、濡化能力、国家认证能力、规管能力、统领能力、再分配能力、吸纳和整合能力八个方面。[①] 相比之下，国家治理能力侧重于中央政府对国家宏观侧面的治理能力，而乡村治理能力所指涉的治理事务显然更为微观。简要来看，乡村治理能力是指乡村治理主体完成乡村治理事务的能力，其中乡村治理主体不仅是指乡镇政府和村级组织，也包括乡村社会中的社会力量。扩展地看，乡村治理能力所面对的是乡村社会，以基层政权为主体和支点，而所涉及的事

① 王绍光：《国家治理与基础性国家能力》，《华中科技大学学报（社会科学版）》2014年第3期。

务至少包括纠纷解决、村级治理和政策执行等重要方面。

在乡村治理不同时期，乡村治理能力具有完全不同的具体含义。农业税费时期，乡村治理能力的关键是确保国家顺利地汲取农业剩余，以在支持现代化建设的同时最大限度地降低国家的社会治理成本。[①] 由于乡村社会流动性不强，加上农业税费和计划生育是国家要求完成的两项基本国策，乡村治理的事务虽异常繁重却又相对单一，当前，乡村社会、基层政权和乡村治理事务均处于不断变化之中，这无疑给乡村治理能力带来挑战，也为建构新时期的乡村治理能力提供了重要契机。

乡村治理能力与国家治理事务有紧密关联，同时又具有自身的相对独立性。国家治理能力决定了特定治理领域的宏观制度架构，乡村治理能力在很多方面是对国家治理能力的补充。但是，因与基层社会紧密联系，乡村治理能力又往往无法表现为一系列的制度性治理能力，而是表现为一种过程性、互动性、协商性的实践性治理能力。比如，国家通过汲取能力可以获得公共财政，公共财政既可以用于扩大再生产，同时也可以用于改善社会福利。如国家将公共财政收入用于社会救助，就是国家再分配能力的体现。国家能够逐年增加并稳定保持对社会救助的财政预算，可以认为国家在社会救助上实现了再分配能力。但是，国家再分配能力的充分实现，并不意味着自上而下的稀缺资源就能够准确地落地。在社会救助资源向乡村社会分配的过程中，实现准确的资源配置需要依靠较强的乡村治理能力。在公共福利资源分配中，乡村治理能力是准确识别福利资源受体、有效审核福利资源申请的能力，这不仅需要乡镇政府能够实现有效的行政审核，同时也需要乡村社会内部能够实现有效的民主治理。

① 焦长权：《国家与农民关系悖论的生成与转变》，《文化纵横》2016 年第 10 期。

也就是说，有效的乡村治理能力不仅需要具备以国家能力为支撑的强有力的科层权力，也需要具备能够有效应对不规则的乡村治理事务的“乡村治权”。[1] 其中，科层权力是国家的正规性权力，具有专业化、标准化、法治化的内在属性，科层权力的运作通常以分工明确的职能部门或机构站所为组织载体；而“乡村治权”则是以实现综合性治理目标为核心的权力，通常表现为行政资源的统筹利用和工作方法的灵活、全能和多变。在乡村治理中，只有两者相互配合、有机协同，乡村治理体系才能生成有效的乡村治理能力，以有效应对纷繁复杂的乡村治理事务。

“乡村治理能力”的提出，说明党中央已经深刻意识到，国家治理能力的建设无法涵盖乡村社会发展所涉及的诸多治理事务，乡村治理能力在国家实施乡村振兴战略中具有不可替代的功用。在国家治理能力不断提升的过程中，必须推进乡村治理能力的现代化。同时，在现有乡村治理体系中，普遍出现了乡村治理能力的不足。最为突出的一点是，当前基层政权大多实现了有效的财政供养，乡镇部门设置的科层化水平不断提高。但是，乡镇政府的很多治理行为无法得到农民的充分响应，而乡村社会自我供给公共品的能力和解决纠纷的能力却在不断下降。可以断定，如果乡村治理能力不充分，乡村治理体系的建设很有可能付之东流。那么，如何从学术的角度更好地理解当代乡村治理能力，成为重要而紧迫的任务。

二、巨变的乡村社会

乡村治理能力直面的对象是乡村社会。现在的乡村社会早已不是

① 杨华：《乡村治权与基层治理能力建设》，《湖湘论坛》2018 年第 5 期。

费孝通先生所言的“乡土中国”[①]。即便还有“乡土中国”的影子，现在的乡村社会也是不断趋于陌生化的，所谓的乡村共同体也正在解体之中，亦即乡村社会正在经历一个从熟人社会到半熟人社会的变迁过程。[②] 乡村社会的解体并不是说乡村从一个自生自发的共同体瓦解为原子化的个体。现在我们通常所讲的乡村社会，本身是社会主义革命的社会成果。怎么理解？乡村社会中最重要的生产资料、生活资料都是土地，而土地归集体所有。所谓的集体是人民公社以来国家政权下乡的产物。就此而言，改革开放以来，我们讲乡村解体，其实需要明确的是解体之前的乡村本身是国家建设的结果。如果不明白这一点，很可能对乡村社会的性质出现判断上的偏误。

当然，强调乡村社会的国家面向，并不是说乡村社会不是一个社会。恰恰相反，乡村社会本身是一个极为复杂而多元的社会系统。所谓复杂，是说任何单一的乡村社会内部都可谓自成一体，都有自身的一整套足够丰富的因果逻辑。所谓多元，是指我国乡村社会在整体上存在较为明显的区域差异，[③] 同一区域的乡村社会在社会结构和社会性质上具有相似性，比如我们讲的北方乡村，从地理条件、饮食习惯到社会规范，都具有相似性；不同区域的乡村社会则存在很大不同，比如江汉平原和华南地区的农村，方方面面都存在很大的差别。进一步，乡村社会不仅有地理生态、村庄发育、社会面貌上的差异，也存在经济发展水平上的天壤之别，经济较为发达地区的乡村只集中在沿海发达地区、大城市郊区和城中村，总量不会超过我国农村数量的20%，剩余的都是普通的以大田农业为主的一般农村。[④] 可以认为，在社会条件多元化上的经济不均衡，进一步复杂化了乡村社会的整体

① 费孝通：《乡土中国》，上海人民出版社 2007 年版。
② 陈柏峰：《半熟人社会：转型期乡村社会性质深描》，社会科学文献出版社 2019 年版。
③ 贺雪峰：《论中国农村的区域差异——村庄社会结构的视角》，《开放时代》2012 年第 10 期。
④ 贺雪峰：《论中国村庄结构的东部与中西部差异》，《学术月刊》2017 年第 6 期。

格局。即便国家采取同样的乡村制度，制度实践却是制度体系与乡村社会系统融合之后的结果。

以上所论述的只是相对静态的乡村社会，城乡关系视野中的乡村社会更为复杂，其中市场和国家成为推动乡村社会发生变迁的最大力量。大概是在2000年之后，乡村社会被深刻地卷入现代市场经济体系。市场化了的现代性力量对乡村社会的形塑作用，足以和国家力量相匹敌。随着全国统一的劳动力市场逐渐形成，农民工劳动力价格不断上涨，农村劳动力纷纷外出务工，这极大地改变了乡村社会的面貌。务工经济的兴起，最直接的后果是农民的家庭收入快速增加。此前农民家庭收入主要以农业为主，外出务工后农民家庭收入主要以务工为主。农民收入的增加，给乡村社会带来的直接变化是乡村面貌的改变。农民在城市赚到了钱，除了给子女读书，最重要的就是在老家盖房子。农民现在居住的楼房，基本上都是农民用外出务工赚到的钱盖起来的。然后是农民生活设施的改善，农民家里用的热水器、彩电、电脑、空调等家电，包括村庄里小轿车的增加，都应该直接归功于务工经济。

在务工经济的作用下，越来越多的人进入城市工作，最后是，“凡是能够出去的，全都出去了”，留在村里的都是小孩、妇女、老人。这意味着，大多数农民的家庭都是不完整的，即全家人除了过年，平时都是两地甚至是多地分居。这和沿海发达地区农村的家庭状况完全不同，珠三角和长三角地区农村的家庭一直都是完整的，几乎很少出现三代家庭长期无法共同生活的状况。这种家庭的离散化的状态如果是长期的，就很容易带来一系列社会问题，其中比较突出的是一般意义上的“三留守”问题，并很容易衍化出乡村教育、家庭发展和养老上的各种困境。

务工经济在增加农民收入的同时，也让农民付出了较高的成本。

可以认为，在城镇化进程中，乡村社会获得了来自市场的发展资源，也无形中承受了市场力量对家庭完整性的割裂和对村庄共同体的撕裂。在未来相当长的时期，这种状况依然无法得到改观，这是乡村社会所必须承受的现代化之重。

除了市场，国家在乡村社会发展中扮演了重要的治理角色。比如国家推动的农民居住方式的集中化，直接改变了农民和土地的关系，甚至将农民的生产生活从土地中连根拔起。[①] 再比如，在农村的青壮年劳动力纷纷外出务工的前提下，谁来种田是一个摆在眼前的问题。2019 年 5 月，当笔者在苏北农村调研时，正值当地农忙时节。放眼望去，一大片绿油油的田地里，弯腰干活的几乎全是白发苍苍的老人。不仅苏北农村如此，全国很多地区农村都是老人在种地。“老人种地”对农村生产条件的现代化程度要求更高，比如土地更加集中连片、农业机械化水平更高、农业生产技术更加节省劳动力等等。好在国家推动的农业生产机械化的改革，极大地解放了农业劳动力，增强了农业种植的便利性。[②] 在机械化水平较高的前提下，“老人种地”在一定时期还能维持。

乡村社会的巨变源于国家在政治经济制度上的重大革新，但具体过程却依靠市场化机制和行政力量推动完成。市场力量具有巨大的建设性，也具有极强的破坏性。乡村社会中日益蔓延的消费主义，便是市场力量进入乡村社会后带来的负面后果。相比于市场，国家对乡村的改造往往更为显性，地方政府行为既可能通过发展地方经济造福于民，也可能为了追求政绩而劳民伤财。

乡村社会既是乡村治理能力直接作用的对象，同时也构成了影响

① 周飞舟：《农民上楼与资本下乡：城镇化的社会学研究》，《中国社会科学》2015 年第 1 期。
② 焦长权、董磊明：《从“过密化”到“机械化”：中国农业机械化革命的历程、动力和影响（1980—2018 年）》，《管理世界》2018 年第 10 期。

乡村治理能力建设的社会基础。从全国总体情况来看，处于巨变中的乡村社会具有以下基本特点：一是农民离农化程度不断提高。现阶段农民倾向于在村庄之外获取经济收入，尤其是年轻一代的农民基本不会留在村庄，即便户籍在村也倾向于居住在县城。如此，乡村社会全面进入老龄阶段，农村的生产生活出现了明显的老龄化倾向，乡村社会的治理需求具有明显的以老人为主体的特点。二是农民的价值观不断个体化、市场化。现阶段农民不仅生活面向全面导向家庭和个体，生活观念和生活方式日益市场化，而且生活逻辑利益倾向明显，更加倾向于通过市场化的方式解决生产难题。三是农民的政治参与度偏低。在社会分化日益明显的前提下，农民不太关心公共事务和集体事务，对党和政府的治理行为缺乏参与热情，很难被政府动员起来。农民更倾向于通过政策过程来参与乡村治理，农民参与政策的过程以个体的生活世界为中心，对于个体生活之外的治理事务具有排斥性。

当然，现实中乡村社会的情况只会更为复杂，以上只是基于多地调研经验的初步概括。当前，国家在乡村治理能力建设上有很多改革举措，可真正重要的是，乡村治理能力需要以乡村社会的基本特点来展开建构，否则再好的理论设想和制度设计都只会是空中楼阁。

三、基层政权：乡村治理能力的主体和支点

基层政权是国家权力的末梢，基层政权运作的好坏直接决定了国家权力的政治绩效，基层政权的运作效度可以等同于乡村治理能力。从组织设置上看，基层政权主要指的是乡镇政府，结合乡村治理能力的内在构成，村级组织也应该被纳入基层政权运作的分析之中。

乡镇政府是一个具有综合性的政权组织，能够为乡村社会提供最

基本的公共服务：一方面，乡镇政府在机构设置上“职责同构”，[①] 能够全面对应乡村社会的治理需求，即便无法按照专业性极强的方式来解决问题，但至少为农民提供一个解决问题的渠道。也就是说，农民遇到生产生活上的难题，首先可以找村干部，然后可以找乡镇干部。一旦出现了较大的矛盾，农民可以很低成本地找乡镇分管领导甚至是乡镇党委书记来反映问题，为了不扩大问题，乡镇领导还必须做好农民的情绪疏导工作。另一方面，乡镇政府按照“属地责任”管理原则来运作。这决定了凡是乡镇辖区范围内的大小事务，乡镇政府都应该事无巨细地管起来。一旦出现问题，乡镇政府都有责任去解决，否则县政府就可以向下问责。这其中最典型的就是信访问题，凡是属于乡镇政府管辖范围内的人口，只要农民开始上访，乡镇政府就必须派专人来接待农民，并随时掌握上访户的行为动向。

从当前村级治理行政化的倾向来看，村级组织的运作也被吸纳进乡镇政府行为逻辑之中。为了完成行政任务，乡镇政府对村级组织的行政控制程度不断加强，村级组织也全面成为乡镇政府完成治理事务的“行政助手”。在行政事务不断增多的情况下，乡镇政府将村级组织进行行政吸纳具有必要性：一是大量的行政事务属于统计类事务，村级组织对乡村社会的实际情况最为了解，也能够以最低的成本获取相应的社会信息。二是乡镇的行政工作基本上都是农村工作，比如乡村党建、乡村清洁、乡村扶贫等，这些工作的完成可以在乡镇层面统筹，但最终需要在乡村社会场域中落地，这决定了村级组织必然成为一线的治理主体。或者说，大多数涉及农村的行政工作，都必须以村级组织为连接点才能有效完成。

在全面实施乡村振兴战略的过程中，乡镇政府不仅要积极做事，

① 朱光磊、张志红：《“职责同构”批判》，《北京大学学报（哲学社会科学版）》2005 年第 1 期。

同时又要注意工作方法，处理好发展与稳定之间的关系。当前乡镇工作很重要的内容，就是积极领会县政府的政策精神和工作意图，然后向村级组织布置各种工作并进行工作督导。从我国行政体制的纵向结构来看，只有乡镇政府最接近乡村社会，国家向乡村社会输入的公共资源都需要通过乡镇政府才能真正落地。即便是直接对接到乡村社会的农田水利项目建设，也需要乡村干部进行广泛的协调，否则不仅项目无法顺利实施，还可能造成大量的社会冲突甚至是信访事件。在这个意义上，基层政权构成了乡村治理能力发挥功效的支点。

从现有行政体制上看，乡镇政府是一个典型的小政府：一是乡镇政府缺乏充分的人力资源。乡镇政府本身配编不够，乡镇领导基本占去了一半的编制，中层干部和干事只有一半有编制，剩下的就是临时聘用人员。在这种编制结构下，乡镇政府一旦与职能部门完备的县政府对接，就立即呈现出乡镇领导与十多个县级部门对接的状况，而乡镇领导下面又只有几个职能单一的办公室，这就导致乡镇领导在县级部门眼中成为具有行政级别的“办事员”，而在乡镇干部眼里成为整天去县政府开会、负责上传下达的“会务员”。这使得乡镇领导看似具有行政级别，但手中却没有多大权力，一旦遇到县政府布置下来的重点工作，整个乡镇政府都被整合起来，很容易形成所有的人都同时在做多个工作的局面。二是乡镇政府缺乏独立的财权。乡镇机构改革后，乡镇政府缺乏有效的财力增收渠道，县域经济的工业园或开发区模式，使得乡镇普遍无法搞土地开发。乡镇政府开始成为县级政府的派出机构，按照县政府的财政预算来做事。此外，国家下拨的项目经费，都是“戴帽”资金，只能专款专用，而且大多数时候这些项目经费的使用权和管理权都集中在县政府职能部门手中。也就是说，乡镇政府既无法自主造血，又无法统筹上级经费。三是乡镇政府缺乏有效的行政权。县政府让乡镇政府做的事情很多，但是给的行政权却远远不够。原本归县政府职能部门做的事情，都下压到乡镇；而一旦出了问题，责任又全都在乡镇。

既然基层政权是乡村治理能力的主体和支点，而基层政权在现实中又面临较多的体制束缚，为了提升乡村治理能力，就需要强化基层政权的制度建设和改革。中国共产党第十九届中央委员会第三次全体会议公布的《中共中央关于深化党和国家机构改革的决定》提出“构建简约高效的基层管理体制”，要求“推动治理重心下移，尽可能把资源、服务、管理放到基层，使基层有人有权有物，保证基层事情基层办、基层权力给基层、基层事情有人办”。这可以理解为，为了强化乡村治理能力，中央已经开始推进基层政权的制度改革，基层政权有可能在办事机构和人力资源上得到扩充，以强化基层行政体系建设的方式更好地服务乡村社会的发展。

但重要的是，基层政权的制度改革还需要着重考虑乡村治权的建设问题，如果仅仅将村级组织和村干部改造为现代行政体系在乡村社会中的延伸之物，这不仅无助于提升乡村治理能力，反而会导致基层政权与乡村社会之间关系上的紧张。

四、乡村治理能力涉及的基本事务

与国家治理事务相比，乡村治理涉及的大多是小事，这些小事看起来显得鸡毛蒜皮甚至微不足道，但从农民的视角看，这些小事就是乡村生活中很重要的大事。对农民来说，地方政府在乡村社会中做的很多事情都是形式主义，都没有实际的意义。从地方政府的角度来看，为了凸显政绩，地方政府很乐意干大事，尤其是很容易出成绩、吸引上级领导关注的事情。不仅如此，地方政府完成上级布置下来的工作，需要按照行政的流程和达标要求来办事，就将大量的精力耗费在形式性的工作上，这对于回应内生性的乡村治理需求并没有实质意义。从乡村社会现有的特点来看，乡村治理能力涉及的基本事务至少包括纠纷解决、村级治理和政策执行三个方面。

（一）纠纷解决

乡村社会是基本的生产和生活单元，乡村社会秩序的重要性不言而喻。从宏观上看，当前我国经济取得飞速发展的过程中能够保持社会的稳定，其中很重要的一点就是乡村社会本身发挥了重要的社会稳定功能。乡村社会保持稳定，最基础的就是乡村社会具备自我解决纠纷的能力。乡村社会的稳定，并不是说乡村社会没有纠纷，纠纷对于社会而言是正常的社会事实，没有纠纷的社会反而不正常，乡村社会秩序体现在纠纷出现后能够得到化解，而不是没有纠纷。

乡村社会出现纠纷，很多时候不需要通过法律规则来进行裁判，农民对乡村社会生活的长远预期会激活社会权威、人情、面子、事理等本土资源促成纠纷的解决。从某种意义上讲，乡村社会系统本身就是一个社会纠纷的生产系统和纠纷解决系统，社会纠纷的生产意味着乡村社会内人与人之间存在紧密的互动，这是社会运作的重要面向，而纠纷的解决又是社会整合的过程。所以，乡村社会自身存在着一个秩序维系的机制，这些构成了完整的秩序链条。

现在乡村社会的人口大量外流，常年居住在农村的人口相对较少，社会纠纷总量并不是很高。但是，由于人、财、物不断外流，乡村社会解决纠纷的能力也在不断下降。更重要的是，乡村社会的变迁使得能够维持原有乡村社会秩序的规范大量瓦解，原有的社会权威、人情、面子等本土资源很难发挥作用，这使得乡村社会中的日常性纠纷很难依靠本土资源获得化解。另一方面，乡村社会也出现了大量需要现代公共规则才能得到解决的纠纷，比如土地流转、征地拆迁、交通肇事、医疗事故、离婚诉讼等问题都需要法律资源来进行解决。这种类型的纠纷很难单纯依靠本土资源获得解决，需要基层政权强化法律资源的供给。

以上两点变化，决定了纠纷解决是当前乡村治理能力需要应对的重要治理事务，这不仅涉及农民日常生产生活中的切身利益，更关乎乡村社会秩序的维系，也深刻影响到社会的整体稳定。就此而言，在纠纷解决上，乡村治理能力既包含了解决乡村社会内生性纠纷的能力，也包含了解决新型社会纠纷的能力。

（二）村级治理

村级治理围绕着农民的生产生活来展开，广义上也包括了村级组织对纠纷的解决，狭义上主要是为乡村社会提供各种必需的公共品。从农民的日常生活来看，最基本的是生活资料和生产资料的提供，扩展开来还包括生产生活条件的改善。

就调研经验而言，农民最关心的是建房、种地两大问题。现在农民为了给儿子结婚，家庭条件好的在县城买房。农民要在城里买房，非常的不容易，经济条件较差的会选择在农村盖房，农民住房要么在原先的老宅基地上翻旧建新，要么选择新的宅基地，于是产生了对宅基地的需求。没有新的楼房，农民就无法为儿子结婚，家庭再生产就会遇到障碍。既然是家家户户都会遇到的生活问题，村级组织对宅基地的管理和划分就显得尤为重要，宅基地的管理就是重要的村级治理事务。

从法律的角度看，宅基地资源的获取应该按照法律来办，但是我国农村区域差异明显，不同农村的宅基地管理方式多彩多姿，乡村社会内部的土地规范远比土地管理法更为管用。比如北方农村的宅基地分布得很集中，农民可以通过垫坑的方式自己生产宅基地，这是当地农村获得宅基地的重要方式。一些山区农村也允许农民挖山建房。江汉平原的宅基地分布得极为分散，农民房前屋后水塘、竹林都算是宅基地的范围；而赣南地区的宅基地极为紧张，呈现出子子孙孙共享祖宅的宅基地分配方式。也就是说，宅基地资源的分配规则很大程度上是地方性的，地方性的宅基地分配规则正是乡村治理的重要内容。

除了居住，对农民而言最重要的就是种地。现在农民耕种的土地，是20世纪80年代初期集体分到各个农户的土地。总体来看，全国农村的农地很少进行调整，有些地区进行了国家农田整治后会重新调整农地，极少数农村还在小范围地自发调整农地。随着化肥技术的提高，当前农地的土地产出基本持平，结束了分田到户时土地地力不均的问题。加之农业机械化水平不断提高，土地集中连片可以极大地提高种地的便利性，让种地变得比以前简单得多。现在，农民种地最大的问题一是需要土地连片，二是解决水利灌溉排涝的问题。目前，村集体基本不会主动调整农地。只有极个别农村，依靠村干部的个人威望和能力，能够将宅基地退出和农地调整结合起来，极大地改善了农民的居住条件、便利了农地的耕种。至于水利条件，通过国家的农田水利项目，很多农村的水利条件都获得了改善。但总体来看，在农民种地的问题上，当前的村级治理很难发挥好它的作用。

从法律和农地政策的角度来看，农民可以通过承包地互换或是在自愿的基础上调整农地，以实现农户范围的农地规模化经营。实现这一目标最大的难点是村集体对此既无动力也无权力。随着城镇化进程的不断推进，农村人口不断减少，很多农户全家都会进入城市生活，在村种地的农民只会耕种那些方便种植的土地，农地规模化经营的需求必然不断扩大。就此而言，如何让土地的连片种植成为可能，这是当前和未来乡村治理事务中很重要的方面。除了建房和种地，农民在乡村生活上的方方面面，如文化、出行、照明、生活垃圾处理等，也都是村级治理的基本事务。

(三)政策执行

现代乡村社会早已不是无为之治，国家权力在乡村社会无处不在。农业税费取消后，国家权力一度放松了对乡村社会的控制，但很快以携带资源的方式全面回归。[①] 国家对乡村社会发展的支持大多以各种公共政策体现出来，其中较为基本的政策是社会救助政策、扶贫政策、合作医疗政策(大病救助)、教育资助政策等等。这些政策基本都是社会保障型政策，政策目标是帮助乡村社会中的弱势群体，政策实施的目的是让农民得到基本的生活保障，让农民能够吃得饱饭、住得上房、看得起病、上得了学。

这些政策能否得到良好的执行，不仅关乎农民的切身利益，而且决定了国家对社会稀缺资源再分配的最终效果。政策的属性决定了政策执行的特点，社会保障型政策的执行中最为首要也是最重要的是对实施对象的识别。国家通过政策来配置资源，而资源最终的流向却依赖基层政权。

政策是国家制定的，具有一套完整的执行和监管方案。这套政策执行的方案假定政策执行者具备充足的行政资源，能够在每一项政策实施上投入足够的人力和财力。现实情况却是，基层政权的行政资源往往极为稀缺，这使得政策执行很大程度上只能依L村级组织。既然将村级组织设定为政策执行中的治理主体，就不可避免地会产生制度经济学上的代理人困境。比如，社会救助政策要求乡镇政府是社会救助申请的审核主体，而实际上的审核者却是村干部。村干部在乡村社会中生活，不可避免地会卷入到复杂的人情关系和社会利益交换网络

① 景跃进:《中国农村基层治理的逻辑转换——国家与乡村社会关系的再思考》,《治理研究》2018 年第 1 期。

中，由此带来政策执行上的偏差。

既然政策执行是当前乡村治理中必不可少的事务，又频繁产生各种执行偏差，那么乡村治理能力的建设就需要认真回应政策执行过程中的难题。只有对国家在乡村实施的各种政策的运作机制存在清醒的认知，才能以强化乡村治理能力来促进政策执行的优化。从现有的行政体制和乡村治理体系来看，政策执行的优化很大程度上还依靠运动式治理，而制度性的政策监管往往无法真正发挥作用，这可以说是当前政策执行的难题，同时也是乡村治理能力建设需要着力解决之处。

五、全书概要

本书意图从经验层面对当代乡村治理能力进行“解构”，不求面面俱到，强调用事实说话。按照以上对乡村治理能力的理解，全书的主体内容被分为乡村社会、基层政权、纠纷解决、村级治理和政策执行五个部分，其中第一编构成了乡村治理能力的社会基础，第二编讨论乡村治理能力的主体和支点，最后三编则是对乡村治理能力涉及的基本事务的具体展开。

乡村治理能力需要面向乡村社会而不是上级政府，现阶段乡村社会处于快速变迁之中，理解变迁中的乡村社会是探究乡村治理能力的起点。第一编侧重于从家庭发展、社会分化和日常生活的角度集中阐释变迁中的乡村社会。虽然全国农村社会具有不同的特点，但是在城镇化的背景下，农村家庭普遍地需要通过紧密的代际合作来完成家庭的再生产。为了应对城镇化给家庭发展带来的压力，农村家庭结构并未朝着彻底核心化的方向发展，而是实现了家庭资源的高度整合。除了家庭结构在代际关系上的变动，当前农村社会变迁最为可见的是社会的分化，在局部农村甚至出现了日常生活的区隔化，这突破了以往被认为是铁板一块的农民形象。乡村社会的这种变化对于乡村治理产生了很大影响，深刻形塑了乡村体制的运作逻辑，也对乡镇政府开展农村工作的方式方法提出了新要求。

在乡村治理过程中，基层政权是乡村治理能力的主体。作为行政层级最低的政权单元，乡镇政府尽管面对乡村社会，却需要在上级行政考核的指挥棒下运作。第二编从乡镇政府所处的制度环境来理解基层政权运作的内在逻辑，分析了乡镇政府发展乡村产业所面临的历史契机和资源困境，并以我国东部沿海发达地区集体产权变迁的政治实践为切入口，讨论了基层政权的制度回应能力及其治理后果。在此基础上，本编最后结合中央提出的地方治理改革部署，剖析了基层政权在乡村治理能力建设上的制度定位和路径选择。

全书剩下的三编平行地讨论了乡村治理能力涉及的基本事务，分别是纠纷解决、村级治理、政策执行。第三编讨论了乡土纠纷解决的本土资源和法治困境。如果对乡村社会生活有了一定了解，就很容易发现这些社会性要素不可能一直处于理想状态。恰恰相反，这些社会性要素之间可能会发生冲突，其中比较常见的就是所谓的乡土纠纷。很多时候，学者观察到纠纷，很快就会跳跃到纠纷解决的问题上来。这固然是重要的研究方向，但从乡村社会生活的角度来看，农民首先会关心纠纷本身，即在漫长的乡村社会历史中因各种原因而产生的纠纷事实。这些纠纷事实嵌入乡村社会结构，乡村社会结构就是纠纷得到解决的重要的甚至是唯一的本土资源。当然问题的复杂性在于，乡土纠纷在解决的过程中会遭遇法律系统，乡村社会内部的秩序需求与法律系统之间的不兼容，很容易引发乡土正义供给的困境。

第四编讨论的是村级治理近些年出现的一些新变化。第五编从不同侧面剖析了农村最低生活保障政策在乡村社会中出现偏差的机制。

全书的结论部分将在各个分编的基础上，讨论乡村治理能力的核心含义，检讨乡村治理行政化的改革取向，并对推动乡村治理能力现代化提出初步思考。

第一编
乡村社会

本编讨论乡村治理能力所直面的乡村社会。

第一章"家庭结构的核心化"，以鲁西北农村为例，讨论农村家庭在应对生活压力时所呈现出的家庭结构的变动，即家庭的"分—继—合"体系发生重组，进一步呈现出虚"分"、弱"继"、实"合"的特点。现代农村家庭结构趋于代际合作的实质，是分家后围绕家庭再生产所形成的亲子两代核心家庭之间家庭资源的重新整合。尽管农村家庭结构趋于核心化，这并非意味着家的整体性的退场，农村社会的家庭结构依然具有自己独特的传统面向。

第二章"社会的阶层分化"，以浙北农村为例，讨论农村社会因经济分化带来的阶层分化。农村社会可以初步划分为强富阶层、富裕阶层、中产阶层、普通阶层和贫弱阶层。其中强富阶层、富裕阶层和中产阶层在乡村治理中具有强大的话语权，主导了乡村政治；而普通阶层和贫弱阶层身处依附性位置。

第三章"日常生活的区隔化"，讨论农村日常生活在人际关系、婚恋情感、生活消费、日常闲暇、居住空间和社会心理等方面呈现出的区隔化状态。农村工业化历程中逐步发展而出的资本区隔、权力区隔以及两者“结盟”之后生成的阶层流动阻隔之网是日常生活区隔化的缘由。农村日常生活区隔化既是农民阶层分化的表现，又构成农民阶层分化再生产的社会机制。

第一章

家庭结构的核心化

一、农村家庭的世代继替

在《家与中国社会结构》中，麻国庆指出分家的实质内涵是家庭再生产。家庭再生产意味着家庭分中有继也有合，“继”主要是子代对亲代的赡养义务，“合”则指分家之后家与家之间的文化约定。[①] 家庭的“分—继—合”体系是对费孝通“反馈模式”的理论继承。费孝通曾指出，“反馈模式”主要指的是子女对父母的赡养，“中国的反馈模式如果相应地分为三个时期来看，第一期是被抚育期，第二期是抚育子女期，第三期是赡养父母期”。[②] 也就是说，中国家庭的世代继替本质上在父子核心家庭的“分”“继”“合”中完成。“分—继—合”体系的理论着力点在于通过对“家”的文化阐释讨论传统家庭结构与分家的传统习惯。相比之下，现代农村家庭在分家和代际互动中的再生产成为社会转型期亟须探讨的问题。

近些年来，农村家庭再生产过程发生了明显变化。王跃生延续了

---

① 麻国庆:《家与中国社会结构》，文物出版社 1999 年版，第 37—71 页。

② 费孝通:《家庭结构变动中的老年赡养问题——再论中国家庭结构的变动》，《北京大学学报(哲学社会科学版)》1983 年第 3 期。

费孝通对家庭结构变动的关注。[①] 相比早期的对分家模式的人类学研究[②]，王跃生的研究结论以更具说服力的事实论证了既有认知：土地集体所有制的实施，使得分家的外部约束条件减少，进而加速了家庭的裂变。[③] 新时期农村直系家庭大多难以为继，为了降低代际冲突，大多适时而“分”。[④] 分家成为缓解代际紧张的办法，但分家之后父子两代之间依然保持着频繁的互动，“分”呈现出“虚”的一面。同时，家庭再生产中“继”的环节出现重大变动，子女对父母的赡养出现问题，“继”变得不断“弱”化。尽管当代农村家庭形态中的代际关系开始出现“父子两代自立时期”，即父母在结束对子女的抚养后，从母家庭中分离而出的子代核心家庭并未赡养父母，父子两代成为相对独立的家庭单位，[⑤] 但实际上，子女外出务工后，与子女分家的父母依然承担了留守家庭发展的重任，隔代抚养成为家庭再生产过程中的普遍现象。“分—继—合”中的“合”不再是家与家之间的文化约定，代际合作在家庭再生产过程中的普遍发生使得“合”具有了功能主义意义上“实”的内容。

在家庭结构理论的共识性认知中，核心家庭在家庭结构类型中占据主导形态，家庭组织形态的变动趋势是家庭的核心化或小型化。[⑥] 在趋于理性化的代际关系中，分家成为理解新时期农村社会家庭再生产的绿色通道。就目前农村家庭经验来看，分家之后的两代核心家庭

---

① 费孝通：《论中国家庭结构的变动》，《天津社会科学》1982 年第 3 期；费孝通：《三论中国家庭结构的变动》，《北京大学学报(哲学社会科学版)》1986 年第 3 期。

② 阎云翔：《家庭政治中的金钱与道义：北方农村分家模式的人类学分析》，《社会学研究》1998 年第 6 期。

③ 王跃生：《社会变革与婚姻家庭变动：20 世纪 30—90 年代的冀南农村》，生活・读书・新知三联书店 2006 年版，第 365 页。

④ 王跃生：《从分爨、分产、分家看农村家庭代际关系——以冀东农村为分析基础》，黄宗智主编《中国乡村研究(第 9 辑)》，福建教育出版社 2011 年版，第 53—82 页。

⑤ 王跃生：《中国家庭代际关系的理论分析》，《人口研究》2008 年第 4 期。

⑥ 曾毅、李伟、梁志武：《中国家庭结构的现状、区域差异及变动趋势》，《中国人口科学》1992 年第 2 期；王跃生：《中国农村家庭的核心化分析》，《中国人口科学》2007 年第 5 期。

尽管相互独立，但是依然保持了类似三代直系家庭结构的家庭代际互动；同时，面临城市化所带来的家庭发展压力的子代核心家庭，往往要借助母家庭的资源供给而实现家庭再生产。① 这种父子两代分家后依然继续维系的代际互动关系或许能够成为理解现代农村家庭再生产机制的切入口。

本章有意从“分”“继”“合”环节展开对现代农村家庭再生产的讨论。下文首先展现当前鲁西北农村的分家习惯，以此为基础勾勒家产流动在家庭再生产过程中的基本特征；其次，讨论系列分家过程中的代际互动，分析代际关系变动中的“继”；再次，对代际互动中的“合”与家庭再生产进行探究；最后，文章对流行的家庭核心化理论进行简要思辨。为了便于研究的展开，笔者及其所在研究团队于2015年5月在鲁西北农村共选择了居住人口规模不一的6个村进行为期共计20天的驻村调研。

二、家的“虚”分与家产流动

在家庭结构转型期，分家的过程已经融合到家庭再生产的全部周期中，分家与家庭再生产发生了时间重合。分家析产不再依托于分家仪式，从子代结婚到结婚后分家再到分割父代遗产，“分”贯穿于家庭再生产之中，分家开始成为家庭再生产的一环。

（一）分家前的家产累积

家产是家庭形成、成长和继替的物质基础，同时也是家庭制度维

① 张雪霖：《城市化背景下的农村新三代家庭结构分析》，《西北农林科技大学学报（社会科学版）》2015年第5期。

系的物质力量。[1] 在鲁西北农村，分家过程中的家产处于动态之中，分家与家产流动相互融贯。鲁西北农村主要以种植小麦、玉米为主，村庄规模较小，人均耕地在两亩左右。依靠土地收入和零星的外出就近务工，父代维持着基本的家庭生活，实现家庭的抚育功能。在父母的眼中，外出务工的子女尚小，他们外出务工的收入放在父母手中更加可靠。

案例 1　D 村的邓某，今年 49 岁。“结婚之前，儿子打工的钱都要交给父母，我几个儿子结婚之前挣的钱都交给我们，（一方面）要养成他们艰苦朴素的作风，（另一方面）家里也需要这笔钱，以后盖房、娶媳妇、走人情等都需要开销”。

鲁西北农村中 20 多岁的年轻人均在外打工，一年的务工收入在 3 万元左右。在当地农村，一旦子女外出务工，家庭的务工劳动人口便开始增加，不少农村小孩在初中毕业之后便开始务工，这时他们年纪尚小，父母不会让其在离家很远的地方谋生，大多在集镇或是县城里务工，或在餐馆帮厨，或托亲靠友学习谋生技艺。这时，母家庭尚处于成长期，即使有多个儿子，也是按照这种直系家庭模式发展家庭生计实现家产累积。

（二）分家仪式的形式化

私有经济下的分家可以大体上区分为分爨型分家和分产型分家。这两种分家方式以土地私有制为基础，是典型的“从父居”下的分家方式。现在看来，这种传统的分家方式无法维系，现在的家产析分早已被拉伸至子女结婚之时。鲁西北农村家庭习惯于在年底为子成婚，分家多发生于结婚后的次年，新婚之后的三个月到一年，儿子的小家

① 陶自祥、桂华：《论家庭继替——兼论中国农村家庭区域类型》，《思想战线》2014 年第 3 期。

会从母家庭中分离出来，形成新的夫妻家庭。

案例2　N村的张某，今年42岁，其丈夫一共兄弟三人。“我们结婚之前，老大、老二就已经分出去了。分家，是为了促进下面的年轻人有上进心，没有依靠心，不分家，就有靠头。我婚后一年多就分家了，都是老的提出的，我当时不想分，好像分了家就是不愿意伺候老人一样。但老人说‘你两个嫂子都分出去了，你也要分出去’”。

显然，分家主要由父母提出，目的在于培养小家庭当家的能力，同时也是为了减轻母家庭的负担。结婚后分家之前，儿子的收入依然需要向父母上交，而儿媳妇的收入作为分家后小家庭的独立财产。

案例3　X村的刘某，今年30岁。“结婚之后，不分家之前，儿子也要把钱交给父母，因为老人对家庭有开支，孙子也要老人开支，你还要在家吃，老的还要伺候你，因此儿子要交钱。儿媳妇是外来人，老人放得开，一般不会向儿媳妇要钱，儿媳妇的钱可以自己留着”。

其实，早在结婚之时，分家便已开始，结婚的过程实质上是家产的预分。现在问及分家，得到的答案大多是“没什么好分的，一场婚礼把能分的都分完了”。在鲁西北农村，结婚基本完成了父子两代家庭间的分产，而结婚之后的分家主要是分爨。

（三）分家后空巢家庭的自养与轮养

待子女婚嫁后，老人独自居住在原先的老院落中，空巢家庭开启养老模式。完成为儿子结婚的人生任务后，老人几乎没有家产剩余，但自己尚能够劳动。传统时期的“养儿防老”机制以土地私有制度上的继养伦理责任为基础，现在继养责任的经济基础早已不存在，依靠儿子显然不可靠。空巢家庭大多在分家完成后为自己的赡养积极谋划。北方农村的劳作时间短，耕作难度小，只要身体健康，60多岁的老人依然能够下地干活，而且劳动收入不会减少，老人大多能够实现自养。

案例 4　Q 村的丁某，今年 70 多岁，有一个儿子，在镇上做买卖，家庭经济条件挺好。老人的身体还算健康，除了在家继续种地之外，还在县城打工，帮人看门。村民认为，“他体力能够胜任，别人就不会说他儿子不孝”。

案例 5　H 村的李某，今年 62 岁，有一个儿子。儿子在外打工，老两口在家种了 30 亩地。“我一个人就能种好 30 亩地，一年在地里忙活两个多月就行，其余时间接送孙子，照顾孙子”。

空巢家庭赡养的主要内容是老人生病的医疗费用与生活照顾、老人丧失劳动能力后的生活赡养以及老人去世之后的送终。空巢家庭最后的遗产就是老人的承包地和房屋。老人去世后，空巢家庭中遗产的分割依然在诸子间均分。

案例 6　N 村的刘某，今年 53 岁，有兄弟三人，排行老二。老大今年 67 岁，老三今年 44 岁。老大和老二都是在婚后不久即与老人分家，“(母亲的)地是由老三种，他管母亲吃住，生病由三兄弟平摊”。而随着母亲年龄越来越大，“老三一个人管不过来了，现在是我们三兄弟轮(养)。在三家都有母亲的房间，一个月轮一次，但时间也不是死的，(母亲)愿意在哪家多住也可以。不能送、不能赶，只能由儿子来接”。

在与子代分家后，父代家庭成为空巢家庭，空巢家庭累积家产并实现自养，一方面可以减轻子代的赡养负担并尽可能降低代际冲突；另一方面便于子代家庭全力累积家产，发展自己的核心家庭。在父代丧失劳动能力后，子代累积的家产开始向上流动，家庭再生产进入“继”的环节。

三、系列分家与代际关系失衡

土地集体化以来，鲁西北农村的分家开始从传统时期的一次性分家走向“系列分家”模式[①]。分家模式的变动带来的是家庭的社会适应，代内关系与代际关系是家庭实现社会适应的中间环节。鲁西北农村经验显示，随着分家模式的变动，代内关系发生显著变化，代际关系逐步失衡，家庭再生产中“继”的环节最终弱化。

(一)早期的系列分家与代内关系

代内关系一般指兄弟姐妹之间特别是指子代核心家庭成立之前本家庭中子女之间的关系。[②] 早期代内关系所具备的共产性和伦理性直接形塑出代际关系的均衡性。在大家庭模式中，兄弟之间共享家产，统一由父权支配，父代的代际责任为代内关系的共产性所减轻，比如在为幼弟成婚中，长兄的责任被表达为“为老的分担义务”，代内关系的竞争性被降低，代际关系中的冲突性能够得到有效抑制。

分家的延迟和即时性决定了家庭财产聚合中内含了兄弟财产的整合。尽管兄弟结婚后组成了各自的小家庭，但只要不分家，家庭就可以按照“同居共财”的模式来维系，兄弟所获得的收入为家产的一部分。在家产制下，兄弟之间密切互动，形塑出较强的代内之间的家庭伦理责任。显然，兄弟关系无法绝对平等，“长兄如父”的社会学含义在于，长兄需要比弟弟付出的多，其对家庭的贡献更大，长兄为家

---

① Cohen, Myron L. *Family Management and Family Division in Contemporary Rural China*. China Quarterly, 1992(130).

② 陶自祥:《高额彩礼：理解农村代内剥削现象的一种视角——性别视角下农村女性早婚的思考》,《民俗研究》2011 年第 3 期；陶自祥:《代内剥削：农村光棍现象的一个分析框架——基于渝北 S 村长子打光棍的调查》,《青年研究》2011 年第 5 期。

庭再生产所做出的牺牲，换来的不仅是“长兄易老”，而且是幼弟对自己的尊重和在家庭中的威望。

案例7　D村刘某，今年69岁，有兄弟四人，他是老大。刘某1968年结婚，结婚后不久就与老人分家，但他仍然对弟弟有帮扶责任。“老三念大学出去了，老二、老四的房子都是我帮着盖的”。由于“父亲体质不好，年龄大了，父母条件不行，兄弟就得帮，不帮从道义上说不过去。‘有父从父，无父从兄’，（帮助兄弟）算是必尽的义务，不管的话，别人会说。‘小事瞒不过四邻，大事瞒不过庄上（村里）’，有人生气，就会有人说（闲话）。兄弟之间是有责任的”。

树大分杈，父子分家。在早期分家中，分家的形式是父子两代之间分家，但实际上是兄弟之间分割家产。在一次性分家中，所分之“家”是静态的，是对现有家庭财产的分割，由于诸子均在本家庭之中，兄弟关系同时介入分家行为中。如果兄弟都主张对家产的权利，就会呈现出代内关系的竞争性，为了维持代内关系的均衡与家庭的稳定，抽签、长幼秩序、家庭义务成为分家析产中的惯常方法。

在分家中，抽签能够确保最基本的代内公平，代内关系中的伦理性则使得长兄可以在家产分割中“占上首”而无争议，将养老或是祭祀与家产分割进行捆绑，也实现了家产权利与家庭义务的统一。从家庭再生产来看，兄弟之间具有基于家庭整体发展的代内义务，长兄成婚后不分家的主要功能就是能够帮助父亲分担其余兄弟的婚姻压力，即使长兄分出去独立生活，也需要向本家庭上交粮食，并在其他兄弟结婚时出钱出力。

（二）代内关系变动与代际关系失衡

随着婚姻市场中女方要价的不断提升，父代往往要承受巨大的经济压力，传宗接代的伦理责任将这种经济压力进一步转化为精神压力。家庭再生产资源具有稀缺性，子代家庭结婚增加的成本通常会向父代转移，子代家庭从母家庭分离出去后，家产已经分割殆尽。于是，父代成为子代核心家庭面对生活压力和发展困境时的转嫁对象。

系列分家中，代内关系发生巨变。如今父代无法有效控制子代的经济收入，子代结婚基本成为父代的代际责任，原有的代内责任趋于消解。也就是说，代内之间的责任关系大大减弱，代内关系的伦理性亦随之弱化。不仅如此，在分家中，兄弟之间对家庭财产的竞争缺乏代内关系伦理性的有效制约，而容易演化为家产权利主体之间的平等竞争。

在系列分家中，分出去的小家庭对家产的分割主要在代际互动中完成，子代为了家庭发展，倾向于在结婚时进行家产要价，并更流行地通过婚姻要价的形式表现出来。为了给儿子结婚，父代只能增加自己的代际责任，一旦形成婚姻规范，代际责任必然层层加码，父代不堪重负。

案例 8　W 村的高某，今年 69 岁，有 5 个儿子，分别为 48 岁、46 岁、41 岁、39 岁、39 岁。高某在每个儿子结婚之前都为其建了一个独立的院子。老大 1988 年结婚，3 间房花费 1000 元，另娶媳妇花费 500 元；老二 1991 年结婚，建房 3 间，花费 2000 元，另娶媳妇花费 3000 元；老三 1998 年结婚，建房 3 间，花费 2000 元，另娶媳妇花费 10000 元左右（当时开始流行“三金”，花费 2000 多元；彩礼七八千）；老四 2000 年结婚，建房 3 间（1995 年建的），花费三四千元，另娶媳妇花费 2 万多元（其中彩礼 2 万元，换帖 4000 元）；老五 2001 年结婚，建房 3 间，花费 3 万元左右，另娶媳妇花费 2 万多元。

由于分家是多次性的，兄弟之间对家产的分割缺乏共时性，代内关系的公平感难以保持，代内关系更容易紧张而趋于冲突。子代婚姻成为父代最大的责任，兄弟之间基于小家庭发展而向父代竞争家庭资源，父代需要通过对自己的剥削来完成人生任务，代际责任的厚重直接导致了代际关系在“抚育—回馈”模式中失衡。在孙代抚育上，兄弟之间的竞争使得老人的隔代抚养义务不断增加；而在养老问题上，兄弟之前的相互推诿源于家产分割的不均和兄弟家庭的相互计较，最终结果是子代对父代在养老资源上的剥削。

当前农村处于社会转型时期，制度变革带来了巨大的家庭变动，农村的家庭财产、家庭成员关系、家庭管理方式、家庭类型、家庭成员就业方式和家庭功能可谓今时不同往日。系列分家模式下，代内关系充满个体主义和竞争性，代际关系紧张而失衡，家庭再生产中赡养的弱化凸显而出。

四、代际互动与家庭再生产

麻国庆曾指出分家的内涵在于家庭的再生产，通过另立门户，家方才实现了分中有继也有合的文化传承。[①] 在鲁西北农村分家实践中，家在代际互动中紧密地粘连在一起，代际的“合”促成了家庭再生产。不同于代际关系中的“抚育—赡养”和代际交换，代际互动主要是指亲子两代之间围绕家庭再生产而进行的贯穿于代际关系周期内的各种互动行为。具体而言，父代为子代结婚、父子两代自立以及子代赡养父代是代际互动的主要环节，其中父子两代自立在家庭再生产中发挥的作用最为关键；与此相对应的是，父代培育后代核心家庭、支持子

① 麻国庆：《分家：分中有继也有合——中国分家制度研究》，《中国社会科学》1999 年第 1 期。

代核心家庭发展和子代家庭合力赡养母家庭，这些都是当前鲁西北农村家庭再生产中“合”的重要体现，因为只有通过家庭资源的整合利用，家庭继替才可能顺利完成。

（一）父代全力培育子代夫妻家庭

在鲁西北农村，父代具有厚重的代际责任。父母除了要将子女抚养成人，在儿子年满18周岁时，便需要准备宅基地，在儿子20周岁时，便需要开始为其准备结婚，按照现在婚姻市场的行情，准备新房是为儿子谈婚论嫁的必备要件。鲁西北农村的风俗是通过亲戚和朋友来介绍对象。为儿子找媳妇，儿子基本不需要出力，父亲通过自己的社会地位和关系资源，尽力为儿子找寻合适的结婚对象。婚姻缔结的第一步是“小相”，如果情投意合，经过“大相”，儿子便可与年轻的姑娘继续交往，经过“换帖”定亲，婚事有望达成。一旦出帖成功，父亲便需要准备过礼。彩礼现在是水涨船高，数万元是常有的事，婚礼完成便意味着婚姻的达成。

随着计划生育政策的执行和农民生育观念的转变，鲁西北农村中的单子家庭越来越多。如果分家是为了防止家庭矛盾，减少因兄弟关系紧张而发生的赡养纠纷和代际冲突，那么既然儿子是家产的唯一继承人，单子家庭便不需要为了解决财产分割问题而分家。不过，目前鲁西北农村尽管在形式上保持了三代直系家庭的家庭结构，但单子家庭最终也会分家。只是分家之后，子代家庭与亲代家庭之间的代际互动频繁而有力。

（二）父代鼎力发展子代核心家庭

父代对子代家庭的鼎力支持之所以重要，与子代家庭中夫妻关系的强化高度相关。按照王跃生的研究，儿媳妇嫁入后，并未感受到父代对自己的抚育之恩，公婆对自己小家庭发展的支持，能够换来较好的老年赡养。[①] 家庭关系被姻缘关系切割后，代际的交互性得到了提高。

在父子两代自立时期，亲子两代最主要的代际互动围绕孙代抚育和农业生产展开。父子分家后，分离出来的子代核心家庭需要从务农和务工的双重收入中获得家庭发展资源。年龄较大的子代核心家庭更多地侧重于从务农中获得经济收入，年龄较小的子代核心家庭大多是现代工厂中的流水线工人。为了获取外出务工的机会，子代核心家庭习惯于将年幼的子女留在农村，将其交由老人抚养，由此而形成一个隔代抚养的家庭再生产环节。

案例 9　H 村的邓某，今年 64 岁，有一儿两女，儿子 1999 年结婚，婚后一年分家。“分家后，他(儿子)自己挣的钱自己花，儿子的地(4 亩)全部由我种，分家时说好了，每年秋收时他要帮我，种田所需的农资费用由我出，粮食卖的钱也是我得。儿子在县城打工，(两个)孙女我们带，孙女的学费由儿子出，其余零花钱我们出”。“我们在家带孙女，儿子儿媳两个人就都可以出去打工，(若)我们不带，他们就只能出去一个。为了一个家庭经济上多点收入，我们也要带孙女。以后老了，还得要靠儿子”。

这实质上是一种代际合作。由于抚养成本较高，一般的生活费用主要由子代承担，但父代的抚育负担毫不轻松，每天老人负责小孩的接送，虽然费时费力不多，但每日不能间断。外出务工后，子代的承包地由父代代为耕种，在播种收割时节，子代需要回家参与农忙，在收割环节，子代需要帮忙支付机械费用。

---

① 王跃生：《中国家庭代际关系的理论分析》，《人口研究》2008 年第 4 期。

（三）子代核心家庭合力回馈父代家庭

子代核心家庭对父代的合力回馈与父代对子代家庭的培育和支持构成了家庭再生产中最基本的代际互动。通常，只有等到老人丧偶或是失去劳动能力后，子代才会开始代际反馈。

案例10　X村的李某，今年66岁，有两个儿子，大儿子今年46岁，小儿子今年38岁，两个儿子都是在结婚当年就分家出去。“分家时就说好了，老人以后的房子给老二，因为老二的房子建得次一点，老大结婚前的房子建得好一点。拆迁评估时，老大和老二的房子相差一万元，两个儿子不公平不行，所以要把老人的房子给老二。以后不能动了就由两个儿子轮流养，但要死在老二家里，白事要老大和老二共同承担”。

分家后子代与父代的代际关系的交互性与分家模式直接相关。在传统分家模式中，兄弟分家是主线，父子分家是辅线。在分家过程中，父亲分割的只是家产的一部分，自己保留了相当部分的家产，分家之后依然可养无所忧，这在分爨型分家中最为明显。所谓的父子不分家，实际上以家产配置中的父权优势为基础，兄弟关系受到了父子一体的压制。随着婚姻市场竞争的激烈，眼下父亲为儿子结婚耗尽心力，财产的分割基本上做到了毫无保留。在老人赡养上，鲁西北农村遵循的是诸子均担，兄弟之间合力养老，在代际互动中显示出抚育与赡养之间的互动。

五、家庭核心化理论之反思

（一）家庭核心化理论反思

古德在《世界革命与家庭模式》中提出家庭模式“趋同理论”，认为西方工业化开启了经济生产范畴的变革，削弱了宗族和家庭亲属关系，进而导致了家庭结构的核心化和夫妻家庭的涌现。[①] 当前，对中国家庭变动理解的“核心化”主要表现在两个方面：

一是中国家庭结构的核心化及其解释。由于工业化和城市化，核心家庭比例上升而使其成为家庭结构中的主导形态。最新的研究指出，中国家庭核心化的动力机制在于土地集体所有制的实施，正是农村土地集体化重塑了农村的家庭生产与生活的组织方式，进而推动了农村家庭结构的转型，农民家庭收入分配与财富累积形式的根本变化，使得家庭模式不可能回归到以前。[②]二是中国家庭未来的发展趋势是走向一种西方家庭现代化理论意义上的“核心化”。在西方家庭现代化理论中，典型的“现代”家庭被定义为核心家庭、儿童中心、私密性，是一个更喜欢亲密生活和私密性而不是与亲属分担责任的团体。[③] 显然，这种家庭的“现代”定义有悖于大量的微观家庭实践，无论是个体家庭还是网络家庭，这种绝对个体主义的家庭也不完全存在。

事实上，我国农村家庭面临的并非一个线性或清晰的变动格局。以鲁西北农村的分家和家庭再生产的经验为例，可以轻易发现相互悖论的经验现象，比如独子家庭既可以分家，也可以不分家；父代具有抚育孙儿(女)的义务，也可以采用策略性的规避方法，以减轻自己的负担。父子两代之间的代际关系既具有交互性，又蕴含紧张的面向。

黄宗智指出，分家行为不应该也无法被简单视为家庭核心化的必经环节或是检验工具，面对家庭核心化与直系家庭的论争，应该不必

①② 王天夫、王飞、唐有财等：《土地集体化与农村传统大家庭的结构转型》，《中国社会科学》2015 年第 2 期。

③ 唐灿：《家庭现代化理论及其发展的回顾与评述》，《社会学研究》2010 年第 3 期。

拘泥于西方家庭现代化理论所设立的“核心化”理论预设。[1] 显然，黄宗智力图说明的是，在中国家庭核心化的大趋势下，基于庞大的“半工半耕”农业经济结构和非正规经济群体，中国社会的基本单元不仅没有也不可能走向个体主义发展模式，现代农村家庭形态特征体现于分家后父子两代核心家庭之间的“合”。这应该是黄宗智对家庭研究中的“核心化”主题最想表达的不同看法。

（二）走向代际合作的家庭模式

家庭模式“趋同理论”对中国家庭变动研究产生了巨大影响，早期的家庭结构研究基本上延续了西方家庭现代化理论中的“核心化”命题。鲁西北农村的微观经验显示，在家庭结构趋于核心家庭的背景下，农村家庭是如何在家庭资源稀缺的背景下，通过分家和分家后的代际互动以实现家庭再生产。农村中年轻的子代家庭依靠自己显然无法实现家庭的顺利发展，从子代家庭的成立到逐步壮大以致成熟，父代不仅无法袖手旁观，反而被吸纳进整个大家庭中，家庭发展呈现出一种走向代际合作的家庭模式。仅从家庭结构来看，中国现代农村家庭无疑具有核心化趋势，但从代际关系来看，分家之后的两代家庭依然被整合在一起，变动的家庭结构通过代际压力转移的渠道，以代际关系变动的方式来应对制度变革与社会转型。

在家庭再生产过程中，现代农村家庭模式变动所呈现出的显然并非线性的核心化，而具有更为复杂的面向。面对婚姻市场的激烈竞争，依靠父代的能力显然难以实现子代核心家庭的建立，在家产累积的整体性逻辑中，儿子的收入成为家产的一部分。尽管个人财产的观念早已普及盛行，儿子依然将自己所得的工资放在父母那里，而在父母眼中，这笔钱就是家庭财产的一部分，对于这笔钱，父母具有管理

① 黄宗智：《中国的现代家庭：来自经济史和法律史的视角》，《开放时代》2011 年第 5 期。

和支配的权利。

需要注意的是，在从儿子个人工资到家庭财产的过程中，流动的家产在从个人向家的流动中发生了微妙的变化，个人的财产被融合进家产之中。对于农村家庭而言，儿子结婚并非父母个人之事，而是家庭大事，家产累积服从于家庭再生产，儿子和父母个人的劳动所得都被统合进家庭再生产的整体环节之中。

分家之后，家庭之间的关系尤其是父子两代家庭之间的关系，依然呈现出较为厚重的代际互动。在儿子结婚之后，从本家中分出的小家庭成为独立的经济生活单位，具有相对独立的社会地位。不过，从子代核心家庭的发展来看，父代依然在其中发挥着重要的作用，特别是计划生育政策实施以来，独子家庭日益增多，即便是与父代分家，父子两代家庭之间依然存在着紧密的代际粘连。对于父代而言，子代核心家庭的建立只是第一步，社会转型时期，年轻家庭的发展所面临的压力必然要向父代转移，其中最典型的就是父代需要继续发挥家庭的抚育功能。

鲁西北农村经验显示，伴随家产的累积与流动，家庭的"分—继—合"体系发生重组，进一步呈现出虚"分"、弱"继"、实"合"的新特点。面对社会转型带来的家庭压力和家庭再生产资源的有限，母家庭成为子代核心家庭面对生活压力、抚育成本和发展困境时的转嫁对象，代际互动过程中的家不仅没有裂分，反而紧密地粘连在一起并实现再生产。50 多年前，滋贺秀三将中国的家比喻为树，这个比喻具有深刻的关于家的整体性的社会学意涵。[①] 在传统时期，家是抽象的整体，家有分有合，但始终是一个完整的体系。[②] 中国的家庭早已步

① ［日］滋贺秀三：《中国家族法原理》，张建国、李力译，商务印书馆 2013 年版，第 60 页。

② 俞江：《论分家惯习与家的整体性——对滋贺秀三〈中国家族法原理〉的批评》，《政法论坛》2006 年第 1 期。

入现代化轨道，只是，在现代家庭结构的变动中，家庭的核心化并不意味着家的整体性的退场，中国的现代家庭依然具有自己独特的传统面向。

第二章

社会的阶层分化

一、农村社会阶层结构的治理意涵

20 世纪 80 年代以来，农村社会开始发生巨大的社会变迁，随着村庄社会边界的不断开放、城市经济对农村过剩劳动力的大量吸纳、农民职业的多元化以及农民流动速率的不断加强，农民开始出现经济分化并进而出现社会阶层分化。既有研究表明，全国农业型村庄的社会阶层分化与土地流转有密切的联系，土地的自发流转使得村庄社会中的农民占有的土地数量开始出现显著的差异因而开始形成经济收入上的差异。[1]

随着农村社会阶层分析的不断深化，农村阶层理论发现，在村庄的各个阶层中，位于村庄阶层结构中间位置的“中农”阶层具有独特

---

① 陈柏峰：《土地流转对农民阶层分化的影响——基于湖北省京山县调研的分析》，《中国农村观察》2009 年第 4 期；林辉煌：《土地流转与乡村治理的阶层基础——以江汉平原曙光村为考察对象》，《中州学刊》2012 年第 2 期；刘锐：《土地流转、阶层分化与乡村治理转型——基于湖北省京山 J 村的调查》，《南京农业大学学报(社会科学版)》2013 年第 2 期。

的社会禀赋而成为村庄社会秩序维系、村级治理中的中间阶层，[1] 是"稳定农村社会系统的重要结构性力量"[2]。农村社会阶层理论的推进实际上是一个不断发现"中农"及其"中间价值"的过程。农村阶层理论原本就具有强烈的现实关切，其理论的推进自然会将农村社会阶层分析与基础治理结合起来，"中农"阶层成为村庄社会中具有可贵的"中间价值"的中间阶层，构成了村庄社会秩序维系和村级治理中的主体阶层。

如果说中国改革开放 40 年来的持续性社会稳定来源于体制性城乡二元结构所带来的农村社会的高度稳定，而现阶段农村社会的高度稳定则实际上来源于"中农"阶层在维系村庄社会秩序和村级治理中的中间价值，那么"中农"阶层无疑构成了维系中国社会持续稳定的重要力量，也成为村庄治理的治理主体阶层和阶层基础。[3] 这是农村阶层理论发现"中农"后进行中间阶层理论建构的重要结论。

中间阶层理论的经验基础在于广大中西部农村，因而具有全国性的理论意义，但是农村阶层理论对浙江农村的社会阶层研究并不充分，大多数研究主要从非农化视角下的农民分化开始，并未深入到农村社会阶层结构层面。[4] 浙江农村是我国沿海发达地区的农村，1980 年代以来便开始了离农脱农的市场化发展，农村社会已经高度非农化、市场化、工业化。如果说"中农"阶层构成了中国农村社会的中

① 贺雪峰：《取消农业税后农村的阶层及其分析》，《社会科学》2011 年第 3 期；林辉煌：《土地流转与乡村治理的阶层基础——以江汉平原曙光村为考察对象》，《中州学刊》2012 年第 2 期；陈柏峰：《中国农村的市场化发展与中产阶层——赣南车头镇调查》，《开放时代》2012 年第 3 期；杨华：《"中农"阶层：当前农村社会的中产阶层——"中国隐性农业革命"的社会学命题》，《开放时代》2012 年第 3 期。

② 贺雪峰：《小农立场》，中国政法大学出版社 2013 年版，第 32—36 页。

③ 杨华：《当前我国农村社会各阶层分析——探寻党和国家政权在农村社会的阶层基础》，《战略与管理》2010 年第 6 期。

④ 卢福营：《中国特色的非农化与农村社会成员分化》，《天津社会科学》2007 年第 5 期；卢福营：《群山格局：社会分化视野下的农村社会成员结构》，《学术月刊》2007 年第 11 期。

产阶层，在村庄发展中具有不可替代的中间价值，那么浙江农村的经验悖论则在于，在村庄中产阶层数量庞大的农村社会中，中产阶层为何无法释放出应有的“中间价值”？于是值得进一步追问的是，村庄社会中的中产阶层在村庄社会中的结构性位置又是怎样的？以浙江农村为代表的发达地区农村的社会结构特性是怎样的？浙江农村社会阶层结构与村庄治理之间又具有怎样的关联？这都构成了本章所力图回答的问题。

农村阶层研究的主流范式是阶层实体论，阶层实体论尽管能够有效地刻画出村庄社会中阶层分化的总体性面貌，但其最大的缺陷在于无法有效表达阶层之间的动态关联，因此阶层实体论视角下的村庄社会阶层分化状况仅仅只是一幅平面的阶层指标划分图，社会阶层的深层结构并未有效呈现出来。社会学家仇立平受马克思阶层理论的启发，积极倡导不同于阶层实体论的阶层关系论研究，[①] 而杨华则将其操作化于农村社会的阶层研究，并认为农村社会阶层研究的关系论范式应当成为今后农村社会阶层研究的发展方向。[②] 总体而言，阶层关系论范式主张在阶层表层结构的基础上来进行阶层关系的总体性分析，不仅需要分析主导阶层，而且需要在各个阶层关系组合中来分析农村社会阶层的深层结构。

本章将首先利用阶层实体论来对浙北农村的社会阶层的“表层结构”进行总体性把握，其次将运用阶层关系论来对浙北农村社会的“深层结构”进行分析并对其社会结构进行总体性的刻画和表达，以此来讨论村庄社会阶层结构对村庄治理的影响，并在文章的最后简要讨论中国基础治理的阶层基础问题。本章的研究属于以田野调查为基础的质性研究，2013 年 7 月、10 月，笔者所在的研究团队曾对浙北

① 仇立平：《回到马克思：对中国社会分层研究的反思》，《社会》2006 年第 4 期。
② 杨华：《农村阶层关系研究的若干理论问题》，《人文杂志》2013 年第 4 期。

农村进行大规模的田野调查，笔者参加了2013年10月的驻村调查，这些均构成了本章的写作基础。本章研究的Z村是我国五金加工业的基地。Z村现有3800口人，800余户，全村水田面积为3400余亩。Z村以五金加工为主要经济收入，全年工业经济产值13.3亿元，人均年收入2.8万元。

二、农村社会的阶层表层结构

（一）农村社会阶层的结构划分

阶层划分是为了展现农村社会客观的分层状态，既是为了对农村社会的阶层结构进行总体性的判断和表述，同时又需要有助于问题的说明和分析。本章采用从职业分层、经济分层再到综合性分层的层级化分层划分方法，以展现社会阶层表层结构的多重面向，最重要的是为了获得具有社会阶层现状表达性、阶层群体主观认同性和理论分析适用性的村庄社会分层的表层结构。

Z村是全国五金加工业基地，Z村内有不少五金作坊企业主，Z村的大量劳动力从事五金业加工，这些农民工离土不离乡，白天在工厂工作，晚上回到村庄生活；全村耕地绝大部分被20多户大田农户承包，除此之外还有少量种田面积为50亩左右的农田户和10户左右的水产养殖户，这部分农户以种植耕地为主，是村庄中的纯农业种植阶层。除此之外，在村庄中进行小店经营、跑运输和各种小规模经营的是村庄的经营阶层。从职业上看，Z村包括企业主阶层、经营阶层、农民工阶层、务农阶层，另外还有大量农户在村中没有明显的职业分层，家中有部分耕地、自己有木工或加工的手艺，这部分可视为半工半耕阶层。

从经济收入来看，全村可按年净收入分为200万以上、50万—

200万、10万—50万、10万以下四个层次，其中农民工阶层的年收入普遍在10万以下，其中又可以大体分为2万—5万和5万—10万两个部分。务农阶层以200亩来计算，每亩收入1000元(含惠农补贴)，全年收入为20万，除去各项开支可以净收入8万—10万。半工半耕阶层的收入也在5万—8万之间。最后是极少部分贫困户，主要是家中主要劳动力缺乏或是丧失劳动能力。

如果将职业分层与经济分层进行叠加则能够区分出四个社会阶层：收入200万以上的约有20户，占总比例的2.5%，全部为企业主阶层；收入50万—200万的约有60户，占总比例的7.5%，全部为企业主阶层；收入10万—50万的约有320户，占总比例的40%，包括经营阶层、企业主阶层；收入10万以下的，占总比例的50%，包括农民工阶层、半工半耕阶层、务农阶层。

最后，从社会资源的综合性角度来看，企业主阶层横跨三个不同的收入人群，从村庄经验来看，这三个群体在经济实力、社会圈子、政治禀赋、超社区能力等方面都存在巨大不同，可以分别归属于强富阶层、富人阶层和中产阶层，而经营阶层与位于中产阶层的企业主阶层具有经济收入水平、社会关系资源等多方面的相似性，因此经营阶层也属于中产阶层。村庄的涉农阶层主要是农民工阶层、半工半耕阶层和务农阶层，其中农民工阶层只有少量的土地甚至完全无地。农民工阶层、半工半农阶层和务农阶层则都是村庄中的普通阶层。浙北农村是典型的经济发达农村，村庄中的绝对贫困户较少，文中所指的贫困户是村社语境中的相对贫困户。于是，我们大体上可以得出村庄社会阶层结构的基本划分情况：

表 1-1　社会阶层结构划分表

阶层划分	年净收入分层	户数	比例	职业分层
强富阶层	200 万以上	20 户	2.5%	企业主阶层
富裕阶层	50 万—200 万	60 户	7.5%	企业主阶层
中产阶层	10 万—50 万	320 户	40%	企业主阶层、经营阶层
普通阶层	5 万—10 万	272 户	34%	农民工阶层、半工半耕阶层、务农阶层
贫弱阶层	1 万—5 万	128 户	16%	农民工阶层、半工半耕阶层、务农阶层

（二）各社会阶层的社会特征分析

浙北农村社会阶层的整体经济水平要高于全国普通农村，离农脱农的历史进程早已完成，但总体而言农村社会的基本形态还与城市社会形态具有巨大的差异，还是乡土社会小农逻辑下的新乡土中国。下文将对社会阶层进行逐一分析，以展现浙北农村社会阶层的社会特征的总体面貌。

1. 强富阶层

强富阶层是村庄中的超级富豪，其家庭所经营的五金企业的年产值在 1000 万左右，年净收入在 200 万上下，其经济收入位居全村最顶层，这个阶层一般与村庄社会没有紧密关联，其主要的社会关系资源都在村庄之外。强富阶层在村庄形成一个由少数人组成的富人圈子，其消费行为是村庄高级消费的风向标，是村庄社会的公共话题。

2. 富裕阶层

富裕阶层实际上与强富阶层没有明显的区分，其差别主要在经济体量方面。富裕阶层的年收入不如强富阶层，大概在 50 万—200 万左右，除了轿车消费外，其日常消费与强富阶层基本一致。富裕阶层在经济实力上难以超过强富阶层，无论是在资本规模、社会关系、经济体量和经营水平上均存在一定的差距。富裕阶层在经济上以强富阶层为目标，利用各种机会进行追赶，同时与强富阶层保持良好而密切的关系。

3. 中产阶层

中产阶层在村庄中经济水平位于中间层次，仅从农民的社会分层来看，中产阶层无疑就是经济发达农村的“中农”阶层，但浙北农村的中产阶层与农业种植没有任何关联，其利益重心也不在村庄之内。中产阶层对村庄的民主选举具有重要作用，在社会文化上，因为强富阶层与富裕阶层的文化消费不在村庄，因此村庄文化中实际的带头人和组织者是村中的中产阶层。中产阶层是村庄内的有钱有闲阶层，具体包含企业主阶层和经营阶层两个阶层主体，其中企业主阶层是村庄五金企业中经济水平较低但也是数量最大的阶层群体，他们开办的五金加工企业一般只有两条生产线或是四台全自动化的机器，其所聘用的工人不会超过 30 人。一年几十万的年收入不可能保障奢华的生活享乐，但是与村庄中的农民工阶层、半工半农阶层和务农阶层相比，中产阶层是村庄中的小资本家，在村庄中实际上具较高的幸福指数。中产阶层中的经营阶层从事经营性生产，他们做生意有 20 多年的历史，早已脱离土地，其经营业务收入稳定、市场风险小，收入可观且持续，同样是村庄中的有钱有闲阶层。

4. 普通阶层

普通阶层是村庄中规模最大的社会阶层，包含农民工阶层、半工半农阶层和务农阶层。普通阶层的年收入在 10 万以下，普遍承受着巨大的社会压力和经济压力。农民工阶层白天在工厂上班，晚上回到家中休息，除了忙于打工赚钱基本不会有过多的消费；半工半农阶层家庭中有人在工厂上班，也有人在家中种地或是进行小农经营；务农阶层主要是村庄中种植50—200亩耕地的种田大户，他们是村庄中唯一的种地农民。普通阶层最大的特点就是涉农程度高，他们的日常生活生产多少都与农业相关。总之，普通阶层中的三个阶层构成基本在一个社会水平结构面上。

5. 贫弱阶层

贫弱阶层是农民工阶层、半工半农阶层和务农阶层中的贫困者，他们的家庭或劳动力不足或有长年生病的家庭成员，家庭子女负担沉重。贫弱阶层一般在村庄内部很难进行家庭的再生产，出身贫弱阶层家庭的年轻男子只能通过与外来打工者结婚来缓解婚姻压力。贫弱阶层在村庄中经济收入低、社会地位差，时常受到村庄其他阶层的欺负。

以上是对村庄社会各个阶层的简要分析，总体来看，上述五大阶层具有的特点可以归纳为以下表1-2所示。

表1-2　社会阶层社会特征分析表

阶层划分	经济水平	消费水平	土地占有	社会关系	社会地位	参政意愿	政缘关系
强富阶层	实力雄厚	奢华型	无	广泛的人际关系和社会资源	极高	极高	较强，视个人而定
富裕阶层	实力充实	享乐型	无	不错的人际关系和社会资源	较高	高	较强，大多数没有
中产阶层	有钱有闲	消费型	无	在村外有一定的社会关系，和村庄各阶层接触较多	高	弱	个别有一定关系

续表

阶层划分	经济水平	消费水平	土地占有	社会关系	社会地位	参政意愿	政缘关系
普通阶层	略有结余	生活型	口粮地、菜园	大多是亲戚和必要的朋友关系	一般	无	无
贫弱阶层	在生活温饱线上挣扎	节俭型	种地养家糊口	极为有限的亲戚和朋友	较差	无	无

(三)社会阶层的表层结构

村庄社会阶层可以区分为三大阶层群体：强富阶层和富裕阶层是村庄中的富人阶层，其消费水平极高；中产阶层因为其庞大的数量而构成了村庄社会中一个单独的社会阶层；普通阶层和贫弱阶层是村庄中的庞大底层，其多奔命于生计，是村庄中的“百姓”阶层。这三大阶层构成了浙北农村社会阶层结构的上、中、下三个层次。

社会阶层结构中的五大阶层在各个社会特征指标上具有高度的一致性，没有出现在经济、政治和社会上的单项偏差。

三、农村社会阶层关系的区隔化

社会阶层的表层结构只能提供各个阶层的社会特征指标，却无法还原出立体、生动的阶层关系画面，进而妨碍了对农村社会结构甚至是性质的总体判断。下文将通过对阶层关系之间的动态考察来展现浙北农村社会阶层的深层结构。当然，这种分析实际上是一种理想类型分析，阶层之间的横切力量暂且未考虑在内。

（一）阶层关系组合分析

浙北农村社会的五个阶层之间在社会生活实践中都会发生结构性的关系，“两个阶层之间的关系构成了一个阶层关系组合”[①]。通过对不同阶层关系组合的分析就可以大致了解村庄阶层之间的关系情况，进而可以实现对阶层动态结构的整体把握。

1. 强富阶层与富裕阶层

强富阶层是村庄社会中的主导阶层，在村庄中积极参与政治，成为能够直接参与村庄政治的社会阶层。强富阶层的生活世界不在村庄，与村庄的其他阶层并没有太多关联，只是与自己阶层位置最为接近的富裕阶层具有紧密关联。由于职业上的一致性，同为企业主阶层的富裕阶层与强富阶层之间存在着大量密切的经济关联，在生产、销售、运输、企业资金等方面均有业务合作，其中数个富裕阶层农户往往会与同一个强富阶层农户具有这种关联，久而久之就由经济关系扩展为社会关系以至形成一个固定的圈子。强富阶层和富裕阶层实际上形成了紧密联系的阶层组合关系形态。

2. 富裕阶层与中产阶层

中产阶层主要是企业主阶层和经营阶层，因此中产阶层中的相当部分和富裕阶层具有经济上的紧密关系，比如中产阶层开办的五金加工企业规模不大，但是在五金加工业利润稀薄只能依靠扩大产量来维持利润的前提下，庞大的资金周转量就需要富裕阶层的协助，或是直接借钱或是需要让富裕阶层作为向银行贷款的担保人。另外，富裕阶层具有中产阶层所不具备的经济信息和销售渠道，中产阶层经济的发展需要富裕阶层的扶持；同时为了维系社会经济关系，中产阶层与富

① 杨华：《农村阶层关系研究的若干理论问题》，《人文杂志》2013 年第 4 期。

裕阶层之间不得不保持社会人情上的关系。总体来看，中产阶层无法脱离富裕阶层而独立地维系自己的阶层经济地位，因此中产阶层对富裕阶层具有一定的依附性。也就是说，中产阶层需要与富裕阶层保持较其他阶层更紧密的社会关系，但是中产阶层在经济体量上与富裕阶层相差甚远，与其维系社会关系就必须感受并承担较强的阶层压力。正是中产阶层与富裕阶层之间的紧密的经济利益关系，富裕阶层与中产阶层的关系构成了村庄阶层结构整体中最重要的阶层关系组合。

3. 中产阶层与普通阶层、贫困阶层

村庄的中产阶层不仅开办手工作坊，而且往往还有其他的职业，如自己开手工作坊，儿子在村里跑运输等，因为开办小型的手工作坊不足以维系家庭的继续发展，而且也不需要全家的参与。中产阶层中的相当一部分经营的具体职业较为多元，而且都是与村庄的日常生活消费经济紧密相连，因此中产阶层几乎能够接触到村庄中的所有阶层，并与其保持多方面的社会关系。但村庄中的普通阶层、贫弱阶层在经济上有困难，有社会事务需要帮忙一般无法找中产阶层帮助，因此中产阶层与村庄普通阶层、贫弱阶层之间的阶层关系均较为薄弱。从中产阶层的社会关系来看，中产阶层往往更多的是被迫地与富裕阶层发生社会关系，却不会主动地与村庄的普通阶层发生关系，和贫弱阶层之间的社会关系就更少。中产阶层的经济生产与土地无关，其利益重心不在村庄，村庄社会秩序的好坏与其生活利益关联甚小，其参与村庄事务主要是为了保持与富裕阶层的社会关系，而非基于本阶层在村庄的生活利益。

（二）阶层组合分析

“单个阶层在社会结构和政治社会中的影响可能较小，但是阶层组合就可能影响较大，在具体的阶层关系中揪出这种阶层组合对分析阶层结构和村庄政治社会现象也是至关重要的”。[1] 也就是说，阶层组合是指两个阶层之间的组合关系，阶层组合分析就是观察某两个甚至多个阶层组合在整个阶层关系结构中的影响。如前所讲的具有高度阶层相似性的强富阶层和富裕阶层就是明显的阶层组合。阶层组合的形成以阶层关系组合为基础，浙北农村经验表明，强富阶层和富裕阶层的阶层组合是村庄中最为明显也是对村庄社会影响最大的阶层组合。

强富阶层与富裕阶层的阶层组合和中产阶层在整体上则构成了一种另外的阶层组合，在这种阶层组合中，强富阶层和富裕阶层可以大体上视为具有阶层同一性的富裕阶层，那么从富裕阶层与中产阶层的阶层关系来看，中产阶层中的企业主阶层和富裕阶层具有阶层特征上的相似性，中产阶层中的经营阶层需要依靠富裕阶层才能获得足够的经济关系资源以保障经营事业的可持续发展。因此，富裕阶层和中产阶层的阶层组合与强富阶层和富裕阶层的阶层组合的不同之处在于，富裕阶层和中产阶层的阶层组合的实质是富裕阶层对中产阶层的机制性吸纳。在村庄事务中，富裕阶层获取大量的体制性资源来扩充本阶层的经济资本和社会资本，而中产阶层通过对富裕阶层的倚靠甚至依附来完成自己经济资本的再生产并进行社会资本的维系。

从总体上看，村庄中的中产阶层具有社会阶层结构中的中间位置，但是从阶层关系来看则具有不同的特点，中产阶层与富裕阶层的阶层关系主要是中产阶层为了保持自己的阶层位置而积极向上，在忍受阶层压力中保持与富裕阶层的社会关系。从中产阶层连接富裕阶层与普通阶层、贫弱阶层之间关系的角度来看，中产阶层构成了进行村庄层面的阶层挤压阶层剥削的中间机制。

---

① 杨华:《农村阶层关系研究的若干理论问题》,《人文杂志》2013 年第 4 期。

（三）阶层关系的区隔化

总体而言，Z村的阶层固化明显，阶层之间缺乏有效的流动机制和足够的流动空间。强富阶层、富裕阶层和中产阶层占有的是资本、厂房、机器，而普通阶层和贫弱阶层占有的是劳动力、耕地等，这决定了村庄的阶层结构在总体上可以划分为资本占有阶层和无资本占有阶层。经典社会理论家也视经济资本为阶层区分中最为基础性的因素[①]，在Z村，经济资本的有无既是村庄阶层形塑的基础性原因，同样也是测量阶层特征的重要指标。总体来看，村庄社会的表层结构——五阶层划分可以进一步揭示为社会的深层结构——两阶层群体划分或三阶层群体划分，即村庄社会在大体上由富裕阶层和底层阶层构成，中产阶层则构成了两个阶层之间的连接阶层，但是由于中产阶层的积极向上，富裕阶层通过对中产阶层的积极施压而成为决定村庄结构的主导阶层，中产阶层并没有发挥出在社会结构中的中间价值。

从浙北农村社会的深层结构来看，村庄社会各阶层不仅严重固化，缺乏阶层流动的可能性，并且在阶层固化的基础上，各个阶层还进行着不断的阶层再生产。更值得重视的是，在社会阶层固化的基础上，基于不同阶层之间的阶层关系，强势阶层的阶层组合使得村庄社会结构在整体上呈现出在中产阶层与普通阶层之间具有的不可流通性和阶层关系障碍，以至于整个村庄社会在阶层结构中呈现出区隔化的倾向。

因此，本章将村庄社会中各个阶层之间的严重固化和阶层群体之

---

① Pierre Bourdieu. *What Make a Social Class? On the Theoretical and Practical Existence of Groups*. Berkley Journal of Sociology, 1987(32). 转引自刘欣《阶级惯习与品味：布迪厄的阶级理论》，《社会学研究》2003年第6期。

间出现的弱阶层关系化和无阶层关系化称之为阶层区隔化。阶层区隔化不仅是指阶层之间缺乏流动机制，也指阶层之间缺乏良性的互动机制。由此，村庄阶层关系更多地表现为无关系性而非互动性、冲突性而非一致性，这样村庄社会秩序的维系和村庄建设就容易陷入困境之中。当然这其中有更多的具体机制需要深入研究。

第三章

日常生活的区隔化

一、日常生活的经验研究

20 世纪 80 年代以来，村庄社会变迁的加速与结构转型使得中国农村的日常生活发生了巨大的变化，从欧美社会人类学私人生活的理论角度出发，阎云翔在《私人的生活变革》中展现出村庄私密生活的巨大变迁。遗憾的是，阎云翔的分析并未对村庄的日常生活进行更深层次的结构性分析。

也许是对转型时期中国农村社会深刻变迁的理论焦虑，通过对全国十余个省份农村的深入调查，华中科技大学中国乡村治理研究中心数年前推出的“中国村治模式实证研究丛书”（以下简称“丛书”）对全国农村的生活、生产、家庭、文化、村庄政治、村级治理等各个方面的基础结构和内在逻辑进行了总体把握，对农村的日常生活也有较为全方位而深入的了解。然而，“丛书”对农村日常生活更多的是采取经验素描的形式而理论反思不足，因而“丛书”也并未将农村日常生活作为严格的学术对象来对待。

农村日常生活的范围极为广泛，从家长里短、闲言碎语到村庄的公共生活，甚至是政治生活，都可以被视为日常生活的构成，为了研究的便利，本章暂且将村庄的政治生活排除在外，对村庄的日常生活中的主要面向进行重点考察。通过对农村日常生活的结构性分析，本研究力图呈现出当代农村日常生活的某些基本面向，追究其实质与缘由，并对农村日常生活实践在农民阶层分化再生产中的功能进行初步把握。

为了研究的展开，笔者选取浙北 Z 村进行了为期 20 天的驻村调研。Z 村由四个行政村构成，分别是 Z①村、Z②村、Z③村与 X 村。Z 村现有 3800 口人，800 余户，全村水田面积为 3400 余亩。Z 村以五金加工为主要经济收入，全年工业经济产值 13.3 亿元，人均年收入 2.8 万元。

二、农村日常生活的内涵及其区隔化形态

农村日常生活中最基本的社会单位是家庭而非个体，浙北农村的核心家庭是村庄日常生活的基本参与单位。家庭的社区参与是村庄社会中日常生活的基本面向。在农村日常生活中，机制化的人际交往无疑是家庭进行社会交往的主要形式，村庄社会中的仪式性人情是实现村庄社会整合最重要的机制化人际交往手段。在家庭再生产和血脉绵延中，村庄的爱情故事和婚姻的缔结与此直接相关。进一步，家庭参与的日常生活还包含日常消费、社会闲暇等方面，而从社会地理学的角度来看，村庄日常生活还包含了社会生活的居住空间。此外，常被既有研究忽视的社会心理也构成了日常生活的重要方面。

浙北 Z 村日常生活无法在村庄社会的整体性中得到表达，在村庄社会分化的背景下，村庄的日常生活呈现出一种区隔化的结构性状态。本章将村庄社会的日常生活分解为机制化人际交往、恋爱婚姻、生活消费、村庄闲暇、居住空间及社会心理六个组成部分，日常生活

区隔化在其中均有所展现。在区隔化的日常生活实践中，人际交往和恋爱婚姻是日常生活中最基础的两个组成部分，而生活消费、村庄闲暇和居住空间则构成了日常生活的主要构成，社会心理则是日常生活的整体结构在社会个体中的深层主观反映。

1. 仪式性人情中的人际交往区隔

在浙北农村，操办人情开始成为巨大的负担。仪式性人情的异化使得人际交往不断成为村庄有钱人的游戏，而不少村民只能不断压缩自己的人情圈以至于最终退出人情圈，于是村庄社会逐渐形成一种人情圈的区隔化状态。一般而言，仪式性人情发挥着村庄社会整合的功能，但是浙北农村仪式性人情的社会功能出现了严重异化。在Z村，日常性人情已经几乎彻底式微，邻居之间可以多年不相往来；而仪式性人情的规模和消费水平逐年高涨，村庄富人花几十万来为子女办一场婚礼已经非常常见，村中酒席水准不断提高，礼金也水涨船高。村民参与同一村民小组内左邻右舍的仪式性人性主要是为了进行社会关系的建构，浙北农村的仪式性人情反倒通过社会排斥机制将统一的人情圈区隔开来，使得原本构成一个整体的人情圈被区隔为大小不一、规模各异而无法互动的纵向圈层，使得以血缘与地缘为基础的人情社会被撕裂为冷冰冰的金钱帝国。

2. 婚姻缔结中的男女情感区隔

如今，浙北农村的青年男女之间很难有自由恋爱之说，当下绝大多数婚姻的缔结都主要依靠父母的人为计划来完成。浙北农村的“父母之命”实质上是对男女情感互动的人为限制，其结果是婚姻缔结中的男女情感区隔。不少村庄的男女自由恋爱被父母之命阻挠，如果违背“父母之命”，恋爱男女很难“有情人终成眷属”。当地通婚圈的范围在地域上十分狭窄，大多数婚姻均在镇域范围内完成缔结，Z村的婚姻恪守“门当户对”，这几乎成为不可逾越的缔结原则和社会规范。

3. 生活闲暇中的消费区隔

由于村庄不同村民消费水平在消费场所上的显著差异，村级商店便只可能供应大多数普通村民，于是在村庄社会的日常性消费中便形成了显著的城乡区隔。具体而言，Z 村村民的日常生活消费在各方面表现出极大的差异性，就消费地域而言，村里商店是普通村民的好去处。就消费内容而言，村民都是以廉价消费品为主，甚至是尽量减少消费以便增加储蓄。村里具备较好经济实力的村民则大多去镇里或市里消费。日常生活中的闲暇消费也呈现出明显的差异性，村里的大多数村民都忙于赚钱，白天在工厂上班，晚上回家便处理家务和休息，不可能有所谓的闲暇时间；而村里的老板则时常去镇里唱歌、喝茶、吃饭。

4. 公共文化参与中的舞台区隔

舞台区隔并不是指舞台表演中不同社会地位的村民之间的区隔，而是指村庄公共文化舞台中主体性演绎和参与式、屈从性演绎之间的区隔状态。舞蹈表演中的阔太表演者与村民观众之间的区隔，排球队训练中的普通村民与富人身份群体之间的隔离趋势，都是这种舞台区隔的典型表达。

5. 居住生活区位中的空间区隔

在居住生活区位上，浙北农村展现出来的是在宅基地指标分配与区位划分中形成的居住空间的隔离问题。Z 村的老宅大多临山而建，呈现出沿山脚横向展开、前后排铺的居住格局，老宅大多是“回”字形结构，中间是天井，四周为住宅。20 世纪 90 年代以来，村民开始搬出老宅，在湖边择地而居，形成错落有致、高低不平、大小各异的临湖别墅。Z 村居住生活区位在宅基地指标分配和住宅区位规划中发生了明显的分离性变化，村庄社会的生活空间被划分为不同的块状区域，这无疑构成了村庄社会空间地理学意义上的空间区隔。

近十年来，宅基地指标不断缩减，在宅基地指标的分配中，只有具有足够经济能力的村民才可能在宅基地指标的竞标中获胜。从现在村庄居住的分布来看，老宅大多是老人和外地农民工在居住，老宅附近的临湖区则是较早搬出老宅的一批村民，之后不断沿湖展开或是向公路两边进行扩展。现如今，村庄中地理位置优越甚至风景如画的地方都被有钱人占据，家里经济水平最低下的则依然居住在老村的四合院中。

6. 社会心理中的社会意识区隔

在中西部农村，普通村民对村庄社会分化的总体状态并没有清晰的社会认知。笔者在访谈中有意识地对不同村民的区隔意识进行追问，发现村民对自己的生活水平在全村有比较准确的定位，他们大体将村庄的生活水平形象地分为“站着的”“坐着的”“坐不下去也不会蹲着的”“蹲在地上的”和“起不来的”几种类型。也就是说，村民在村庄社会的日常生活中对自己的社会位置不仅具有清晰的总体性认知，而且具有明确的自我认知，这种自我认知作为一种社会自我意识会促使村民在日常生活中做出更加符合自己社会地位的生活行为。实际上，这种社会自我认同是村庄日常生活全方位区隔化在村民主体意识中的某种映射。

三、阶层视角透视下的农村日常生活区隔化

农村日常生活区隔化能够为常人所感知，其实质却并非如现象那般可见。在上一章，浙北农村社会在总体上被区分为强富阶层、富裕阶层、中产阶层、普通阶层和贫弱阶层五大社会阶层群体，其中强富阶层和富裕阶层是村庄中的富人阶层，普通阶层和贫弱阶层则构成了村庄社会的底层。从社会阶层的视角来分析日常生活中的区隔化现象

则可以较好地把握其社会实质。本节将力图展示阶层视角中的日常生活区隔化，实质上是农民阶层分化在日常生活中的具体表现。

1. 作为阶层位置维系的恋爱区隔

没有恋爱的婚姻在现代社会几乎难以理解，但是浙北农村的婚姻却通过这种恋爱区隔的方式有条不紊地进行着村庄社会阶层位置的维系。婚姻缔结固然需要通过仪式性人情表达出来，但婚姻并不是通过仪式性人情来缔结，反倒是仪式性人情是婚姻缔结的过程形态。在Z村，父母之命是婚姻缔结的主要方式，这种父母之命决非传统社会的婚姻缔结形态，婚姻缔结与恋爱无关，恋爱关系成为村庄阶层关系维系的阻碍。Z村的青年男女对父母之命并不反对，甚至言听计从，因为他们也同属于社会阶层之内，他们知道，只有恪守"门当户对"才能维系自己的阶层位置。一旦这种自觉的意识形态内化到社会阶层个体后，"父母之命"对自由恋爱就显得不那么残酷，反而充满脉脉温情。

当然，强富阶层在为自己选择婚姻时的自由度更大，他们具有婚姻市场要价选择上的竞争力和要价优势。如果在本阶层无法找到合适的结婚对象，则可能会在下级阶层中进行选择，对于经济实力超强的强富阶层和富裕阶层，即使在中等阶层中寻觅婚姻对象也不会威胁到自己的阶层位置。反倒是，原本就面临婚姻缔结困难的普通阶层将难以顺利成婚，以至于不得不通过与外地打工群体结婚，来缓解本阶层的婚姻压力。

2. 作为阶层表征的消费区隔

Z村的不同阶层具有不同层次的消费方式，强富阶层大多有自己的娱乐圈，一般去镇里消费，这种娱乐方式有利于扩大交际面，巩固自己的社会关系。强富阶层在消费上主要是豪车、名牌衣物和阔气的豪宅；而村庄中一般百姓的消费则与强富阶层存在天壤之别。村庄里进行高档消费的富人阶层和中产阶层大多是有闲有钱阶层，他们在村庄中不仅“明显有闲”而且“明显有钱”。村庄中的富人阶层和中产阶层不仅在村庄中追求“金钱的生活水准”，而且将日常生活中的消费指标提升为村庄社会的“礼仪标准”①，以使得普通阶层难以企及。浙北农村中不同社会阶层的日常消费最终构成了一个阶层符号体系，吃喝、穿着、手机、抽烟等均成为表征阶层位置的生活符号和“金钱文化的表现”②。

3. 作为阶层位置展示的舞台区隔

浙北经济发达，农村中的文化活动丰富多彩，镇里时常会下乡进行文艺演出，但是真正能够参与的几乎都是村庄中的富人阶层。从展示力度上看，排球场上的区隔化效应更加明显，通过共同参与，不同社会阶层的位置界线在同一“舞台”上更加清晰可见。

4. 作为阶层固化的空间区隔

居住空间主要指的就是村庄的宅基地资源的分配，在宅基地资源的市场化分配中，富人阶层利用自己雄厚的经济优势往往能获得大量的宅基地指标，而普通村民却无处可居。通过将违建房屋作为五金生产的工业用地，富人阶层不仅获得了巨量的生活空间，而且获得了大量的生产空间，最终使其经济资本的累积以更加低成本的方式进行。富人阶层利用生活空间开展工业生产，进一步使得村庄生活空间分配呈现出阶层性非均衡的总体格局，如此一来，村庄居住空间中的空间区隔实际上是富人阶层对宅基地生活福利资源进行俘获之后的结果，其实质是生活空间分配中的阶层固化。

5. 作为阶层认知的社会意识区隔

村庄中的不同阶层对自己的社会位置具有清晰的自我认知，这种

---

① [美]凡勃伦:《有闲阶级论——关于制度的经济研究》，蔡受百译，商务印书馆 1964 年版，第 76 页。

② [美]凡勃伦:《有闲阶级论——关于制度的经济研究》，蔡受百译，商务印书馆 1964 年版，第 122 页。

阶层自觉意识的形成与村庄经济社会分化的历史进程有关。从社会生活的微观层面来看，这种社会意识中的阶层认知来源于社会阶层在长期的日常生活实践中的相互比较，特别是 20 世纪 90 年代以来，随着五金加工业的不断发展，村庄社会的经济分化开始出现并不断加速，而日常生活实践中所透露出来的阶层差别在村民的社会意识中不断强化。在这种阶层自觉意识的指引下，村民个体会继续在日常生活实践中通过具体社会行为得到强化。从社会阶层视角来看，在社会变迁时期，村庄社会中的“相对剥夺地位”逐步形成，而这种自觉的社会自我认同意识最终确定为一种强烈的“阶层认知”。①

四、农村日常生活区隔化的缘由与农民阶层分化再生产

农村日常生活实践中的区隔化形态既是农民阶层分化的表现，也是阶层分化再生产的辅助社会机制。在资本区隔与权力区隔的双重作用下，村庄社会开始出现显著的社会分化。日常生活区隔化不仅是社会结构变动或是社会变迁的社会现象表达，而且是参与社会变迁的内在实践组成部分。

1. 农村日常生活区隔化的缘由

农村日常生活区隔化是生活于村庄社会中的个体在具体而细微的日常生活实践中所能切身体验到的社会区隔感，然而，这种生活现象中的区隔化实际上需要从更为深层次的社会机制中寻求解释。浙北农村社会日常生活中的区隔化是乡村工业化不断发展之后的社会结果，乡村工业化对村庄社会最大的改造之处，在于形塑出经济体量差异明显的农民群体和改变了村庄体制性权力结构的生成机制。

① 刘欣:《相对剥夺地位与阶层认知》,《社会学研究》2002 年第 1 期。

总体而言，日常生活区隔化的缘由可归结为农村工业化历程中逐步发展而出的资本区隔与权力区隔。资本区隔是村庄经济分化之后的资本占有分布的总体状态，在资本区隔的基础上，村庄社会衍生出权力区隔，两者在相互循环中完成各自的再生产，并最终形塑出广大社会阶层不可逾越的经济门槛和政治参与门槛。

(1)资本区隔。资本区隔是村庄社会群体所占有的资本总量的高度不均衡性及这种非均衡性的不可改变性。[①] 从浙北 Z 村的乡村工业化历史进程来看，20 世纪 90 年代的五金商品销售贩子逐渐成长为经济体量占有规模不等的五金加工商。在村庄的五金加工商中，取得最大成功的那批人并非最早从事五金商品的直接加工，而是从集体企业出来后开始跑销售，只有充分掌握了市场信息，才能在 20 多年的五金加工行业中不断积累财富，并最终形成村庄中的富人。与此相对的是，大部分普通村民成为五金工厂中的劳工或是村中的兼业农户，在村庄五金加工业不断实现集群化、研创化的发展过程中，逐步沦为村庄社会的普通阶层和贫弱阶层。

更为重要的是，现在村庄中的富裕阶层和中产阶层都占有一定的资本、机器和劳动力，依靠这些资源，村庄社会的上层可以源源不断地进行资本的累积与再生产；而普通村民只能依靠出卖劳动力或是耕种土地来获取微薄的经济收入，如此一来，村庄上下阶层之间的差距不断拉大，阶层之间的流动机制基本上被阻断。在浙北 Z 村，富人阶层的资本占有总量以亿万计量，而普通阶层几乎不占有任何生产性资本，这种资本占有格局基本上决定了社会阶层关系的总体性非均衡及其不可改变性。资本区隔构成了农民阶层分化的基础，资本区隔所包含的资本自我创造的逻辑同时也是阶层分化进行不断再生产的重要机

① 李强:《社会分层十讲》，社会科学文献出版社 2011 年版，第 281—284 页。

制。因此，在资本区隔的作用下，村庄社会阶层分化不断加剧，并通过日常生活实践表达出来。

(2)权力区隔。资本区隔直接形塑出村庄日常生活的区隔化实践，权力区隔则构成了新形势下资本追逐政治化的工具。

一旦强富阶层掌控了村庄体制性权力，那么无形中就形成了强富阶层对村庄政治权力的垄断，村庄的整个政治参与的经济门槛和道德门槛便被建构出来，更为重要的是，村庄政治开始形成新的政治伦理，使得普通阶层被彻底排斥在政治门槛之外。

2. 日常生活实践与农村阶层分化再生产

日常生活区隔化自有一套不断循环的社会实践机制，由资本区隔和权力区隔形塑出的阶层分化也形塑出了区隔化的日常生活，而日常生活的不断实践，也生产出阶层分化再生产的社会条件。从日常生活的结构性构成来看，村中的婚姻缔结的“门当户对”则更能说明问题，村庄社会中的“父母之命”和青年男女的阶层自觉使得没有爱情基础的婚姻缔结显得那么心甘情愿，这种传统婚姻缔结模式包装下的高度经济理性化的现代婚姻，构成了社会阶层分化再生产的重要社会机制。

即使没有“父母之命”和“媒妁之言”，在浙北农村，青年男女也不可能真正超越个体身上的阶层印迹而自由恋爱。现在，村庄所有的青年男女都生活在一个阶层社会之中，社会阶层对个体的塑造早已使每个个体都成长为个体化的阶层符号，不同的阶层符号之间往往充满张力，这种情感的阶层性决定了美好的乡村爱情故事注定只能在本阶层内部完成。

村庄的消费、闲暇、文化参与也都是日常生活实践的基本面向，这三种日常生活实践形式构成了社会分化的表达渠道和强化机制，使得不同的社会阶层能够在村庄的公共领域中不断地展现自我和熟悉彼此，以此来加强对自身的社会阶层位置的自我认同；而这些最后都化为村民个体社会心理层面的阶层认知。一旦形成了这种阶层认知，村民的日常生活便会受到阶层自觉的无意识指引，从而在不断的日常生活实践中参与村庄社会阶层分化的再生产。由此，村庄社会中平淡无奇的日常生活实践构成了整个社会阶层分化再生产中的必要一环。

五、结语

社会转型期的中国农村日常生活正在发生着巨大的深刻变迁，浙北农村是我国经济发达地区农村的代表，尽管其与当下广大中西部农村具有较大不同，但无疑都属于新乡土中国时代村庄社会生活的重要类型。浙北农村的高度工业化使得村庄社会已经发生显著的社会分化，并在村庄的日常生活中淋漓尽致地表现出来，日常生活区隔化的实质是村庄社会阶层结构的深层分化。

综合上述分析，本章的结论为：农村日常生活在人际关系、婚恋情感、生活消费、日常闲暇、居住空间及社会心理等方面呈现出区隔化状态。婚姻缔结中的阶层位置维系、村庄闲暇中的阶层表征、公共文化参与中的阶层位置展示、生活空间配置中的阶层固化、社会群体意识中的阶层认知是农村日常生活区隔化的实质。农村工业化历程中逐步发展而出的资本区隔、权力区隔以及两者“结盟”之后生成的阶层流动阻隔之网是日常生活区隔化的缘由。农村日常生活区隔化既是农民阶层分化的表现，又构成农民阶层分化再生产的社会机制。

农村日常生活的区隔化并不仅仅在于使得生活于村庄中的不同社会阶层能够相互感知和共同体验，更重要的是日常生活的区隔化实践本身便构成了社会阶层分化再生产的一环。毫无疑问，社会阶层分化的加剧会导致整个农村社会结构的固化，由于社会阶层流动渠道被阻却，社会结构限制了底层社会阶层实现生活利益与追求的能力。在浙北农村，社会表面秩序良好的村庄并不意味着村庄社会结构的合理，反而可能恰恰是因为村庄社会的高度分化，村庄社会中不同阶层之间的互动存在严重阻隔。

第二编
基层政权

本编讨论基层政权的行为逻辑与制度定位。

第四章“乡镇政府的行为逻辑”，讨论了基层政权运作的发展属性。乡村民宿产业发展案例显示，乡镇政府将项目资源视为重要的可支配财力，动员和整合民间资本，推动乡村社会的市场化。由于基层治理需求的规则化、格式化，基层政权朝着以发展为要义的公共服务型政府迈进。基层政权的制度基础在于，乡镇政府一方面服从于不断标准化、法治化的目标管理责任制，一方面又要产出累积性政绩，以实现行政主官的职级晋升。这决定了乡镇政府未来应兼顾经济增长与生态保护、政绩生产与公益扩增、政府自利性扩充与政权合法性夯实等多组关系之间的平衡。

第五章“基层政权对集体产权的调控”，发现农村集体产权嵌入复杂的地方行政权力结构和村庄权力结构，朝着国有化、私有化和股权化等产权样态演进，形成行政主导型、规则竞争型和利益均沾型三种集体产权变迁模式。与之对应，基层政权给予村干部任职行政化、公共规则治理、制度化分权等制度回应。这表明，集体产权变迁与基层治理结构之间并非线性的因果逻辑，反而呈现出复线的循环关联，并在基层政权治理能力、国家与农民关系两方面产生重要政治后果。

第六章“基层政权建设的路径选择”，讨论项目制背景下基层政权建设的定位与制度方向。项目制背景下的基层政权运作，呈现出财权虚空、事权缩限与行政事务密集的悖论性特征。由于基层治理事务的特性使然，这种基层治理模式难以充分回应乡村社会的治理需求。基层政权建设应定位于服务人民群众、面向基层治理事务，应在保持规则性、民主化治理的同时兼顾治理方式的灵活性、多样性。新时代基层政权建设应加强党的集中统一领导，深入推进党的基层组织建设；以优化、协同、高效为准则，加快建设公共服务型乡镇政府；坚持农民主体地位，完善以村民自治为核心的乡村治理体系。

第四章

乡镇政府的行为逻辑

一、问题的提出

基层政权是国家权力向基层社会延伸的末梢，在国家治理体系和治理能力现代化建设中占据基础性地位。中共十九届三中全会审议通过的《中共中央关于深化党和国家机构改革的决定》，明确提出加强基层政权建设，推动治理重心下移。这既是对理论界关于基层政权改革的积极回应，同时也对理论界开展基层政权建设研究提出了新的要求。在基层政权建设理论中，对基层政权的角色界定是理论界长期关注的焦点，其对于明确基层政权建设的方向具有基础意义。本文将结合新时期乡镇政府的行为逻辑，对基层政权的角色属性予以重新讨论，以期为强化基层政权建设，夯实乡村治理体系和治理能力提供理论指引。

总体看来，“谋利型政权经营者”和“公益经营者”等基层政权角色理论最具代表性。改革开放初期，中央在财税体制上充分放权，乡镇政府的经营界面获得极大扩展。基于对发达地区乡镇政府行为的分析，杨善华和苏红以“谋利型政权经营者”界定了基层政权所具有的相对国家所赋予的公共职能之外的独特的谋利属性。[①] 当时突出的现象是乡镇企业的迅猛发展，基层政权的“经营性”特征日益强化，其发展经济的方式越来越类似公司。对于这种独特的政企关系形态，戴慕珍用“地方国家公司主义”来加以指称。戴慕珍认为，“财政包干”制度对地方政府兴办乡镇企业的行为实现了强激励，地方政府不仅通过税收获取财政收入，而且能够从企业利润中汲取丰厚的预算外收入。[②]

基层政权直接依靠乡镇企业获取财力的谋利之道终结于分税制改革。分税制改革的直接目的是建立强有力的中央集权政府，强化中央对全国经济发展和统筹区域经济发展水平差异的集权能力。由于分税制改革极大地削弱了地方政府在经济增量分配中的份额，最终导致了乡镇企业的衰败。[③] 尽管中央希望以分税制调控央地关系，缩限地方政府在经济发展中的自主性，但意外后果却是将地方政府谋求 GDP 增长的重心转为经营城市和过度汲取农业剩余。由于区位优势的不同，东部发达地区的地方政府开始以土地财政作为扩充预算外收入的主要手段，而中西部欠发达地区的地方政府则强化了对农业剩余的汲取，并导致农村社会背负起沉重的农业税费负担。为缓解地方政府的财力不足并减缓农民的税费压力，中央政府从 2003 年开始推行农业税费改革，并最终全面取消了农业税费。[④] 与此同时，中央推行县乡财政体制改革和乡镇机构改革，几乎取消了中西部地区乡镇政府的财

① 杨善华、苏红：《从“代理型政权经营者”到“谋利型政权经营者”——向市场经济转型背景下的乡镇政权》，《社会学研究》2002 年第 1 期。

② Jean C. Oi. *Fiscal Reform and the Economic Foundation of Local State Corporatism in China*. World Politics, 1992(1).

③ 周飞舟：《分税制十年：制度及其影响》，《中国社会科学》2006 年第 6 期。

④ 李芝兰、吴理财：《“倒逼”还是“反倒逼”——农村税费改革前后中央与地方之间的互动》，《社会学研究》2005 年第 4 期。

权并严重限缩了其事权，由此而带来乡镇政府在财力上的“空壳化”。[①]

由于地域的差异，周飞舟所说的基层政权的“悬浮化”特征更适用于我国中西部农业型乡镇，农业税费的取消对东部发达地区的基层政权并未产生实质性影响。相比之下，对东部地区基层政权构成直接冲击的是分税制之后的县乡财政体制改革。尽管分税制改革导致地方政府经营乡镇企业时代的结束，但随着市场经济的发展，地方政府依然从地方税收中获取充足的财力，尤其是在乡镇民营经济发达的浙江，乡镇政府的财力依然可观。这意味着，东部发达地区的经济增量不仅向中央贡献财力，同时满足了本地域的社会发展对公共财力的需求。相比于“谋利者”角色，基层政权的“公益经营者”角色的凸显较为晚近。分税制改革以来，中央所建立的转移支付制度意味着以工哺农格局的形成，地方政府越来越具备“公益经营者”的色彩。[②] 公共资源下乡的浪潮中，几乎所有的中央财政资金都是通过中央政府的“条条”向全国分配，省级政府内部的财政资金配置也不断专项化。[③] 原本旨在规范转移支付制度运作的技术治理架构，促成了全国范围内地方政府财政开支在纵向上的高度科层化、法治化。

由此，地方政府在建设公共服务型政府的过程中，必须严格遵循项目制的指标化、技术化要求。如此一来，贡献经济增量的东部地区乡镇政府不仅需要以经济增长为中心，同时还要通过项目制来经营自身行政辖区范围内的“公益”事务。

曾有学者认为，在项目制实践中，早已丧失自主性财力的乡镇

① 周飞舟：《从汲取型政权到“悬浮型”政权：税费改革对国家与农民关系之影响》，《社会学研究》2006 年第 3 期。

② 陈颀：《“公益经营者”的形塑与角色困境——一项关于转型期中国农村基层政府角色的研究》，《社会学研究》2018 年第 2 期。

③ 折晓叶、陈婴婴：《项目制的分级运作机制和治理逻辑——对“项目进村”案例的社会学分析》，《中国社会科学》2011 年第 4 期。

政权仅仅成为承接项目资源并促使项目最终落地的协调者。[①] 实际上，这种认识局限于农业税费改革后国家与农民关系的改变对乡镇政府行为的影响。基于此，应该将基层政权置于新的经济增长和社会发展的复合语境中予以考察，深入解析基层政权的角色属性更为多元的东部发达地区乡镇政府的行为逻辑。本文认为，基层政权客观上徘徊于“谋利”与“公益”之间，其属性不在于两者中的任何一方，而是立足于经济和社会的同步发展，由此可称之为“发展型基层政权”。

二、发展型基层政权：一个关系主义视角的分析框架

既有的地方政府行为研究更多地秉持着一种选择性观察的视角，即对发达地区地方政府侧重于观察其发展经济的逻辑；而对中西部地区地方政府则侧重于剖析缺钱又缺权的乡镇政府在项目制实践中的运作逻辑。[②] 在讨论地方政府的属性中，有学者认为地方政府即便是在强化集权之后也依然具备足够的自主性，中央促进社会发展的政策时常被地方政府选择性执行，本质上是服务于地方政府的经济发展。[③] 这对于深化乡镇政府行为逻辑的理解，进而重新界定基层政权属性具有启发意义，但这种研究主要着眼于政策执行宏观逻辑的分析，缺乏中观层面的分析视角，整体叙事中并未见到处于行政层级末端的乡镇政府的身影。

乡镇政府身处国家（上级政府）—市场—社会的微观环境，这为重新理解乡镇政府的政权属性提供了一个关系主义视角的分析框架。

---

① 付伟、焦长权：《“协调型”政权：项目制运作下的乡镇政府》，《社会学研究》2015 年第 2 期。

② 李祖佩：《分利秩序——鸽镇的项目运作与乡村治理（2007—2013）》，社会科学文献出版社 2016 年版。

③ 郁建兴、高翔：《地方发展型政府的行为逻辑及制度基础》，《中国社会科学》2012 年第 5 期。

作为基层政权运作实体的乡镇政府的形象多元而复杂，这种复杂性并不仅仅是指乡镇政府处于科层体制和乡村社会之间，[①] 或者说是指乡镇政府的运作是多维度的[②]，而是说，乡镇政府并非是实体性地构成了一个独立的治理主体，其处在国家、市场、社会所构成并相互联系的微观环境之中。这种具备交互性的环境，决定了乡镇政府与国家、市场和社会之间是关系性的，而非实体主义式的界面性。具体来说，乡镇政府首先要按照国家规定的目标管理责任制来运作，即实现经济发展、生态保护、民生保障等一系列发展性指标；为此，乡镇政府需要结合本地实际情况，吸引资本、发展产业并为其提供公共服务，这意味着乡镇政府要处理好市场培育与社会发展之间的关系。在这一分析框架中，主要包括乡镇政府与国家（上级政府）、乡镇政府与基层市场、乡镇政府与乡村社会三对相互联系的主体关系，如图 2-1 所示。

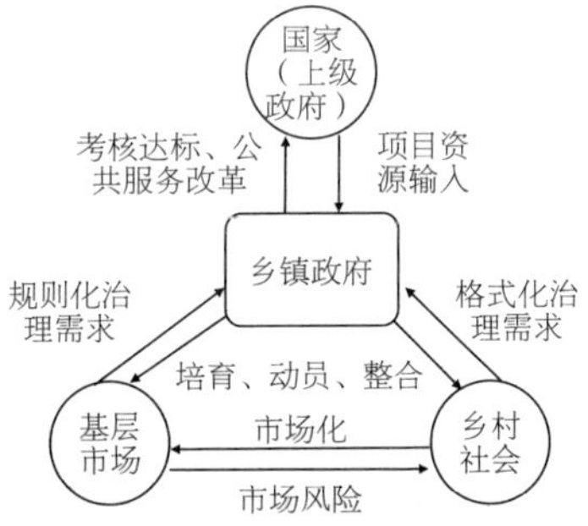

图 2-1　发展型基层政权模型

在图 2-1 模型中，国家和上级政府输入的项目资源，成为乡镇政府支配的重要财力资源。县级政府适度下放项目资源后，原本具

① 欧阳静：《运作于压力型科层制与乡土社会之间的乡镇政权：以桔镇为研究对象》，《社会》2009 年第 5 期。

② 欧阳静：《“维控型”政权：多重结构中的乡镇政权特性》，《社会》2011 年第 3 期。

备条线治理特征的项目制开始实体化地集中于乡镇的"块块"结构中，这极大地扩充了乡镇政府的可支配性财力。与财税包干制相比，乡镇政府在高度规则化的行政体制中使用项目资源输入带来的财政资源，其行为由此而变得更加法治化。乡镇政府以项目资源动员、整合乡村社会，以绿色产业发展为抓手，为基层市场的培育提供了条件，推动乡村社会的市场化。基于固有的谋利冲动，乡镇政府的政府自利性得到扩张，项目资源最终成为政绩生产的工具。由于发展性指标嵌入县域压力型体制结构中，乡镇政府又不得不兼顾生态环境和经济增长之间的协调，在推动旅游产业发展的同时加大了美丽乡村建设的普惠性。由于乡村社会成为基层市场的重要载体，基层治理开始规则化、格式化，这使得乡镇政府在应对发展性指标考核的同时，积极开展公共服务改革，这倒逼基层政权不断提升自身在公共行政上的回应能力。

基于以上分析框架，本文将首先呈现新时期乡镇政府以项目资源发展地方经济的具体行为；其次，对乡镇政府的行为逻辑予以制度性解释；最后对发展型基层政权模型的政策意义进行归纳。本文的经验材料源于笔者及其所在研究团队于 2017 年 12 月对东部 Z 镇的调研。

三、项目资源的运作：民宿产业的案例呈现

（一）项目资源对乡镇财力的扩充

1. 维持日常运转的"吃饭型"财政

要理解基层政权的行为逻辑，首先需要弄清楚乡镇的财政状况，因为财力往往决定了政府做事的能力和限度；其次还需要观察乡镇是如何使用自己的财力的，以此才能明确基层政权究竟做了什么，以及

效果如何。Z 镇在全省范围内属于经济欠发达乡镇，是典型的“吃饭财政”。Z 镇政府正式编制 39 人，其中公务员编制 23 人，行政事业编制 16 人，另有 5 位临时工。Z 镇全年的财政收入在 4500 万左右，上级转移的日常性收入为每月 55 万，其中工资为每月 30 万，办公经费为每月 25 万，全年共计 660 万。Z 镇的企业不多，目前有 7 家税源企业，一些农业型加工企业基本不产生税收。总体来看，Z 镇全年的税收收入为 260 万，按照 50% 自留，即 130 万可用于自主开支。

2. 可自主支配的小额项目资源

虽然 Z 镇自主造血能力不足，但依靠所属市雄厚的经济实力，Z 镇每年都能够获得体量庞大的项目资源。除去用于乡镇日常运作的经费和留成税收，Z 镇收入的 80% 以上是各种项目投资收入，约为 3600 万，其中 2000 多万为大型项目资源，其余为小型项目资源。这些小型项目资源被称之为小额公共资源。根据县政府的规定，凡是 5 万以上、100 万以下的小额公共资源，乡镇政府具有自主招标权和自主管理权。Z 镇财政结构的特点在于项目资源中的 1/3 左右可以被乡镇自主支配。由于小额资源项目的招标权、管理权集中于乡镇政府，那么无形中乡镇政府可支配的财力便得到了极大扩充。虽然项目资金只能专款专用，但由于这些项目不仅内容丰富、数量庞大而且长期稳定，乡镇便可以加以灵活利用，将其服务于自身的发展。以下是 Z 镇 2017 年全年的小额项目资金(共计 1200 余万)：

表 2-1　Z 镇 2017 年小额公共资源汇总

业主单位	项目名称	项目审批部门	项目中标金额(万元)
Z 村	村道公路损毁工程	交通局	5. 5010
	小型农田水利灌排渠系工程	水利局	25. 6576
	猕猴湾自然林道工程	林业局	28. 4062
	防洪护堤工程	水利局	6. 5282
	村路口景观改造	农办	25. 5408
	辅助林道工程	林业局	9. 054944
T_1 村	人行道工程	交通局	18. 5339
	村庄整治工程	移民办	37. 3101
Q 村	农村河道综合整治工程	水利局	18. 7913
	污水提升工程	环保局	36. 139712
	古道修复工程	农办	32. 558956
L 村	村道路亮化工程	农办	23. 1874
	生态修复工程	农办	25. 6424
	农村饮用水提升工程	水利局	45. 1744
	机耕路拓宽工程	农办	15. 5176
	污水处理设施提升工程	环保局	69. 9801
F_1 村	农村饮用水提升工程	水利局	25. 8771
Y_1 村	村文化大礼堂	文化局	22. 0577
	生态修复工程	农办	26. 5872
	村大会堂维修	文广新局	24. 4244
X 村	道路硬化工程	移民办	22. 0631
	小型农田水利灌排渠系工程	水利局	16. 8019
	农用桥工程	农办	45. 1345

续表

业主单位	项目名称	项目审批部门	项目中标金额(万元)
T_2 村	农村饮用水提升工程	水利局	83.6162
	农村河道综合整治工程	水利局	40.3621
	污水提升工程	环保局	71.3914
	道路硬化及停车场建设工程	农办	74.7203
Y_2 村	路灯工程	农办	30.36
F_2 村	防洪堤工程	环保局	22.3084
	农村河道综合整治工程	水利局	38.7653
	农用桥建设工程	农办	30.1355
	生态修复工程	农办	24.947
S 村	村庄整治提升工程	农办	32.3247
	景观提升工程	农办	56.5114
	农村河道综合整治工程	农办	72.5687
	农村饮用水	水利局	39.891844
	村委办公楼提升工程	组织部	27.20195

数据来源：Z 镇小额公共资源规划办

(二)Z 镇政府对绿色经济的打造

1. 小额项目资源的均等化配置

Z 镇处于山区，长期以来道路不通。2008 年，全镇修通公路，由此带来乡村旅游业发展的黄金时期。按照县政府的规划，当地乡村旅游的发展是全域景区化。所以，整个乡镇范围内都要作为旅游景点来打造。这使得 Z 镇的小额项目资源在全镇范围内分配，各个行政村每年都有数额不等的小额项目经费。小额项目资源重点是优化乡村的基础设施建设，当地发展乡村旅游的核心是民宿经济。民宿经济并不会为政府带来税收，但能够带来人流。乡镇政府的经济发展思路是通过民宿引来人流，以商品房开发和微酒店经营以及景点门票带来税收和“总部”经济。

2. X 村某民宿的个案剖析

就目前情形来看，Z 镇只有 X 村某民宿符合政府的产业发展要求。通过此民宿的建设过程，可以较好地分析乡镇政府如何通过项目资源促进乡村旅游产业的发展。X 村原本位于杭州千岛湖岸边，共有 16 户居民，原临湖建村，依靠捕鱼为生，后开始经营农家乐，收益颇为可观。乡镇政府通过项目资源打造精品民宿主要分为以下几个步骤：

首先，以征地拆迁为契机实现民宿村整体规划。2012 年，县政府开发马术游乐公园，将 X 村整体搬迁至游乐公园附近，紧邻省道，交通便利。县政府的旅游规划为乡镇发展民宿带来了契机，按照政府的补偿方案，X 村村民每户可以享有由政府统一规划的宅基地和一栋三层楼房，村民需要对房屋进行装修，作为民宿来经营。某民宿由政府聘请设计师统一设计，每户的装修费用在 60 万左右。为了建设精品民宿，乡镇政府对新搬迁后的 X 村的基础设施进行景观化建造，利用项目资金将其建设为公园式村民居住区，前后投入项目资金达 2000 余万，其中不仅包含了可由乡镇政府自主管理的小额项目资源，还包括县政府主导的资金达 800 万的“特色村落”项目。

其次，以政府培育激活民宿村良性运转。民宿村建成后，村民对如何经营民宿感到不知所措。乡镇政府通过积极动员，并开办产业培训班，为民宿的经营提供全程专业化指导。经过乡镇政府的多次动员、经营指导和业务技能培训后，民宿不仅收益可观，每户每年的平均毛利润在 30 万—40 万左右，成为由当地居民自主经营民宿的一张名片。以民宿产业建设为核心，乡镇政府还利用小额项目资源和农商银行的金融资本，积极打造采摘果园、旅游步道、溪水漂流、餐饮风情街等多处景点，增强民宿产业发展的配套性产业。

最后，以点带面动员民间资本投资民宿产业。基于以上的简要描述可以发现，乡镇政府在打造旅游产业中能够做到的仅仅是以点带面，而且点的成功往往需要借助诸多项目的实施才有可能。由于民宿局部旅游景点的成功所带来的可观的经济收益，当地村民个体开始形成了投资旅游产业的动机。民宿带来的旅游经济在村庄内部产生了不小的引导作用，村民们纷纷开始兴建房屋。

（三）乡镇政府发展民宿产业的治理后果

站在乡镇政府的角度来看，村民大力投资民宿是符合产业发展要求的，最终能够吸引到人流，并为乡村旅游产业的整体发展带来活力。但乡镇政府却无法为在旅游产业市场竞争中失败的农民买单和兜底。更为重要的是，通过乡镇政府的产业打造和产业政策引导，乡村社会本身发生的一系列改变，而这也随之带来了乡镇政府在社会治理策略上的总体调整。

1. 乡村社会市场化

在社会层面，地方政府通过引导民宿产业，吸引从农村进入城市的农民返乡创业，不仅钱回来了，而且人也回来了。之所以如此，这与民宿产业的家庭经营特点直接相关。村民经营民宿在家庭劳动力的投入上类似农业地区的小家庭农场经营，主要依靠家庭劳动力。[①] 民宿的建设不仅需要耗费多年累积的家庭财富，而且需要投入足够的家庭劳动力。一旦开始经营民宿，便至少需要投入两个家庭劳动力，可以是夫妻共同经营，也可以是父母和子女共同经营。

---

① 张建雷：《发展型小农家庭的兴起：中国农村“半工半耕”结构再认识》，《中国农村观察》2018 年第 4 期。

由于当地靠近东部发达城市，旅游资源优质，精品民宿不愁没有生意。只是，民宿经济并非没有风险。一旦村民投资民宿，就意味着原本仅仅作为生活资料的房屋开始成为重要的生产资料，并被卷入整个民宿产业的激烈竞争之中。如果民宿产品无法在市场化的产业升级中保持优势，终将会因竞争力不足而被迫退出市场。乡镇政府早年鼓励村民发展农家乐，结果县政府旅游产业规划调整升级后，民宿全面取代农家乐，原本经营农家乐的村民便只能关门。村民现在并不担心经营民宿没有生意，而是担心一旦民宿产业整体升级，自己便有可能被立刻淘汰掉。所以，村民需要花费巨资甚至借债来修建精品民宿，一方面是为了直接获利，另一方面就是要确保自己经营的民宿在一定时期内保持市场竞争力。

2. 基层治理需求规则化

从这个角度来看，乡镇政府以项目资源撬动了乡村社会的市场化，将与市场和资本尚有相当距离的乡村社会整合到市场经济体系之中，将农民变成了第三产业中的重要市场主体。那么，乡村社会便成为旅游产业市场竞争的场域，村民之间的社会关系变成了市场性的竞争关系。与此同时，乡村社会也成了城市游客消费的空间，消费者与经营者之间也可能产生商业纠纷，乡村社会整体上将越来越法治化，市场经济嵌入之后的乡村治理也就更加需要格式化的规则之治了。

由此，乡村社会对乡镇政府就必然会形成一系列规则化的治理需求，乡村社会也在市场化的语境中成为新的制度化的治理对象。对于乡镇政府而言，最大的挑战还在于实现有效的社会治理。一旦处于后工业社会整体上对乡镇政府提出以公共服务为中心的治理需求①，乡镇政府的治理能力便面临诸多挑战。以往传统的社会治理更多依靠村

① 施雪华:《"服务型政府"的基本涵义、理论基础和建构条件》,《社会科学》2010 年第 2 期。

级组织，现在由于乡村社会已经成为市场经济的内在构成，乡镇政府的治理重心不得不实体化地下沉，而不是将行政事务打包给村级组织之后不管不问。村级组织并非无法管理经济事务，但乡村旅游产业的主体是农户家庭，而非集体经济组织，村级组织可以协助乡镇政府完成社会治理的一部分，却无法替代乡镇政府去管理以家庭经营为主的民宿经济实体。

3. 乡镇政府的回应性行政改革

相应的，乡镇政府出台了针对民宿产业的特种消防管理办法、工商税收管理办法和产业奖励措施，公安系统也专门开发了治安管理办法。从这个角度看，乡镇政府对乡村社会的治理实现了全方位的制度创新，乡村社会的治理面貌整体上已经开始信息化、网络化和格式化了。

民宿经济在实体上涉及人口管理、社会治安、食品安全、卫生许可、消防管理、消费者维权、税费收缴等多种行政管理事项，这些显然需要直接对接到乡镇政府。就目前民宿产业的发展水平来看，人口管理较为成功，派出所对民宿的人口管理已经全面系统化，身份证的登记制度已经落实到位，乡村社会充分市场化之后的社会治安问题并未恶化。管理上较为粗放的是食品安全，因为民宿经济的食品多为民宿店主私人烹饪，这方面并未开展严格的食品安全管理，而事实上这方面也很难通过制度性的方式去强化监管，只能依靠消费者用脚投票的市场化竞争机制来优化食品安全。卫生许可管理也大体如此，因为乡镇政府目前虽然考虑到为民宿提供统一的洁具洗涤和消毒服务，但因为民宿经营本身的差异化而很难做好统一的标准化管理。消防管理的问题较为突出，为了发展民宿经济，乡镇政府开通了消防行政许可的特殊通道，政府对民宿的消防安全开了绿灯，大多数民宿的消防存在一定隐患。消费者维权存在更多的法律问题，比如毛岭民宿就出现过消费者在民宿村打篮球而跌入排水沟受伤，消费者与民宿店主之间发生纠纷，这种纠纷很难通过法律途径获得有效解决。可以预测，今后一旦出现更多的消费者维权，乡镇政府将面临这方面不小的挑战。至于税费收缴，乡镇政府为了推动民宿的发展，目前对民宿基本没有征收税费，如果民宿产业继续蓬勃发展，小额税费的征收也将成为乡镇政府的日常工作。

四、发展型基层政权的制度基础

（一）压力型发展指标的常规化

中央层面虽然一直在建设公共服务型政府，但压力型体制并未减弱，而是在具体的运作机制层面出现了新的变化。[①] 在县、乡政府层面，这种变化主要体现在县级政府对乡镇政府开始实行差异化考核，对于不具备经济发展优势的乡镇，县级政府更侧重于考核一系列的综合指标。总体上讲，拉动经济发展的主力军集中在具有特定优势的乡镇和县域经济开发区，其他乡镇的主要工作开始与 GDP 增量逐渐脱钩。

发展经济对于 Z 镇而言已经不属于考核的硬性指标，但与生态相关的指标开始变得越来越重要。这并不意味着乡镇政府从压力型体制中解脱出来，县级政府即便不需要乡镇政府完成经济发展的重担，但却发展出一套更为多元的考核指标体系。2017 年，全县经济社会发展目标由发展指标、重要工作目标、个性工作目标、领导考评和加扣分组成，前四项共计 120 分，其中发展指标为 70 分，具体计分分解如表 2-2。

---

① 渠敬东、周飞舟、应星：《从总体支配到技术治理——基于中国 30 年改革经验的社会学分析》，《中国社会科学》2009 年第 6 期。

表 2-2　2017 年度乡镇经济社会发展目标发展指标设置

目标名称	分项目标	责任单位	分值
生态保护（16 分）	农村生活污水处理设施运维正常率	环保局	3
	清洁乡村工程管理水平	环保局	2
	交界断面水质达标率和改善率	环保局	2
	森林覆盖率和森林蓄积量	林业局	2
	严格耕地保护综合评价指数	国土局	2
	千岛湖沿湖沿线综合巡查管理	巡查办	3
	村镇建设管理任务完成率	住建局	2
生态经济（30 分）	农村居民人均可支配收入增长率	农办	1
	低收入农户增收情况	农办	1
	农村经营及农村集体三资管理水平	农办	3
	生态农业发展水平	农业局	3
	高新技术产业发展水平	经科局	2
	信息经济智慧应用水平	经科局	2
	来料加工惠农实效	妇联	3
	电子商务发展水平	商务局	2
	服务业增加值增长率	商务局	3
	社会消费品零售总额增长率	商务局	2
	产业经营主体培育水平	农办、经科局、商务局、文创办	4
	财政税收收入水平	财政局、国税局	4

续表

目标名称	分项目标	责任单位	分值
民生保障（24 分）	城乡居民两费参保率及防欠薪工作	人力社保局	2
	养老服务业综合改革	民政局	1
	残疾人保障和服务水平	残联	1
	人口与计划生育工作评价指数	人口计生局	1
	安全生产综合指数	安监局	3
	群众信访事项诉求化解率	信访局	3
	食品药品安全综合指数	食安办	2
	平安建设指数	政法委	4
	农民转移集聚任务完成率	农办	1
	教育现代化程度评价指数	教育局	1
	公共文化发展水平	文广新局	1
	小额公共资源交易管理和乡镇便民服务体系建设	审管办	2
	法治政府建设指数	法制办	2
合计			70

数据来源：县委考评办

就 Z 镇而言，环境保护是第一位的，生态指标生态经济和民生保障成为考核的重点，发展工业已经变得不太可能。除此之外，乡镇还需要落实县级政府的年度重点工作和社会稳定工作。这些都被县级政府设计为繁多的发展性指标。尤为值得讨论的是，由上而下的发展指标之间存在内在张力，这种制度性张力全部集中在乡镇层面。比如，保护生态环境意味着土地指标的稀缺，工业发展不可能，就连推动农民集中居住发展民宿产业也会受到用地规划上的约束；而发展民宿产业又是重要的生态经济构成，两者之间的张力需要依靠乡镇政府自主消化。

Z 镇 Q 村的 S 自然村因高速公路修建而需要整体搬迁，乡镇政府企图利用这一机遇建设新的精品民宿村，但在开展过程中的焦点问题是新村的选址十分困难，100 亩左右的居住规划用地难以落实到位。如果居住规划用地面积过小，就很难实行配套项目的落地，精品民宿村就无法建成。如果无法借助这次国家赔偿的机会，依靠乡镇的小额项目和农民的社会资金，民宿村完全不可能建设起来，那么生态经济的发展将会受到限制，依靠“点”来拉动社会投资的带动效应也将大打折扣。为此，乡镇党委书记多次和县国土局沟通，恰好借乡镇土地规划调整之际，才争取到适合的居民点项目建设用地。

可见，对于乡镇政府而言，机遇与挑战并存。压力型发展指标相当于为乡镇政府谋发展划定了一整套规则体系，只有在权力运作的规则体系范围内发挥能动性，才有可能获得发展。显然，仅仅认为拉动经济增长就是发展型基层政权的唯一重点的看法是不够妥当的，当经济指标在考核体系中的重要性下降后，新的以生态为中心的发展性指标立即填补了经济指标的重要性。不仅如此，生态指标还不单指生态环境的保护，生态本身也成为促进经济增长方式转型的重要推动力。从这方面来看，县域压力型体制并没有出现解体的迹象，反而是以更为复杂的方式在驱动乡镇政府对经济社会发展的追求。这意味着，地方政府虽然开始谋求更为科学的发展观，但推动发展的行政集权体制并未发生实质性改变，变化的是这套目标管理责任制所承载的指标系统发生了更新，生态的指标替代经济指标而赋予发展以新的意涵。

(二)政绩累积导向的考核—晋升制

在以经济增长为中心的官员考核体制下，经济增长一度成为乡镇党政主官获得晋升的指挥棒。[①] 生态保护和社会发展成为乡镇的中心工作后，针对官员的考核体制发生了一些变化。变化的主要方面是考核指标变得更加多维立体。与单纯的经济 GDP 指标相比，社会发展指标变得不如经济增量那样显而易见，而且不如经济增量那么集中。例如，经济增长很容易通过招商引资和大型项目投资来获得，而社会发展因涉及农民生活的方方面面而显得极为琐碎且难以准确衡量。这使得乡镇党政主官就无法依靠传统的发展经济来获得政绩，而需要做好社会建设这项系统工程。乡镇政府着力参与社会建设意味着，政绩成果更多是累积性的，更多地需要与乡村社会发生深入互动，这就使得乡镇政府的行为开始从以往粗放式的经济发展行动转为更为技术化、精细化的社会治理。

当然，现在在经济发展指标的重要性下降后，经济发展一定要符合生态发展的制度性要求，这样就驱使乡镇政府在日常工作中更加注重治理的社会效果，这也促使乡镇政府朝着公共服务型政府的方向积极转向。如此一来，原本能够通过大力发展经济而获得晋升的可能性便大大降低，乡镇领导工作的积极性无形中受到了一定的压制。乡镇党政领导的职位晋升就无法通过单一的经济指标来加以权衡，而需要做好各种综合性工作。

对于这种以累积性政绩为核心的乡镇政府行为，本文将其归纳为政绩累积导向的考核—晋升制。强调政绩累积意味着，乡镇政府行为不再是粗放式的只顾生产经济增量，还需要将 GDP 的绿色指标纳入

① 周黎安:《中国地方官员的晋升锦标赛模式研究》,《经济研究》2007 年第 7 期。

生态经济发展规划之中。如果说此前生态指标更多是形式意义上的，现在的情况是，生态指标已经通过压力型体制的推动，内化为乡镇政府行为的核心驱动力。这就好比是体育锦标赛，以前只是强调运动员要跑得快，现在强调运动员在向前奔跑的过程中，一定要遵守一定的运动规则，否则便被取消比赛资格，即从结果导向发展为过程控制，强调经济增量的绿色质量。

就此而言，乡镇政府工作考核的主体责任制并未被取消，依然是乡镇党委书记镇长负责制。乡镇政府面临的制度约束不仅没有减少，反而大大增加。更为重要的是，因为社会建设的系统性，乡镇党委书记、镇长显得更加繁忙，不仅需要关心生态经济的发展，而且需要着重考虑和协调好生态经济和社会建设之间的平衡，需要处理好政府项目资源输入与社会资源动员之间的衔接关系。乡镇政府的行政行为开始处于一个高密度的技术化、指标化、规则化和法治化的组织环境之中。

五、发展型基层政权模型的政策意义

以上讨论并未涉及央地关系层面的宏观制度，更多的是从乡镇政府所处的微观环境中来解释其行为逻辑。可以发现，无论是谋取自利，增长政府自利性，还是回应基层社会治理需求过程中公共服务色彩的增加，基层政权都不能以单一的切片式理论概念加以指称。长期以来，学界对基层政权属性的种种判断，实际上只是侧重于基层政权运作的某个片段，或是其运作逻辑中的某一环节。本文以 Z 镇发展乡村旅游产业的经验，重新建构了经历多次重大制度调整之后的基层政权在微观治理环境中的因果机制，其政策意义集中在以下三方面：

1. 乡镇政府要正确处理经济增长与生态保护之间的关系

乡镇政府之所以需要在经济生态保护和生态经济之间保持协调，主要原因在于县域压力型体制在具体运作机制上的调整，上级政府对乡镇政府的考核指标开始具备发展性，而发展性指标又未脱离目标管理责任制。这种调整奠定了乡镇政府行为的组织环境。对于乡镇政府的真正挑战在于，如何将这些物质资源利用好以达到考核的要求，或者说更重要的是实现可见的政绩累积。正因如此，乡镇政府在利用项目资源推进旅游产业政策的同时，一方面需要以点带面，实现对社会资本的动员和整合，扩充旅游产业的建设力量；另一方面，也必须为社会资本发展旅游产业保驾护航，开展以系统的社会治理上的制度创新，以回应乡村社会出现的新的治理需求，维持生态环境的优良状况，这就无形需要乡镇政府提升公共服务水平，强化其在绿色经济发展和美丽乡村建设上的行政回应能力。

2. 乡镇政府要缓解政绩生产与公益扩增之间的张力

基层政权的属性并非只以政府行为本身或政府建设的应然状态来加以界定，而是基层政权在所处的复杂的治理环境中所呈现出来的实然的状态。就本文着重讨论的乡镇政府行为的样本来看，调控乡镇政府行为的制度环境与既有研究的发现有相似之处也有所不同。相似之处在于，分税制以后地方财政体制的调整，导致乡镇政府不再兴办企业，逐渐脱离了“厂商”的角色；[①] 另外随着国家对以项目制为核心的技术治理思路的推行，乡镇政府开始承接大量项目资源，基层政权在一系列的“协调”行为中具备“公益”色彩。

县级政府将项目资源的配置权下放至乡镇政府，这赋予了乡镇政

① Walder, Andrew G. *Local Governments as Industrial Firms: An Organization Analysis of China's Transitional Economy*. American Journal of Sociology, 1995(2).

府充分的物质资源，这种资源的输入扩充了乡镇政府的事权。在市场经济环境下，乡镇政府将项目资源输入到乡村社会，表面上看只是打造了一些民宿产业的“点”，但通过示范作用，已经极大地改变了乡村社会的整体环境，乡村社会变成了市场经济环境的内在组成部分。以往对项目制实践的检讨，更多的是侧重于看到项目资源给村集体带来了沉重的债务负担[①]，或者是认为项目资源被少数精英所俘获[②]。之所以如此，很大程度上是因为乡村社会是远离于市场经济的。一旦市场经济环境较好，在乡镇政府的推动下，乡村社会却是有可能从市场中获利，而且这种获利并非是少数人得利，而是大多数人都可以分得市场经济的蛋糕。正是因为特定的乡村旅游产业的规划，使得乡镇政府并不刻意追求项目资源投放中打造“点”的政绩效应，而是推动项目资源在辖区范围内的均等分配，使得项目资源实现了较好的社会动员。如果市场经济环境允许，乡镇政府是有可能将具有政绩冲动的项目实施和具有普惠性资源分配的乡村旅游产业发展较好地结合起来的。

3. 乡镇政府要促进扩充政府自利性与夯实政权合法性的良性互动

发展型乡镇政府就并非只是以发展经济为中心，而是需要促进扩充政府自利性与夯实政权合法性的良性互动。乡镇政府为了确保组织生存，必须要扩充政府自利性。但乡镇政府总体上应该面向基层治理事务，做到为人民群众服务。在资源下乡过程中，乡镇政府为了推动项目建设，必然会高度依赖L村级组织，这就可能形成隐蔽的官商勾结和乡村腐败，以至于基层政权的运作缺乏公信力，由此而导致政权

① 周雪光、程宇：《通过集体债务之路：政府组织、社会制度与乡村中国的公共产品供给》，《公共行政评论》2012年第1期。

② 李祖佩：《项目制基层实践困境及其解释——国家自主性的视角》，《政治学研究》2015年第5期。

合法性的流失。考虑到这一点，未来乡镇政府应该适度克制对政府自利性的扩充，以资源输入实现社会动员，积极整合乡村治理资源，做到分配正义，将公权力的运作锁定在制度监管的笼子里。此外，还应该还政于民，提高公众在项目资源配置中的参与度，实现公共资源输入与民主化村级治理之间的制度衔接。

六、结语

当然，值得更加深入思考的是，乡村社会被吸纳进高度市场化的产业格局之中，乡村建设呈现出更加复杂的多个主体之间的互动面貌，这决定了基层政权如何能够更好地实现经济增长、社会发展与民生事业推进，还需要强化更为宏观的制度设计。尤为重要的是，在乡镇政府可支配财力增强后，以程序化、法治化方式运作的项目制，可能为隐蔽的官员腐败提供灰色操作空间。此外，在乡村社会充分市场化之后，制度设计者还需要适度调控因过度社会分化带来的社会不公，有效地疏导乡村社会第三产业的过度激烈的竞争，并积极抑制社会资源的非理性投资，这些都是摆在乡村振兴过程中公共政策设计者面前的重大问题。

第五章

基层政权对集体产权的调控

农村集体产权是颇具中国特色的产权形态，其核心是具有“共有私用”产权特征的土地集体所有制。[①] 集体产权的“共有私用”特征意味着土地所有权归农民集体，土地的使用权及其收益归农户。现实中农村集体产权嵌入具体的政治社会环境，出现了地方化的集体产权变迁。不少学者曾从产权嵌入社会的角度对产权实践予以解读，考察了社会关系和政治权力对集体产权的直接形塑。[②] 有学者指出，产权与政治的关系可区分为产权与阶级/革命研究、产权与法律/国家研究和产权与市民社会/民主研究等进路；但这种研究思路尚属宏观层面的理论分析，对产权与政治关系的具体经验缺乏足够的解释力。而邓大才将产权政治学界定为研究产权与权力之间互动关系的科学，并将其拆分为包括产权实践对权力的影响和权力对产权实践的适应性调整两

① 赵阳：《共有与私用：中国农地产权制度的经济学分析》，生活·读书·新知三联书店 2007 年版，第 17 页。

② 曹正汉：《产权的社会建构逻辑——从博弈论的观点评中国社会学家的产权研究》，《社会学研究》2008 年第 1 期；郭亮：《资本下乡与山林流转：来自湖北 S 镇的经验》，《社会》2011 年第 3 期；田先红、陈玲：《“阶层地权”：农村地权配置的一个分析框架》，《管理世界》2013 年第 9 期。

个方面，[1] 这无疑为探讨集体产权实践与基层治理结构的互动机制提供了启发。

秉持产权政治学的研究方向，揭示农村集体产权变迁的政治逻辑，需要从产权实践层面予以切入。由于实践中的产权不是一种条文、律例或规定，而是有解构和建构空间的利益程式[2]，那么，集体产权实践本身是一种包含了权力运作的"利益过程"[3]。由此，可将集体产权实践理解为一种具有循环性特征的政治过程，即嵌入高度复杂的地方行政权力结构和村级权力结构的集体产权，生产出一系列治理后果，这些治理后果作为新的内生变量影响后续的集体产权实践。

以下，首先区分土地要素高度市场化背景下集体产权变迁的典型样态与模式；其次，分析集体产权变迁的治理后果，检讨基层政权对集体产权的治理策略；最后，分析集体产权实践在基层政权治理能力、国家与农民关系两个方面的政治后果。这项研究采取质性研究方法，其经验基础源于笔者及其所在研究团队对东部及南部等地的实地调研，调研采取深度访谈、集体座谈、政策文件资料收集等方法，访谈对象包括基层政权官员、村两委干部、企业主和农户。

一、集体产权变迁的典型样态与模式

改革开放以来，农村集体产权实践的经济社会环境快速变化，其中最为重要的是土地要素的急剧市场化。这使得即便是短期历史进程

① 邓大才：《产权与政治研究：进路与整合——建构产权政治学的新尝试》，《学术月刊》2011年第12期。

② 折晓叶、陈婴婴：《产权怎样界定——一份集体产权私化的社会文本》，《社会学研究》2005年第4期。

③ 姬会然、慕良泽：《产权过程与现代国家建构：方法与理论阐释——以农村地产改革为例》，《经济体制改革》2012年第5期。

中的集体产权实践，也包含了丰富的利益配置过程。由于具体政治社会条件的差异较大，集体产权变迁的样态与模式呈现出不同的逻辑，这里以东部及南部三地农村集体产权实践的典型经验加以类型化表述。

（一）集体产权变迁的典型样态

在土地经济学看来，土地要素市场化背景下的集体产权实践，意味着土地已经从农业生产资料变为工业生产中产生剩余价值的土地资产。[①] 具体而言，农村集体产权呈现出国有化、私有化和股权化三种实践样态。

1. 集体土地增值收益配置国有化

农村土地产权属集体所有，土地因国家征收形成土地增值。[②] 集体收益配置的国有化，是指在集体经济发展早期，农民的经济收入以务工为主，集体土地被基层政权控制。一旦国家征收土地，原本应向村集体和农民发放的补偿和安置费用转化为由基层政权管理和统筹的集体资产。这类集体产权样态的典型经验是“新苏南模式”[③]，该模式的特点是从政府和村集体兴办乡镇企业的“基层政权公司主义”逻辑[④]，转化为政府和集体联合开发土地、招商引资、促进产业升级的经济发展路径。集体收益配置国有化的产权结构是，农村土地归集体所有，土地开发权由乡镇政府和村级组织共享，乡镇政府享受企业税收收入，并从村集体获得的土地补偿和安置收益中提取统筹金；而由

① 周诚：《土地经济学原理》，商务印书馆2003年版，第10—11页。

② 郭亮：《土地征收中的利益主体及其权利配置——对当前征地冲突的法社会学探析》，《华中科技大学学报(社会科学版)》2012年第5期。

③ 周明生：《新苏南模式：若干认识与思考》，《江苏行政学院学报》2008年第2期。

④ Jean C. Oi. *Fiscal Reform and the Economic Foundation of Local State Corporatism in China*. World Politics, 1992(1).

村集体享有的剩余的土地增值收益，列入乡镇财政预算费用，统一开支。集体土地增值收益配置国有化的集体产权变迁样态，使得原本归村集体所有的土地增值收益成为一笔准公共财政资金。

2. 集体土地工业收益私有化

集体土地归集体所有并受到国家的严格管控，但在以本土民营经济为主要经济参与者的乡村工业化进程中，集体土地逐步演化为重要的工业生产资料。乡村企业主在集体土地上修建厂房、安置机器、发展企业。[①] 在宏观经济形势较好的背景下，乡村工业化不断推动土地要素的增值，土地日益成为私营企业主积极争取的土地资产。最终，占有一份集体土地就相当于获得一块工业用地。

3. 集体土地租赁收益配置股权化

集体土地租赁收益配置的股权化，具有集体开发、收益均沾的特征，这意味着集体收益无法按照“共有”状态得到存留，最终转化为集体经济组织成员的家户收益。土地开发中，村集体享有绝对的土地收益权，村集体不仅招商引资，同时利用土地收益完善基础设施和开展固定资产投资，并按照股权制度定期向村社成员分红。这种类型的集体产权实践最为典型的是“南海模式”[②]。“南海模式”中，村集体直接享有土地一级开发权，依靠土地地租获取超额土地收益。村集体经济组织将大量地租收益向集体经济组织成员分配。为控制土地集体收益分利人口规模的不扩大，确保土地收益分红不被新增人口稀释，集体经济组织成员权的门槛高于集体成员权，这种集体经济组织成员权对后续新生人口和外来落户的集体成员具有显著的排他性。集体土地租赁收益配置股权化之后，村集体成为集稳固政治秩序、促进经济发

---

① 潘维：《农民与市场：中国基层政权与乡镇企业》，商务印书馆2003年版，第230—235页。

② 蒋省三、刘守英：《土地资本化与农村工业化——广东省佛山市南海经济发展调查》，《管理世界》2003年第11期。

展和优化社会管理等职能于一体的全能型社区共同体。

（二）集体产权变迁的模式

集体产权变迁是基层政权、村级组织、企业主、农户等诸多利益主体互动的政治过程，不同产权利益主体的互动形塑出不同的集体产权变迁模式，以下分别展开。

1. 行政主导型集体产权变迁

集体土地增值收益配置之所以发展出近似国有化的产权结构，重要原因在于苏南地区过早出现了乡镇集体经济，土地集体所有制在土地要素彻底市场化之前并未被深入贯彻。行政主导型集体产权意味着，在集体产权结构形成初期，基层政权的行政权嵌入集体产权实践，不断形塑农民的公有制土地产权观。这种独特的地方性集体产权实践的重要后果是，农民一直认为集体土地始终属于国家，进而导致集体土地的产权收益在事实上长期被基层政权占据。如此，大兴土木的基层政权便能够有效整合以行政村为单位的集体产权单元，在乡镇范围乃至区、县范围内集中创办工业园区，克服经济发展中的“反公地悲剧”①。

2. 私人竞争型集体产权变迁

集体土地原本被严格禁止作为工业用地开发，但浙北乡村工业化发展高度依赖集体土地的非法利用。在乡村工业化早期，基层政权为发展乡村工业而有意放松土地监管，土地执法不严是常态。乡村工业化发展的鼎盛时期，农村土地依照强力占有原则实现配置，形成村干部获取土地以发展私营企业的产权实践状态。私人竞争性集体产权实践中，基层政权对土地管理的松懈为集体产权的变相私有

① Michael Heller. *The Tragedy of the Anticommons: Property in the Transition from Marx to Markets*. Harvard Law Review, 1998(3).

化提供了政治环境，培育出大量以获取经济利益为目的的村庄体制性精英，主导了集体产权的配置状态。

3. 利益均沾型集体产权变迁

与私人竞争性集体产权变迁不同的是，利益均沾型集体产权变迁直接突破国家征地制度，农村集体享有超级地租收益。由于集体土地收益体量庞大，在基层政权的管理之下，村集体经济组织形成以集体经济组织成员权为资格的土地收益分红机制。这种集体产权实践以自然村为基本集体产权单位，形成强大的土地收益分配需求，并带来难以有效整合的排他性产权结构。相对于基层政权，利益均沾型集体产权变迁催生出强大的抵抗国家土地征收行为的产权利益群体；相对于村级组织，土地股份经济社能够与村两委和土地股份合作社开展利益博弈。① 利益均沾型集体产权变迁经济创造能力最弱，土地利益分配需求最旺盛，对宏观经济形势的依赖度最高。一旦宏观经济环境不够景气，超级地租便无法维系。② 更重要的是，由于在村社内部早已形成相对封闭的权力结构体系，基层政权的行政权力无法嵌入集体产权实践，带来集体产权利益主体与国家土地开发公共权力之间的长期抵牾。

二、基层政权的制度回应

市场经济条件下，新的集体产权结构成为基层政权需要调控甚至改革的对象，集体产权实践的治理后果体现在村级治理的组织形态和乡镇政府的治理策略两个层面，这成为基层政权对集体产权变迁的制度回应。

① 贺雪峰：《农村集体产权制度改革与乌坎事件的教训》，《行政论坛》2017 年第 3 期。
② 徐勇：《种豆得瓜：农村集体经济的不同产业绩效及动因》，《社会科学家》2016 年第 6 期。

(一)村干部任职行政化+目标管理责任制

集体产权国有化弱化了集体经济组织成员在集体土地上的使用权，重塑了集体经济组织成员的产权观念。在农村社会高度离农化的背景下，村庄社会内部无法留存优秀人才进入村级组织，加之村庄公共事务服从于集体产权收益的统筹利用，村级治理的行政化色彩不断加重。为更好地发挥乡镇政府对村级集体土地收益的统筹和对村集体资金的监管，乡镇政府强化了对村干部的组织控制，在乡镇范围内推行村干部的横向流动机制，并实施村干部的职业培养体系，强化职级激励，为村干部开辟政治上升通道。如此，村级组织的行政属性不断凸显，村干部的人事任免权全部掌握在乡镇政府手中，村级组织近乎乡镇政府的下设机构。村级组织的行政化意味着，村级治理的公共服务规则化程度较高，村干部成为乡镇行政工作中的“事务官”。

乡镇政府的行政体系全盘吸纳村级组织之后，目标管理责任制成为乡镇政府对村级组织开展行政管理的基本工具。行政主导型集体产权变迁中乡镇政府对村级组织的考核体系，如下表所示：

表2-3　乡镇政府对村级组织的目标考核

考核内容(基本权重100分)	
经济工作(权重60分)	村级考核到账收入完成年初下达指标任务(30分)
	公共财政预算收入完成年初下达指标任务(30分)
	招商引资、固定资产投资完成年初下达指标任务(20分)
	年度村级支出增加幅度控制在村级到账收入增长幅度以内，且支出占收入比重不超过上年(20分)

续表

<table>
<tr><th colspan="2">考核内容(基本权重 100 分)</th></tr>
<tr><td rowspan="6">重点工作
(权重 20 分)</td><td>完成招商引税任务(20 分),每减少 20 万扣 2 分,反之加 2 分</td></tr>
<tr><td>完成当年度村级合同签订任务(10 分);足额完成收入到账任务(10 分);未完成分别每户扣 2 分</td></tr>
<tr><td>村级集体经营性资产比上年增长 5%(10 分),每增加一个百分点加 1 分,完成实际经营性投入每 100 万加 1 分</td></tr>
<tr><td>完成拆迁任务(20 分)</td></tr>
<tr><td>完成村庄环境整治任务(20 分),卫生检查中被区通报每次扣 5 分,被镇通报每次扣 3 分</td></tr>
<tr><td>未出现安全事故(10 分),出现则不得分</td></tr>
<tr><td rowspan="5">党的建设、精神文明建设及社会管理工作
(权重 20 分)</td><td>拆迁、安全生产与消防安全(各 10 分)</td></tr>
<tr><td>信访、村庄环境整治、农经管理、文体教育卫生(各 6 分)</td></tr>
<tr><td>组织、纪检、宣传、人才科技、政法综治稳定、计划生育(各 4 分)</td></tr>
<tr><td>村民自治村务公开、村镇建设、土地管理、民政(各 3 分)</td></tr>
<tr><td>民兵、工会、共青团、妇联、农业、环保等(各 2 分)</td></tr>
</table>

由上表可知,在乡镇政府对村级组织的考核体系中,经济工作最为重要。由于村干部的任职高度行政化,乡镇政府对村级组织的考核具有强大的激励功能,一旦无法完成相应的行政任务,村干部就可能被扣罚工资、奖金,甚至被降级使用。与正式公务员相比,村干部并无行政编制,属于半正式行政人员。但由于村干部已经普遍具备在体制中长期工作的职业预期,乡镇政府通过行政考核,能够最大限度地调动村干部的积极性,借助村级组织作为产业园建设、招商引资的组

织力量。

（二）股权经理人+制度化分权

集体产权通过股权化的方式进行确认并分红，强化了集体土地收益的分配属性，培育出农民较强的私有产权认同。土地增值收益中的地租增量归集体所有并向股民高比例分成，意味着集体经济无法实现累积性剩余，村集体经济组织成员对集体土地享有强大的配置性权利。集体土地坐享城市发展带来的超级地租，集体收益通过基础设施建设和基层政权配套资金发展出体量庞大的集体资产，这进一步强化了集体产权在城市土地开发中面临的细碎化地权所带来的治理挑战。超级地租经济的收益分配预期和庞大的集体资产规模，将农村集体经济组织中的成员整合起来，形成具备强大集体行动能力的土地产权主体。①

为维系和扩展集体土地收益，村级组织不仅需要对外招商引资，还需要利用集体资金为外来企业提供良好的基础设施和教育、卫生、治安等公共服务，并解决因地租经济发展带来的外来人口管理问题。这倒逼基层政权不断向集体经济组织增加公共财政投入，以改善集体经济发展的整体环境。此外，为确保集体资产使用的安全、透明，基层政权将农村集体经济组织从村级组织中分离出来，形成“政经分离”的村社权力结构，意图通过村支部、村委会和村股份合作社的相互制衡，实现村社权力的规范运作。为强化行政权力对村社事务的管理，基层政权在村社层面成立社区服务中心，承担街道办事处向乡村社区延伸的各项公共事务职能。

“政经分离”之后，村社权力结构成为集体经济组织及其成员的

① 陈明：《土地冲突：公共权力失范与农民的权力建构》，《中国农村观察》2016 年第 3 期。

股权经理人，整体上服务于集体土地的地租收益。利益均沾型集体产权变迁客观上要求基层政权为地租经济设计出确保其不断发展的土地管理政策、企业投资政策和集体资产收支分成管理制度。在这种集体产权结构中，基层政权的行政权力即便通过制度化分权的方式来干预集体经济，也很难发挥应有的调控功能。只要城市化进程还在持续，政府与市场的关系中便始终横亘着强大的集体产权主体，极大地影响基层政权的产业升级政策的实施。

三、集体产权变迁的政治后果

按照线性的思维模式，集体产权容易被认定为相对静态的产权结构和较为单一的产权形态，但集体所有制的产权结构却朝着不同的方向变迁。在真实的产权世界中，土地集体产权的“共有私用”结构，或偏向于“共有”，或偏向于“私用”。倾向于“共有”的产权实践，集体土地的增值收益很早便被基层政权的行政权力所干预，庞大的集体资产最终以类似公共财政的方式运作；而看似最为接近“共有”理想状态的集体产权实践，其集体产权事实上为农民的家户理性所把持，集体产权的“共有”只短暂地存在于集体收益会计账目中，超额的土地收益制度化地向集体经济组织成员进行分红，并转化为无法实现公共统筹的私有财产。就此而言，集体产权与其所处的基层政权、社会环境等因素之间的关联完全是复线的。现在的集体产权实践状态不仅包含了当前的政治社会因素，同时也无法排除过去的历史因素。归结起来，这种复线的集体产权变迁格局的政治后果体现为以下两方面：

（一）基层政权治理能力

基层政权是身处一线的政策执行者，土地要素的高度市场化意味着基层政权肩负着沉重的促进经济发展的政治责任。原本为基层政权的经济政策所引导的集体产权实践，反向决定了基层政权在市场经济发展中的组织特性。基层政权的组织特性很大程度上取决于其在土地增值收益配置中的权力空间，凡是能够以公共行政权力统筹土地增值收益的基层政权，基层治理能力就较为强大，基层政权在产业升级中不仅占据主导地位，而且能够有效捕获市场信息和调动诸多资源，促进产业升级。

无法以公共行政权力统筹土地增值收益的基层政权，其所施行的经济政策因缺乏对土地要素的控制权而难以真正发挥作用。尤其是在产业升级过程中，基层政权即便触动微小体量的集体经济，也将遭遇集体经济组织的激烈抗争。如此，基层政权始终难以将市场资源与土地资源有效对接，反而降低了市场要素的配置效率。

在集体经济不发达而社会分化程度较高的发达地区农村，农民利益与土地要素关联度较低，土地要素被基层政权所控制，基层政权的行政权力能较好地发挥对市场经济的调控作用，基层政权对集体土地在市场化进程中的增值收益具备较强的配置能力。

(二)国家与农民关系的复杂形态

农业税费制度曾是关联国家与农民的重要政治制度。土地要素高度市场化后，土地集体所有制的运作更为深刻地将国家与农民连接起来。国家与农民以土地增值收益的配置机制为媒介开展互动，土地集体所有制成为形塑国家与农民关系形态的产权基础。集体产权变迁中，围绕土地增值收益，基层政权、村集体经济组织、集体经济组织成员在既定产权结构中开展利益博弈，国家与农民的形象随之多元化。土地增值收益的多少并无法决定国家与农民关系的具体形态，土地增值收益与农民利益的直接关联度真正决定了国家与农民关系的现实状态：

(1)土地增值收益与农民利益的直接关联度越低，集体经济趋向于维持在“共有”状态并有利于土地收益的统筹利用，国家与集体经济组织之间产生土地冲突的可能性越小。通过土地要素与市场资本的结合，国家与农民共享土地增值收益，形成利益趋同、良性互动的国家与农民关系形态，即融合型国家与农民关系形态。(2)土地增值收益与农民利益的直接关联度越高，集体经济越难维系于“共有”状态，国家面临的土地产权细碎化程度越高，国家与集体经济组织之间产生土地冲突的可能性越大。围绕土地增值收益配置，国家与农民之间更容易发生激烈的地利博弈，形成对冲型国家与农民关系形态。

四、结语

基于发达地区农村集体产权的实践经验，以上讨论最主要的发现是颠覆了产权与治理之间存在线性因果关联的结论，认为产权与治理之间呈现出复线的循环关联状态。从集体产权复杂的实践过程来看，集体产权始终处于动态演化之中，集体产权实践一方面将政府、市场、个人等利益主体吸纳进来，凸显出集体产权的政治属性；另一方面又产生出一系列基层治理后果，推动基层政权出台相应的治理策略。这种基层治理结构还形塑出更加固化的集体产权结构，使其在短时间内无法被国家权力、市场经济、基层社会中的任何单一力量所撼动。

处于变迁中的集体产权实践无疑具有重要的制度创新意义。具体而言，土地增值收益国有化的集体产权实践，其特征在于土地产权的财产化属性并不明显，土地产权的“残缺”状态间接扩充了土地利用过程中的国有管制属性。基层政权以公共行政权力加以管理后，强化了集体土地增值收益的公共财政属性。这种集体产权实践的制度化方向可以进一步巩固和强化社会主义公有制和土地集体所有制。土地增值收益股权化的集体产权实践的特征在于将土地增值收益转化为集体资产和私有财产，土地增值收益绝大部分归集体中的个人。

以产权与治理的复线关联为认识前提，不仅有助于深化对农村集体产权实践的理解，而且将长期以来高度简化的国家与农民关系重新复杂化，这可能有助于开拓更多新的研究话题和研究视角。就现有土地增值收益分配的制度设置而言，土地利益主体尽管存在相互博弈，但这种利益博弈总体而言相对均衡。

第六章

基层政权建设的路径选择

一、项目制背景下基层政权运作的变革

基层政权是国家权力向乡村社会延伸的末梢。从历史进程来看，基层政权建设意味着晚近以来国家能力建设重心的不断下沉，使得乡村社会从“双轨政治”的治理模式中脱离出来，[①] 成为现代国家治理的基本对象。民国时期，国家政权建设意图通过现代行政机构的设置实现国家权力向乡村社会的扩张，但正如著名国际汉学家杜赞奇所揭示的，国家行政权力的扩张，并未提高旧有或新增机构的效益，只是复制或扩大了原有的国家与社会关系，最终不可避免地产生了“国家政权内卷化”。[②]

真正促使基层政权建设走向韦伯意义上的科层制或曰行政理性化道路的，是中国共产党领导下的以武装斗争为基本形式的政权革命。新中国建立之后，我国开始推行乡镇政权建设，直到 1958 年取消乡镇政权，开始实行人民公社制度，而后又于 1983 年重新恢复乡镇建

---

① 费孝通：《乡土中国》，上海人民出版社 2007 年版，第 275—293 页。

② [美]杜赞奇：《文化、权力与国家：1900—1942 年的华北农村》，王福明译，江苏人民出版社 2003 年版，第 50 页。

制。至此，基层政权开始形成“乡政村治”的治理格局，[①] 即乡镇政府作为最低层级的行政组织完成国家的行政事务，村级组织依照民主化村级治理的方式实现乡村社会的自我管理、自我教育、自我服务。然而，作为实施赶超型战略的发展中国家，我国通过农业税费体制，在降低社会治理和公共品供给成本的同时，还需要向农村汲取农业剩余。21 世纪初，为了减轻农民负担并化解基层治理的困局，中央在推行农业税费改革后不久，全面取消了农业税费制度，随后又进行了大规模的以精简人员和机构为主要内容的乡镇行政体制改革。国家在结束向乡村社会汲取农业剩余的同时，瓦解了国家与农民的制度性关联，并导致乡镇政府财政上的“空壳化”和政权的“悬浮化”。[②]

新中国成立以来，无论县以下政权建设采取何种制度安排，不变的主基调是“权力的组织网络”始终扎根在乡村社会。[③] 即便农业税费取消之后，国家权力也从未撤出乡村社会。为了弥补乡镇财力的不足和村级组织公共治理资源的严重流失，一套依靠国家转移支付的项目治国体系很快开始形成，一种技术治理的思路开始在基层治理实践中蔓延。[④]

一般来说，中央政府对地方政府的转移支付资金包括税收返还、财力性转移支付和专项资金。[⑤] 县乡财税体制改革后，乡镇政府生产出的税收统一流入县级财政的大盘子，乡镇政府的运作主要依靠财力性转移支付和专项资金，其中财力性转移支付就是乡镇干部口中所说

① 张厚安：《中国特色的农村政治——“乡政村治”的模式》，台北桂冠图书股份有限公司 1998 年版，第 3 页。

② 周飞舟：《从汲取型政权到“悬浮型”政权——税费改革对国家与农民关系之影响》，《社会学研究》2006 年第 3 期。

③ 强世功：《法制与治理：国家转型中的法律》，中国政法大学出版社 2003 年版，第 78—135 页。

④ 折晓叶、陈婴婴：《项目制的分级运作机制和治理逻辑——对“项目进村”案例的社会学分析》，《中国社会科学》2011 年第 4 期。

⑤ 周飞舟：《财政资金的专项化及其问题：兼论“项目治国”》，《社会》2012 年第 1 期。

的工资经费和办公经费，专项资金就是用于公共品供给和基础设施建设的财政资金。就此而言，乡镇政府成为典型的“吃饭财政”，除了相对稳定的工资和办公经费，乡镇政府要想获得发展，便只能依靠来自上级的专项资金。与原先具有高度自主性的乡镇财权不同，专项资金是一种“戴帽”资金，即资金开支的事项、进度都掌握在县级政府部门，专项资金使用之后，还需要接受上级的验收。这意味着，即便乡镇政府能够获得专项资金，这笔专项资金的控制权也牢牢掌握在县级政府手中。乡镇政府除了积极争取专项资金，剩下的就是配合县级政府部门来协调项目的实施。①

县级政府虽然解除了乡镇政府在义务教育、水利、道路建设、公共医疗等方面的事权，却并未减轻乡镇政府在财税收入和日常行政事务上的考核压力。所以，乡镇政府不仅要积极地招商引资，通过争取专项资金进而依靠固定资产投资所产生的税收，填充财税账面上的不足，而且需要依照县级政府的要求，推动属地管辖范围内社会事业的发展。国家转移支付而来的专项资金，绝大多数是涉农资金，这体现了中央提出的城市反哺农村的总体战略意图。在丧失了以制度性方式统筹村庄集体资源的治理能力之后，村级组织意欲提升农村公共品供给和改善基础设施建设水平，只能依靠国家涉农专项资金的输入。与此直接相关的是，为了完成项目的实施和上级布置的诸多行政事务，乡镇政府将目标管理责任制安置于民主化村级治理实践之中。如此，村级组织履行基层治理责任的动力机制，从满足乡村社会的内生性治理需求，全面转向以外生性治理任务为导向的行政绩效考核制。

通过对基层政权变革历史脉络的简要回顾，可以发现，基层政权建设正处于一条越发科层化的道路上，对上级政府和公共财政的高度

① 付伟、焦长权：《“协调型”政权：项目制运作下的乡镇政府》，《社会学研究》2015 年第 2 期。

依附，使得乡镇政府的政权独立性被技术治理思路所捆绑；而村级组织在权力运作机制上的普遍行政化，导致村级组织的自治性被侧重于指标化、技术化管理的基层治理方式所裹挟。最终，一线行政体制与行政化的村级组织的制度性结合，成为当前基层政权的普遍组织形态。

二、行政性指标化管理

要想更为深入地理解当前基层政权的运作逻辑，需要对其所处的组织环境有基本的把握。农业税费取消后，乡镇政府所处的组织环境发生了一系列变化，这些变化对基层政权的运作逻辑产生了巨大影响。首先，县级政府“经营城市”的发展模式压缩了乡镇经济发展的空间。分税制改革后，县级政府调整了发展经济的方式，开始通过“经营城市”来拉动税收的增长，尤其是通过兴办工业园区和开发商住用地，尽可能地挖掘预算外收入和税收的增量空间。① 从时间节点来看，分税制改革在农业税费改革之前，但就经验观察而言，大多数中西部地区县级政府实际上是在农业税费取消之后才真正走上城市经济崛起的道路。之所以如此，很重要的原因是县级政府要想大兴土木，发展城市经济，离不开国家财政资金的支持；而国家财政资金对农村地区的大力支持，恰好是在农业税费取消之后。正是得益于国家向地方政府的转移支付，使得“公司—项目—金融”三位一体的城市经济发展模式成为可能。② 除了涉农专项资金，县级政府将每年新增的土地指标和基础设施建设资金基本投放在县城范围之内，乡镇政府没有土地指标就无法引进项目，没有额外的建设经费也就无法完成工

---

① 周飞舟:《分税制十年：制度及其影响》,《中国社会科学》2006 年第 6 期。

② 折晓叶:《县域政府治理模式的新变化》,《中国社会科学》2014 年第 1 期。

业发展所需要的基础设施升级。一旦这种模式为县级政府所采用和实施，乡镇经济的发展就变得愈发不可能。

其次，项目制实践放大了县、乡两级政府之间行政权力的强弱关系。在县、乡两级政府关系中，最微妙的是县政府中的行政部门和乡镇政府之间的关系，两者在行政级别上同等同级，但从日常行政管理的角度来看，县政府行政部门的政治位置却要比乡镇政府高出一筹。尤其是项目制实施以来，县政府行政部门开始掌握大量的项目资源，乡镇政府要想有所发展，需要向县政府行政部门积极争取。这使得县政府行政部门的行政权力得到了实质性的扩充，而乡镇政府的弱势地位更为突出。更重要的是，在项目制的权责配置中，县级政府在项目资源的配置过程中占据主导地位，县级政府的行政意志决定了乡镇政府能否获得项目，于是乡镇政府申报项目只能根据县级政府的整体项目规划来；而在项目实施过程中，乡镇政府基本上充当了协调者的角色，愈发成为县级政府的行政派出机构。①

最后，目标管理责任制的强化增加了乡镇政府的行政考核压力。就日常行政工作而言，县级政府及其行政部门是行政考核中的考官，乡镇政府是目标管理责任制中的考生，考官不仅负责出题，还负责打分，乡镇政府根据县级政府所设定的具体考核指标来开展工作。以往的行政考核更侧重于经济指标和社会稳定指标，现在行政指标不断增加，指标完成的手段不断技术化，行政问责制开始普遍实施。② 尤其是中央提出决胜全面建成小康社会以来，行政考核内容不断多元化，除了经济指标、社会稳定指标、民生指标，尤其是扶贫指标也开始变得格外重要。

---

① 李祖佩：《项目制的基层解构及其研究扩展——基于某县涉农项目运作的实证分析》，《开放时代》2015 年第 2 期。

② 渠敬东、周飞舟、应星：《从总体支配到技术治理——基于中国 30 年改革经验的社会学分析》，《中国社会科学》2009 年第 6 期。

为了应对组织环境的变化，乡镇政府在行政人力资源的配置上进行了适度调整。乡镇政府首先在党政领导班子成员的行政管辖权上进行了重要分工，乡镇党委书记将主要精力放在处理与县级政府的关系上，不少乡镇党委书记长期在招商引资或是向上级部门争取项目资源，乡镇长和其他领导班子成员则积极协调县级政府部门和本乡镇政府之间的行政关系，其余的乡镇干部则忙于乡镇政府的内部事务。乡镇领导班子成员经常需要到县级政府开会，汇报工作情况、接受县级领导的工作督导，而其余乡镇干部则需要应付各种行政考核，需要完成大量的工作任务并形成工作台账。这种“上下分工”的行政工作方式，一方面是为了处理好乡镇政府的“外交”和“内务”之间的关系，一方面是迫于日趋繁重的行政事务所带来的压力。如此一来，乡镇领导很难有精力下乡开展工作。

与“上下分工”的行政工作方式同时出现的，是乡镇政府在行政工作方式上年轻干部主“内”、老干部主“外”的“内外有别”。乡镇政府几乎每天都会收到来自县级层面各个部门的文件、指示和通知，根据参与式观察发现，接收上级文件和传达上级通知，已经成为乡镇政府重要的内务性工作，这项工作不需要与农民打交道，工作技术要求的重点在于电脑操作、文字编辑和与上级政府部门的行政沟通，这十分符合刚刚参加工作的年轻干部的口味。对于年轻干部而言，他们不习惯于琐碎、繁杂、规则度低而综合性程度高的农村工作。乡镇政府中的老干部在基层工作了一辈子，其中不少做过村支部书记，对农村工作谙熟于心。于是，乡镇政府中涉及需要和农民、村干部打交道的工作大多由老干部负责。

面对组织环境的巨大变化，乡镇政府积极地将村级组织吸纳进基层行政体制，以缓解行政事务激增后在财力和人事编制上的紧张，克服资源下乡过程中的治理信息不对称难题。不过，由于基层事务的地域性质差异使然，这种基层治理模式难以充分回应乡村社会的治理需求。基于经济社会发展水平的差异，贺雪峰将我国农村大体上区分为东部沿海地区发达农村和中西部地区欠发达农村。① 发达农村在社会上离农化程度高、农业生产性事务较少，对规则性治理方式的需求程度较高；而欠发达农村的社会治理依然以农业性事务为主，传统意义上的"三农"问题依然突出。这样，高度行政化的乡村治理方式就比较适合于发达农村。当前基层政权运作的普遍特点是行政化程度不断提高，尤其是将村干部设定为乡镇政府的行政办事员，这不仅不利于增强基层政权整体上的回应性，也使得乡、村两级的关系充满了利益交换，最终导致基层政权的合法性不断流失。

可见，当前基层政权主要围绕行政体制内部的指标化管理制度来运作，国家政策和财政资源成为形塑基层政权运作逻辑的主导性力量。由于基层政权面对的始终是广袤的乡村社会和亿万人民群众，那么，衡量基层政权运作实效的最终标准就不太可能只是行政体制内部的种种行政绩效指标，而应该是服务人民群众、回应基层治理需求的治理能力。

三、基层政权的制度定位

基层政权在国家治理中扮演着重要角色，是国家治理体系和治理能力建设的基础性力量。如果将中央政府比作公共资源的宏观配置者，那么基层政权就是将公共资源运送到乡村社会的搬运工。历经农业税费改革和乡镇行政体制改革后，乡镇政府成为典型的"小政府"，村级组织在人事上的缩减也可以认为是乡镇"小政府"的附带性产物。

① 贺雪峰：《论中国村庄结构的东部与中西部差异》，《学术月刊》2017 年第 6 期。

与基层政权近十年来的“小政府”角色同时出现的，是我国政府在整体上已经成为一个典型的“大政府”。[①] “大政府”的兴起有助于提升公共财政的供给能力，有利于在宏观上协调好“人民日益增长的美好生活需要和不平衡不充分的发展之间的矛盾”。[②] 但自上而下输入的财政资源，能否真正转化为对新时代社会主要矛盾进行协调的治理能力，最终需要基层政权精准的制度定位。

强大的国家能力能否转化为有效的基层治理能力，很大程度上取决于基层政权能否回应基层治理事务和真正服务人民群众。否则，即便投入再多的公共财政资源，而没有有效回应基层治理需求，公共资源也就无法转化为基层治理能力，国家项目失败的命运终将无法避免。[③] 面对新时代新任务提出的新要求，党中央显然意识到了基层政权运作在实现国家治理体系和治理能力现代化中的不足，十九届中央委员会第三次会议公布的《中共中央关于深化党和国家机构改革的决定》中明确强调“基层机构设置和权力配置有待完善，组织群众、服务群众能力需要进一步提高”。可见，将基层政权在制度上定位于面向基层治理事务和服务人民群众，并非是对来自西方的公共服务型政府理论思潮的回应，也并非是由于我国基层社会已经从整体上步入后工业时代，而是基于全面建设社会主义现代化国家的内在应然要求。这就要求基层政权建设过程中组织结构的设置和权力配置要围绕组织群众、服务群众能力的强化来展开，要改变基层政权运作面向上级考核、服务长官意志为面向人民群众、符合基层事务特点。

① 焦长权、焦玉平：《“大政府”的兴起：经济发展与政府转型——中国政府公共收入水平研究报告(1980—2014)》，《开放时代》2018 年第 3 期。

② 习近平：《决胜全面建成小康社会 夺取新时代中国特色社会主义伟大胜利——在中国共产党第十九次全国代表大会上的报告》，《党的十九大文件汇编》，党建读物出版社 2017 年版。

③ 贺雪峰：《论乡村治理内卷化——以河南 K 镇调查为例》，《开放时代》2011 年第 2 期；陈锋：《分利秩序与基层治理内卷化：资源输入背景下的乡村治理逻辑》，《社会》2015 年第 3 期；李祖佩：《乡村治理领域中的“内卷化”问题省思》，《中国农村观察》2017 年第 6 期。

长期以来，基层政权建设仅仅从行政组织机构设置和行政权力配置等方向来加以推进，乡镇政府的机构改革和村级组织的合村并组都是为了简约行政成本，减少县级财政负担；或是服从和服务于城市经济发展和工商资本下乡。但是，基层政权面对的是亿万农民，需要解决的更多的是乡村治理环节中的具体事务。基层治理事务中，农民常讲“公道自在人心”，人心即政治。

就组织特性而言，无论此前基层政权在组织机构设置和权力配置上多么“职责同构”于上级政府①，也必须始终坚持以群众工作为中心的基本特点。这决定了乡镇机构设置中就必须要有直接服务“三农”、服务人民群众的组织机构。如果乡镇政府只是以“一府四办”（乡镇政府及其内设的党政办公室、农业发展办公室、社会事务发展办公室、经济发展办公室）作为组织机构设置的中轴，没有向外扩展的具体执行机构，那么乡镇政府除了忙于文件和会议，几乎无暇顾及乡村社会的治理需求。基层事务的特点是需要广泛地与人民群众打交道，只有保持与人民群众的密切联系，才能够更多更好地获得人民群众对基层工作的支持，才可以减少执行党和国家利民便民政策过程中的信息不对称。基层事务同时还具有阶段性、繁杂、琐碎的特点，只有深入人民群众，才可以对基层事务中的人、事和基本形势保持准确判断，才可能在做人民群众工作时有的放矢，真正牵住基层治理问题中的“牛鼻子”。

当前基层政权建设的趋势是不断普及技术治理方式，这固然有助于提高行政效率，减少行政服务对象的办事成本，但技术治理无论如何也无法完全替代人民群众工作。正确的基层治理思路应该将技术治理作为服务人民群众的治理手段，而非以技术治理替代群众工作方法

① 朱光磊、张志红：《“职责同构”批判》，《北京大学学报（哲学社会科学版）》2005 年第 1 期。

和工作方式。项目制实践中，大量项目资源直接涉及乡村社会的发展，乡镇政府和村级组织理应在其中发挥重要作用，以更好地将涉及群众切身利益的诉求和国家输入的公共资源有机结合起来。这意味着，即便国家企图以项目资源强化政府部门之间的“条条”管控，也应该充分考虑基层政权组织自身的特点。目前，村级组织在村干部工资和工作经费上高度依赖乡镇政府，乡镇政府将村级组织作为自己的办事机构。如果乡镇政府强化公共行政方式上的群众工作方法，那么村级组织的定位也应该符合基层事务特点，充分发挥简约治理机制的优势，保持基层治理方式的多样性、灵活性和便利性，立足于主持乡村社会内部的分配正义，促进公共资源配置的规则化，实现民主化村级治理模式和现代公共服务型行政权力的有效衔接。

四、新时代基层政权建设的路径选择

基层政权建设的重心在于有效回应基层治理需求。结合党的十九大以来中央出台的一系列重大决策和战略布局，新时代基层政权建设的路径选择需要聚焦以下三个方面。

（一）加强党的集中统一领导，深入推进党的基层组织建设

基层政权建设不仅包含了法治政府建设和公共服务型政府建设，其中最为根本性的是要加强党的集中统一领导。在基层政权建设中加强党的集中统一领导，直接目标就是重塑乡村治理中政权运作的政治性。具体包括：第一，严格落实乡镇领导干部包村制。包村制又称为联村制，其制度初衷就是在乡镇党委的领导下打破科层设置的条条框框，推动乡镇领导干部密切联系村级组织和农民，加深乡镇领导干部

对“三农”问题的了解，及时掌握乡村社会的最新动向，以便于做出科学合理的工作安排。第二，积极推广乡镇干部包片制。包片制意味着乡镇党委为村级组织配备专职干部，全面负责片区范围内的一切基层治理事务。包片制嵌入乡镇政府内部的官员晋升锦标赛，不仅有助于锻炼、培养年轻干部，同时便于推动乡镇政府权力向基层治理场域下沉，重塑乡村治理的公共性和政治性。第三，科学选任村党支部书记。乡镇党委要改变以往过度依赖经济实力强的村庄精英担任村党支部书记的做法，要对村党支部书记的候选人开展深入的群众调查，选择政治素质过硬、乡村生活预期长远、群众基础良好、敢于主持乡土正义、熟悉并热爱“三农”工作的农民担任村党支部书记。

（二）以优化、协同、高效为准则，加快建设公共服务型乡镇政府

基层政权运作服务人民群众、直面基层治理事务，需要加快建设公共服务型乡镇政府。为了改善乡镇政府权小、责大、利少的格局，公共服务型乡镇政府应该以优化、协同、高效为准则。其一，优化就是要在乡镇政府组织机构设置上科学合理，在行政权力配置上权责一致。乡镇政府需要处理的基层治理事务具有综合性，组织机构设置应该具备足够的灵活性，不应该与上级政府保持严格的对应关系，可以数个乡镇机构对应一个上级行政部门，也可以一个乡镇机构对应多个上级行政部门。在行政权力配置上，需要扩充乡镇政府的行政权限，并保持行政权力与行政责任相匹配。其二，协同就是要在乡镇工作中有统有分，统分结合，有主有次。乡镇工作中要强化乡镇党委的统一集中领导，实现乡镇管理事务在乡镇领导干部中的合理划分；同时需要明确乡镇工作重点工作方面，以中心工作机制集中乡镇行政资源，着力应对基层治理重大事务，着力解决乡村社会发展中的难点问题。

其三，高效就是乡镇政府要明确责任主体，履职到位，办事流程通畅，杜绝相互推诿。乡镇党委要严格贯彻落实党委主体责任，并全面驱动积极行政，提升回应性行政能力，提高乡镇政府的行政效率，克服基层治理事务无人负责、遇事敷衍等行政梗阻问题。

公共服务型乡镇政府的建设除了以上三项准则，还需要推动治理重心下移，需要向下合理配置公共治理资源、下放基层事务管理权限、适度扩充基层人事编制。结合乡村振兴战略背景下项目制实践，基层政权建设需要适度下放小额公共资源的配置权、管理权，扩充乡镇财力，积极促进行政权力向乡镇政府的下放，确保乡镇政府在涉及基层经济社会事务管理上具备足够的管理权。此外，还应该开放乡镇干部的招录渠道，为优秀的村两委干部提供政治晋升的空间，补充乡镇政府人事上的不足，提高乡镇干部服务农民、解决基层治理事务的治理能力。

（三）坚持农民主体地位，完善以村民自治为核心的乡村治理体系

坚持人民主体地位是执政党的一贯要求，但在当前基层治理实践中始终无法转化为行之有效的治理方式。实证调研显示，不少乡村干部认为农民政治效能感低下，缺乏参与基层治理的能力和热情，依托农民开展乡村治理耗费行政资源和工作时间。这种政治认识和治理思路严重背离了坚持农民主体地位的政治理念，抛弃了乡村治理体系建设中以村民自治为核心的宗旨。党中央提出实施乡村振兴战略，这意味着未来很长时期国家将全面强化对乡村发展的公共资源投入。坚持人民主体地位不能流于形式和口号，需要将农民参与治理的主体性、能动性与村民自治制度有机结合，建设农民本位、治理有效的现代乡村治理体系，其中蕴含的基层治理机制是信任农民、尊重农民的利益

诉求、发动农民的积极性和创造性：

首先，信任农民要求去除官本位的治理理念，还政于民。在配置公共资源过程中，乡镇政府要适度放权于民，向乡村社会输入基层治理公共规则，建构广大农民参与村民自治的治理平台，为普通农民参与公共资源配置提供相应制度保障。

其次，尊重农民的利益诉求要求削弱公共资源配置中的过度行政，再造全能型政府。基层治理事务向来具有地域色彩浓厚，治理对象个体差异性大、利益诉求多元的特点，“一刀切”式的政策执行很容易与乡村社会的利益表达发生冲突。为此，乡镇政府应该着眼于公共行政方式的转变，减少行政干预，将行政重心放置于建构有效的人民群众的利益整合和利益表达等环节，防止长官意志、恣意妄为。

最后，发动农民的积极性、创造性要求推进治理资源下沉，优化乡村治理“微单元”。乡村治理中最微小的治理单元是村民小组，党中央多次提出以村民小组为基本治理单元，优化村民自治实践。这要求积极打通治理资源与乡村治理“微单元”的对接，完成行政输入式治理资源向内生性社会治理活力的转化，实现乡村公共品供给的自主化。

第三编
纠纷解决

本编讨论乡土纠纷解决的本土资源及其所面临的法治困境。

第七章“纠纷解决的本土资源”，以赣南农村纠纷解决个案为例，讨论纠纷主体在纠纷解决中的能动性。在乡土纠纷解决中，纠纷主体通过公共空间的语言游戏来完成纠纷性质的公私转化，并在纠纷发生的过程中通过不断增强纠纷的公共属性来逼迫民间权威的出场以促成纠纷的场域性解决。纠纷主体在纠纷解决中能动性的社会基础在于与之具有同构性的村庄社会场域的存在，纠纷解决的主导型方式成为维系乡土社会秩序的“判例法”，它与社会场域形成相互强化的关系。

第八章“乡土纠纷的正义供给”，借助常人方法学，挖掘纠纷背后的“索引性”事实，探究乡土纠纷的正义供给机制。村庄社会关系的差序均衡构成了村庄内生秩序的微观机制，村庄客居主体社会关系失衡后，村庄边缘人对其进行具有反制意涵的公然侵犯的原因在于客居主体的依附性生存结构、乡土社会变迁中民间权威的消失与乡村治理转型背景下村庄体制权威的式微，由此引发的主体安全感危机实为侵犯性纠纷所产生出的社会心理事实。在正义供给体系无法有效回应乡土社会秩序需求的前提下，纠纷主体借助国家法律机关的出场来维护自身生活利益的实质是对“社会—法律”系统张力的能动整合。

第九章“乡土正义的法治困境”，讨论本土生活情境之中的微观正义。田野纠纷展示出，乡土正义的嬗变表征出乡土利益的权利化、乡土正义基准的混融化和乡村秩序需求的司法化。乡土正义意涵的流变，反映了乡村秩序结构的法治化，农民的法律意识并未从整体上构成现代法治体系的对反，农民正以高度工具主义的态度追逐着法律。乡土正义的供给系统看似具有层级性，但在农民选择纠纷解决的法律资源的过程中，正义供给系统的结构部件却是扁平化的。社会结构转型使得原有的乡土正义系统日趋瓦解，凸显出乡土良序社会建构的法治困境。

第七章

纠纷解决的本土资源

一、纠纷主体的能动性

作为一种特殊的社会形态，乡土纠纷本身具有与社会变迁相适应的特性。从社会变迁的角度来看，传统时期的乡村社会依靠一套地方性规范和长老权威来维系自身的社会秩序，这种社会秩序机制总体而言是一种礼治秩序和民间规范，其基础是儒家的规范性意识形态和乡土社会内生的“权力的文化网络”①。现代性的不断冲击使得乡村社会被迫转型，原有的社会控制方式被国家的“权力的组织网络”②所取代。人民公社时期，“三级所有，队为基础”的社会整合体制使村庄内部人际接触密度高，村庄的纠纷多为“接触性纠纷”；而人民公社解体之后，村庄的“接触性纠纷”开始减少，而“侵害性纠纷”开始增加，并逐渐成为村庄纠纷的主导形态。③ 随着惩罚的衰弱与法治的兴

① [美]杜赞奇：《文化、权力与国家：1900—1942 年的华北农村》，王福明译，江苏人民出版社 2003 年版，第 10 页。

② 强世功：《法制与治理：国家转型中的法律》，中国政法大学出版社 2003 年版，第 78—135 页。

③ 杨华：《纠纷的性质及其变迁原因——村庄交往规则变化的实证研究》，《华中科技大学学报（社会科学版）》2008 年第 12 期。

起[1]，国家开始通过“送法下乡”推动国家政权深入乡土社会[2]。就村庄纠纷的解决而言，人民公社时期的纠纷几乎都能在村庄内部依靠生产队干部和民间权威得到较好的解决，只有较为恶性的犯罪事件才会由乡村治安特派员和包片民警所代表的国家力量进行治理；分田到户之后，国家依然保持着集体时期对农村资源的提取，村干部享有足够的治权来进行乡村秩序的控制与治理，因而村庄体制权威对村庄内部的纠纷具有足够的调解能力。在乡村社会快速变迁之下，村庄共同体趋于解体，村庄日渐成为“无主体熟人社会”[3]或“半熟人社会”[4]。在村庄地方性规范快速瓦解之下，随着国家对农业税费的取消，失去以“配置性资源”[5]为基础的治权的村干部也日渐丧失了对村庄纠纷的调解能力，大量纠纷悬浮于乡镇一级，给基层治理带来巨大的治理压力与治理困境。

由此，乡土社会的社会控制机制受两方面的原因开始迎来社会制度层面上的转型：一方面，随着城市化进程对农村劳动力的吸纳，乡村社会开始主动地加入国家的现代化历程之中，打工经济的兴起使得村庄自身开始发生剧烈的社会变革，村庄社会开始与现代化因子产生全方位的冲突并逐渐被消费经济和现代理性所征服，村民的人生意义和价值世界均开始发生巨大的变化，其社会行为也逐渐放弃“乡土逻辑”[6]而开始遵从经济理性逻辑；另一方面，分田到户以来，国家开始不断从乡土社会后撤，特别是农业税费取消之后，国家政权几乎悬

① 强世功：《惩罚与法治：当代法治的兴起(1967—1981)》，北京大学出版社 2009 年版。
② 苏力：《送法下乡——中国基层司法制度研究》，中国政法大学出版社 2000 年版。
③ 吴重庆：《无主体熟人社会》，《开放时代》2002 年第 1 期。
④ 贺雪峰：《论半熟人社会——理解村委会选举的一个视角》，《政治学研究》2000 年第 4 期。
⑤ [英]吉登斯：《民族—国家与暴力》，胡宗泽、赵力涛译，生活·读书·新知三联书店 1998 年版，第 7 页。
⑥ 陈柏峰：《熟人社会：村庄秩序机制的理想型探究》，《社会》2011 年第 1 期。

浮于乡土社会之上[①]，国家权力只能更多地依靠技术治理来完成对乡土社会的控制与治理[②]，而村干部在丧失乡村治权之后也日渐缺乏对乡土社会进行社会控制的资源和动力。

虽然学界对乡村社会中社会控制内生机制瓦解的刻画具有令人信服的经验基础，笔者也赞同这种总体判断，但是这种话语的不断重叠和累加往往给人一种乡村社会已经丧失了自主解决纠纷能力的印象。也许更重要的是，纠纷主体在纠纷解决中的能动性一直没有得到既有纠纷研究的理论关注[③]，这不能不说是纠纷研究中的空白之处。从学界研究和乡土社会的客观现状来看，当下中国乡土社会的纠纷解决的确开始逐渐丧失了村庄自主解决的能力，依靠民间权威来解决纠纷在全国大部分农村都不再成为可能；现在不仅村民之间纠纷的类型发生了变化，而且总量也在不断减少，这主要是与乡村社会的变迁和人口的大量外流有关。但是，即使在高度发达的美国社会，邻居之间的纠纷也可以依靠自身和社会的力量来得到自主的解决，从而形成一种"无需法律的秩序"[④]，那么在刚刚从"乡土性"[⑤]中走向现代国家建构的"新乡土中国"[⑥]，村庄难道已经彻底丧失了自主解决纠纷的能力了吗？而更重要的是，在村庄纠纷解决中纠纷主体是如何通过其能动性的发挥来促成纠纷化解的？最后，村庄纠纷解决与村庄的社会场域之

① 周飞舟：《从汲取型政权到"悬浮型"政权——税费改革对国家与农民关系之影响》，《社会学研究》2006 年第 3 期。

② 陈柏峰：《乡村司法》，陕西人民出版社 2012 年版，第 136—167 页。

③ 范愉：《多元化纠纷解决机制与和谐社会的构建》，经济科学出版社 2011 年版；苏力：《送法下乡——中国基层司法制度研究》，中国政法大学出版社 2000 年版；强世功：《调解、法制与现代性：中国调解制度研究》，中国法制出版社 2001 年版；张静：《基层政权：乡村制度诸问题》，浙江人民出版社 2000 年版；赵旭东：《权力与公正——乡土社会的纠纷解决与权威多元》，天津古籍出版社 2003 年版。

④ [美]罗伯特·C．埃里克森：《无需法律的秩序：邻人如何解决纠纷》，苏力译，中国政法大学出版社 2003 年版。

⑤ 费孝通：《乡土中国》，江苏文艺出版社 2007 年版，第 5 页。

⑥ 贺雪峰：《新乡土中国》(修订版)，北京大学出版社 2013 年版。

间的关系又是怎样的？对这三个问题的关注与回答正是本章的问题意识所在。

本章研究以笔者 2013 年在 S 村所进行的 20 天的田野调查为基础，在对村庄社会的总体把握上来深入分析纠纷主体在纠纷解决中所借助的权力与资源，希望借助常人方法学的索引性方法来细致地分析纠纷事实中所包含的对纠纷解决具有积极意义的社会事实，而最后的目的在于以田野个案为例来恢复纠纷主体在纠纷解决中的社会行动者面貌。

二、村庄纠纷的公私转化

（一）村庄社会素描

S 村以 S 姓为主，始迁祖于明朝末年由山东迁入，S 村是当地 S 氏宗族二房的后世，除去 S 氏四房远迁外，其余的四房均在当地得到不断的发展，至今已有 22 代。S 村现有 22 个自然村，自然村合并为 10 多个村小组，共 1239 户，约 7883 人。S 村共有耕地 2957 亩，山地 1.5 万余亩，户均耕地 2.38 亩，人均耕地 0.3 亩，土地分布极为分散而雨水充足，其水稻种植历史悠久。S 村不仅临近镇中心，而且距离县城仅 30 分钟车程，319 国道穿村而过，交通极为便利，距南部沿海发达地区只有 5 个小时的车程，全村近一半的人口均在福建、广东、浙江等地打工。

虽然经历多次现代性的冲击，但是 S 村依然保持了较好的宗族文化和宗族认同，是典型的“团结型村庄”[①]，S 村内部的村民均为 S 族

---

① 对中国农村社会性质的研究参见贺雪峰《论中国农村的区域差异——村庄社会结构的视角》，《开放时代》2012 年第 10 期。

的二房，在房之下再分为数个太卡，太卡之下开小卡，如此卡卡相连而构成了S村最基础的社会组织结构。一般而言，处于一个卡的村民在血缘上最为接近，以小卡为基本单位，S村村民进行日常的生产、生活和娱乐，小卡构成了S村村民最基本的人情单位和互助合作单位，小卡和以其为基础的自然村正是费孝通意义上的熟人社会。按照我们的多次访谈所得到的资料，一卡人的基本范畴应该是共同供奉一个祖先，而一卡之内因为血缘的绵延和人口的繁衍会进行不断的"开卡"，一个男性祖先的后代便可能成为一个单独的房卡。村民们最为熟悉的是小卡，即距离己身最为接近的祖先供奉单位，在S村，小卡的人口规模不等，小至三五家，大至一个自然村或一个村民小组。祠堂和族谱被破坏之后，小卡内部的认同方式发生了改变，人情成为小卡内部进行相互认同和完成社会整合的有力途径，小卡内部的村民在少年时代便会被要求积极地参与到小卡内部的仪式性人情中来，以此来加强对同一房卡的认同。房卡内部会有一名头人，房卡头人一般负责房卡内部公共事务的主持，办事公道、处世高明并有文化的村民都可以成为房卡内的头人，村民之间的小纠纷也一般由头人来进行调解。可以说，在S村，房卡头人—小组长—村干部构成了村庄社会秩序的控制体系，从而使得大部分村庄纠纷能够在小组或自然村之内得到有效的化解。

(二)村庄纠纷的公私之别

S村的纠纷主要来源于不同社会公私单位之间的摩擦，从S村的宗族组织结构来看，作为基本的人情单位和社会生活单元的小卡成为村落纠纷中的治理单位。以纠纷所涉及的纠纷利益的公私属性为基础，可以将S村的纠纷大体划分为公性纠纷与私性纠纷；以小卡为基本的纠纷场域范围，可以将纠纷进一步细化为家庭纠纷、同卡私性纠纷、异卡私性纠纷、异卡纠纷和卡内公性纠纷。

另外，社区私性纠纷中最为特殊的是纠纷主体中存在着自己人中的“外人”和村落社会的边缘群体。卡与卡之间的纠纷构成了基本的公性纠纷，造成纠纷的具体原因有可能是私人性的，但纠纷主体往往对房卡的集体利益构成了侵害，于是纠纷利益便具有明显的公共性。另外，房卡的内部也会产生公性纠纷，比如卡里人侵害了自己人的公共利益也是一种公性纠纷，侵害自己卡的公共利益的行为一般都会遭到卡里自己人的强烈反抗，但是由于是自己人，在纠纷化解中往往不会发生激烈的身体冲突。

（三）村庄纠纷单向度的公私转化

按照费孝通对中国传统社会的把握，家庭与天下之间可以形成一种转换自如的“差序格局”，以自己为中心向四周展开，自己、家、族、国、天下便形成一个真正统一的整体。每个人在不同的圈子中向内看都需要遵循公的逻辑，而向外看则会把自己向里的圈子视为私物。[①] 也就是说，费孝通所说的“差序格局”构成了中国人最为基础的认同单位和行动逻辑，每个人都需要在其中找准自己的社会位置。可以说“差序格局”实质上是中国人在传统社会中的原则性行为规范，并在此基础上形成了“双层认同与行动单位”[②]。然而，现代国家的权力对传统社会进行了改造，原有的行为规范遭受了国家政权的冲击。贺雪峰认为，国家现代性力量使得原有的“认同与行动单位”被人为改造，这些行动单位对原本公私转化自如的社会结构进行了人为的阻断，使得村庄社会中社会行动的公私转化不再具有相对性，而具有一

① 费孝通：《乡土中国》，江苏文艺出版社 2007 年版，第 25—32 页。
② 贺雪峰：《村治的逻辑——农民行动单位的视角》，中国社会科学出版社 2009 年版，第 59—61 页。

定的绝对性，即形成了农民主导的认同与行动单位。[1] 国家瓦解了原有的以村庄—宗族为认同与行动单位的“大私”，由此才形成了当下中国村庄的“区域差异”[2]。

S 村的社会结构基本上可以概括为“联合家庭—小卡—太卡—房—村”五级宗族结构体态。国家的行政建制人为地切割了 S 族的房支和房卡两个社会单位，使得村庄社会关系被重新塑造。不过总体而言，国家在 S 村中的行政村和村民小组的设置基本上延续了集体化时期的人民公社的三级组织设置，而人民公社的体制设置也以传统时期的房卡结构为基础。这样一来，国家的行政设置和宗族的传统结构具有高度的重合性，所以在村庄社会结构的公私之别上具有一定的历史延续性。

S 村纠纷在纠纷利益的公私属性上有明显的区别，几乎不存在相互转化的绝对性。具体来说，S 村的公性纠纷几乎是祖坟纠纷和宗族房卡之间的纠纷，这些纠纷在解决过程中很难转化为私性纠纷进行解决，即只能通过公共的方式来解决而无法转化为有的学者所指出的依靠纠纷的“自己人化”来加以化解[3]。不过，在异卡私性纠纷中，基本上都可以在需要之时依靠公共化的方式即转化为两个房卡之间的纠纷来进行解决；而同一房卡之内的纠纷，则可以在房卡内的公共空间得以解决。这样看来，S 村纠纷公私转化之间就存在一定的单向度特征，即公性纠纷因为其纠纷利益的公共性而无法转化为所谓的自己人解决路径，公性纠纷之所以无法“自己人化”，其原因在于同一宗族内部之间的利益分割的固化，比如祖坟纠纷几乎不可能“自己人化”，

① 贺雪峰：《村治的逻辑——农民行动单位的视角》，中国社会科学出版社 2009 年版，第 91—94 页。
② 贺雪峰：《论中国农村的区域差异——村庄社会结构的视角》，《开放时代》2012 年第 10 期。
③ 杨华：《自己人的调解——从农村纠纷调解过程中的“举例说明”谈起》，《中国农业大学学报（社会科学版）》2009 年第 2 期。

不同房卡的村民供奉的都是自己一脉的祖先，自己祖先在异卡看来便是外人。私性纠纷则容易转化为公性纠纷，所以在S村，私性纠纷较为容易解决，而公性纠纷则成为村干部眼中的老大难。

三、纠纷解决中纠纷主体的能动性

公性纠纷在农村社会变迁大背景之下不再成为S村的主导型纠纷，据村干部介绍，S村大部分劳动力均在外务工，只有过年时才会返乡，因此全村只有在农历年末之时才可能发生大量的公性纠纷，而私性纠纷则成为S村的主要纠纷类型。

（一）纠纷个案呈现

私性纠纷虽然具有转化为公性纠纷的可能，但如果仅看到村干部和民间权威作为调解人来完成纠纷的公私转化则不是本章的关切所在。相比于纠纷解决中的第三方力量，本章更关注纠纷主体对纠纷的解决能力：

S族四大房分布于L村镇的不同村庄，平日大家都在L村的新街上赶集。2011年的某个赶集日，S村(S族二房)的宋加某在L村镇街道上摆地摊，大房的宋广某也在街道上摆地摊，二房的宋加某不让大房宋广某在自己旁边摆，两人顿时起了纷争，宋广某说，我是大房的，你二房的凭什么不让我摆摊？宋加某回应道，我二房就是这样，你想怎样？后来两人在新街上越吵越大，两房的人都来了不少。后来二房的头人出来进行协商，在对自己房的宋加某批评后最终还是让大房的宋广某在宋加某旁摆摊。

在案例中，S族中的二房在S族中的势力最大，大房虽然是长房但毕竟势单力薄，宋广某为了得到摆摊的位置便无法通过私人之间的博弈来获得做生意的公共空间，宋广某首先强调了自己的房卡归属，“我是大房的……”，使纠纷的私性从一开始便走向公共化，这样也能对自己进行保护，紧接着宋广某进一步将另一方纠纷主体的私性也进行公共转化，“你们二房的怎么不……”。二房的宋加某则不可能继续保持自己的个体身份，因为宋广某的出言不逊已经对二房在宗族中的地位提出了挑战，此时宋加某必须通过对自己房卡归属的强化来显示自己行为的正当性，否则不仅会受到宋广某的公共身份的反制，而且也不利于对自己进行保护，“我二房的就是这样……”。这样几个回合之后，原本是两人之间的私性纠纷就成功地转化为两个房卡之间的纠纷。如此一来，原本是两个个人之间的纠纷竟然导致了后来在街上赶集的两房势力的不断聚集，以至形成了群体性的对峙局面。

（二）纠纷公私转化中的语言游戏

前面已经指出，分属于不同房卡的村民一开始便强调自己的房卡身份，可以说，这几乎是村民不假思索的本能反应。实际上，正是在这种本能反应中蕴含着当地的社会规范和行为准则，也包含着纠纷解决的民间习惯法。这与西方社会理论中的常人方法学的索引性特征十分相似。常人方法学认为，一项社会行为必须要依靠其他行为才可能得到解释，这种认识事物的方法便是一种“索引性”。常人方法学强调对这种索引性的充分呈现，因为只有使日常行为的索引链条充分地展示出来，才可能真正地认识社会。加芬克尔在一项语言分析中充分地展现了常人方法学的索引性特征，研究表明人们之间的很多语言对话的背后实际上暗含着大量的未加言明而彼此都十分理解的事情，加芬克尔由此推论道，人们的行为并不是严格依照明确的规则来进行的，社会行为的背后实际上具有大量的“未言明的条款”，行动者需要在模糊的规则框架中，利用特定场合的情境性来进行行动。[①] 受常人方法学的启发，我们对上述案例的语言行为及其背后的索引性事实进行简要的梳理，以更加细致地展现公私纠纷转化和纠纷解决的过程：

宋广某：我是大房的，

　　　　你二房的凭什么不让我摆摊？

宋加某：我二房就是这样，

　　　　你想怎样？

……

案例中展现的对话并不复杂，主要就是两人之间的讲理与辩论，但是正是在双方反复地对自己身份的表达中，纠纷事实不仅扩大为赶集场中两个房卡人之间的对峙，而且使得纠纷的属性发生了根本性的变化。从纠纷事实的扩大来看，则背后便是当地的地方性共识在发挥巨大的作用。下面我们对纠纷过程中纠纷主体之间的话语进行"索引性"的分析：

1. "我是大房的"

S 村的房支主要以四大房为主，其中大房虽然是长房，但是以人口规模而言二房占据绝对的优势。但是，长房的地位毕竟比二房要高，这在宗族活动和祠堂的修建中都明显地表现出来。所以，宋广某对自己结构性身份的强调便是想利用大房的长房位置来争得自己摆摊的权利。

2. "你二房的凭什么不让我摆摊？"

在案例中，仅仅强调自己的房支身份对于自己纠纷利益的主张帮助不大，要想将原本属于私人之间的纠纷转化为房卡之间的纠纷就需

① 李猛：《常人方法学四十年：1954—1994》(中)，《国外社会学》1997 年第 2 期。

要将对方的身份进行主动的公共化，因此宋广某才会在强调了自己的公共身份符号之后，对宋加某的公共身份进行直接确认，使其只好按照公共的逻辑来完成纠纷事实的生成。

3.“我二房就是这样”与“你想怎样?”

宋加某与宋广某均为土生土长的S族人，两人不仅对当地的社会规范了如指掌，而且十分擅长利用社会规范来为自己说话，否则两人不可能长期在L村镇上摆摊谋生。宋加某面对宋广某的质问，实际上已经知道宋广某的意图在于将纠纷进行属性的变更，因此宋加某便顺势加强自己在纠纷中的有利位置，也强调自己的结构性身份，这样就使纠纷有可能成为两房之间的事情。在完成了对对方公共身份的认同和对自己公共身份的确认后，则将问题抛给对方，“你想怎样?”这一强力的质问使宋广某的回答成为纠纷进一步发展的关键。

由于田野调查对纠纷事实把握的局限，在这一轮对话之后，我们并不知晓双方互动的具体细节，但是，我们大致得知双方在后来的言语互动中几乎都是在对开始时的身份事实的反复强调，所以两人之后的具体争吵细节的缺失并不妨碍我们对纠纷中结构性因素的分析和把握。

以上是我们对两人对话的第一层索引性分析，这种浅层的索引性事实基本上是对纠纷主体语言的直接分析，目的在于使双方的纠纷事实和言语意图有效地展现出来。我们知道，双方的纠纷不是发生在村庄里，也不仅仅是发生在私底下，而是发生在乡土社会中几乎最具有公共性的集市之上，可以说正是纠纷发生的公共性情境使得这起简单的纠纷具备了复杂的社会场域。所以，需要对双方的纠纷进行第二层的索引性分析：

宋广某知道二房和大房里都有不少人在摆摊和赶集，因此“我是大房”和“你二房”之中早已包含了“我们大房”和“你们二房”的社会意味，这样就可能使集市中的大房和二房的村民都参与到两人的纠纷中来。也就是说，纠纷双方在争吵的过程中不仅是要讲理争利，也是在进行着两房的公共性争吵，其背后的意图就是两人之间的纠纷在某种意义上代表着“我们大房”和“你们二房”在面子、利益和社会权力中的争夺与输赢。也正是这样，才可以理解两人争吵为何会最后演化为集市中两房的对峙。也就是说，村庄纠纷主体之间的纠纷对话不仅是对对方而言，而且也针对纠纷所发生的社会语境和总体社会环境，有的学者已经认识到这一点，但并没有对纠纷主体之间的语言进行逐一分析，而是进行了较为简化的总体判断。[①]

（三）纠纷生成与化解的公共空间

以往的不少研究虽然注意到了村庄社会的总体情境对纠纷的生成和解决的影响，但却忽视了单一纠纷发生和化解中的具体情境，本章认为，与村庄纠纷紧密相连的具体情境构成了纠纷生成的直接场域和纠纷化解的场域。在本案例中，宋广某和宋加某之间的纠纷发生的直接场域便是作为“基层市场”[②]的乡镇集市。乡镇集市是村民日常生活的必要场所，一般性的生活必需品可以在集市上进行购买，而自己田地中的特产也可在集市上进行货币转化；另外，作为社会公共空间的集市也是社会互动和社会整合的重要机制，村民通过参加集市，可以加强社会交往和社会互动，不少村民在集市中通过摆摊来形成一定的社会圈子，这些都具有社会整合的功能。[③] 也许更重要的是，集市的

---

① 林辉煌：《村庄纠纷的运作逻辑及其社会基础——以浙东 J 村为考察对象》，《重庆社会科学》2011 年第 8 期。

② ［美］施坚雅：《中国农村的市场和社会结构》，史建云、徐秀丽译，中国社会科学出版社 1998 年版，第 10 页。

③ 具有类似社会功能的如北方农村的庙会，参见赵晓峰、张红《庙与庙会：作为关中农村区域社会秩序整合的中心——兼与川西农村、华南农村区域经济社会性质的对比分析》，《民俗研究》2012 年第 6 期。

公共性也使得集市成为村民进行个体展示和面子竞争的场所，特别是在过年之时，村民们都在观察自己人和不认识的人过年在买哪些年货，由此便可判断自己与对方的经济差距和家庭年景的好坏。最后，集市还具有强大的信息交换功能和社会舆论评价功能，自己在村庄里做的好事和坏事都会在集市上进行传播，可以说集市实际上成了一种乡土社会中的新闻媒介。需要指出的是，本章所指的公共空间与德国社会思想家哈贝马斯所指的公共领域具有明显不同，哈贝马斯所指的公共领域是在国家与社会的张力场中发展起来的，西方社会的公共领域本质上是私人领域的一部分，公共领域的形成更多地导源于市民社会的自我发展；① 但是中国乡土社会中的集市更多的是在政府的规划下所建造起来的，因而本章中的作为公共空间的集市具有国家和社会相互融合的一面，其中国家的公权力对公共领域的形成具有更为直接的作用。

宋广某和宋加某分属于S族不同的房支，原本两房在历史上就一直存在激烈的冲突，传统时期更是经常发生冲突甚至是械斗。现代国家力量渗入村庄之后，两族冲突日渐减少，但是也依然存在面子的比拼。20世纪90年代以来，S族的宗族文化开始复兴，各个房支纷纷通过摊“鸿丁”和拉赞助的方式来修建祠堂，正是在各个房支的比拼之中，后来修建的祠堂才会不计代价地超越前面，以使得自己的祖先和自己脸上有光。据村干部介绍，每年过年之时，S族举行全族的仪式性活动，总会因为宗族内部的比拼而起争端，甚至在举行大型宗族活动之时必须要出动民警来维持治安，否则极有可能发生群体性治安事件。不管是祠堂修建还是宗族活动，都是一种房支之间进行社会互动的场域，因而集市也构成了相类似的社会互动场域。所以，在集市

① ［德］哈贝马斯：《公共领域的结构转型》，曹卫东等译，学林出版社1999年版。

中就容易发生房支之间的纠纷，宋广某和宋加某的纠纷涉及了房支之间的社会互动。也正是在这种社会逻辑之下，宋广某和宋加某一旦进入集市之中，便潜意识地赋予自我以各自的房支身份。也正是如此，才有可能使个体突现或演化为公共性的房支纠纷。

仅仅从场域来理解纠纷可能会导致对纠纷属性和纠纷事实真相的误判，因为如上所述，宋广某和宋加某如果一开始便以公共性的身份出场，那么纠纷可能一开始便是一场公共性的纠纷，宋广某可能一开始便认为宋加某不让其在集市上摆摊便是直接针对大房，不让自己摆摊则仅仅是个由头。但是，从整个村庄社会性质来看，S 村及周边的村庄早已不是传统时期的宗族性村庄，而是多次受到现代性力量冲击之后各种力量冲突、调适之后的融合。因此，宗族组织早已无法构成一个有力的行动单位，现在的 S 村基本上是对宗族有认同而无行动，村庄中的个体不太可能在日常的市场经济活动中发生直接代表宗族房支的纠纷。所以总体来看，宋广某和宋加某的纠纷需要在具体的纠纷场域和村庄社会的整体性质中来进行理解，该案例中的纠纷是发生在宗族文化背景下的公共社会市场场域中的个人纠纷。

在案例中，纠纷生成的场域同样成了纠纷扩大和纠纷化解的场域。在前文对纠纷进行的语言索引性分析中已经指出，纠纷主体正是利用了集市的公共特性和彼此的房支身份特性而将纠纷进行了公共性的转化，不仅使集市中的村民加入两人的对峙中来，而且在形式上使两人之间的纠纷具备了房支纠纷的事实特征，从而对村庄中的民间权威造成了巨大的社会压力。正是在集市场域的群体性对峙所制造出来的压力之下，二房的头人才被迫出场并对宋加某进行了主动批评，最后以宋广某获得摆摊的权利来使纠纷得到解决。

可以设想，二房的头人如果不出来化解纠纷，那么其他房的人便会看热闹，说两房中没有人，这会极大地降低两房在整个宗族中的声望；另外如果两房的头人不出场，双方对峙后发生的更为严重的冲突则有可能成为头人的责任，以后头人在自己房卡内的权威和面子都将丧失殆尽。在纠纷的解决中，二房中的头人出来主持公道，一个时空情景是赶集日，不仅两房的人都聚集过来，而且头人明白其他房的人也在，只有双方各打五十大板并对自己人进行批评，以平息大房的怒气，又考虑到原本就是自己人不对，而自己是二房的头人，因而对宋加某说说骂骂都是可以的。至于头人为何具备调解纠纷的权威，本章在下节将予以具体分析。

从纠纷解决的结果来看，宋广某和宋加某两人之间的私人纠纷通过对房卡归属的明晰而将私人纠纷转化为公共性的房卡纠纷来吸引两房的人前来助阵并逼迫房卡中头人出场，从而使得原本可能纠缠不清而难以化解的私性纠纷得到了基于社会公理的公共解决，使原本势单力薄的大房的宋广某的权利得到了有效的社会救济，而且使整个大房的利益得到了维护。

四、纠纷解决的村庄社会场域

正如前文所述，本案例中纠纷的解决得益于两方面的原因：一是纠纷主体主动赋予纠纷公共性的属性意涵，并在言语互动中将个体之间的纠纷扩大为两房之间的纠纷，从而使纠纷完成了纠纷公私属性的转化；一是民间权威在社会压力之下的出场，充分利用自己的权威和娴熟的调解技巧使纠纷得以顺利化解。不论是纠纷主体能够完成纠纷属性的公私转化，还是民间权威最后的“被迫”出场，这些都与S村的社会性质有紧密关联。也就是说，S村的纠纷的解决形式最终与纠纷发生的社会场域是同构的。美国法律社会学家布莱克利用这一原理来考查不同纠纷解决形式与其社会结构之间的同构关联，他认为，“冲突处理与其社会场域是同构的”[1]。因而，从纠纷的不同解决形式中，“冲突处理可以诊断性地标示出社会空间中的不同位置。最终，它甚至可能揭示社会生活的基本形式”。[2] 受到布莱克的启发，我们也可以从纠纷解决的具体过程中来观察S村的社会场域和与纠纷处理同构的社会结构。

在宋广某和宋加某的纠纷案例中，纠纷的解决实际上是一种依靠社会力量的解决途径，是一种社会型救济的纠纷解决方式。在本案例的纠纷解决中，与纠纷解决具有同构性的社会场域包含以下几个方面的特征：

1. 社会关系的等级性

纠纷的调解最后由二房的头人来进行，虽然二房头人的出场绝非主动但是毕竟在纠纷解决中发生了主要作用；而且二房的宋加某最后也听从了头人的劝导而平息了可能演化为恶性事件的争端。另外，二房头人在整个宗族中虽然不再享有传统社会时期的民间司法权，可以对族人进行制裁与惩罚，但是在S村依然具有较高的社会地位和民间威望，正是利用自己的权威和社会地位，头人才可能在纠纷中对自己房支的村民进行批评并对异房的村民进行劝导。也就是说，S村社会内部实际上从总体上讲并不是扁平化的社会结构，而是具有一定的等级性。这种社会结构和社会关系之间的等级性使得民间权威性力量依然得以生长和发育，从而使得S村的纠纷具备进行社会救济的可能。

需要进一步追问的是，民间权威何以具有进行纠纷调解的权力与资源。在S村调研期间，各个房支的头人几乎天天都不在家，对于他们来说，乡村社会就是他们的政治舞台，他们整天忙着在各个村民家里帮着办事，他们能够在红白喜事和各种社会事宜中找到自

---

① [美]布莱克：《正义的纯粹社会学》，徐昕、田璐译，浙江人民出版社2009年版，第92页。
② [美]布莱克：《正义的纯粹社会学》，徐昕、田璐译，浙江人民出版社2009年版，第93页。

己的社会位置和社会生命。也正是在平时的社会事宜之中，村民们欠下了头人大量的人情，也许正是这种人情亏欠使得头人在纠纷调解中具有了足够的资源和权威，村民无论怎样也要给头人一个面子，因为以后还要找他们办事。可以说，S 村里的宗族头人在村庄中具有结构性的权威地位和面子资源。

2. 社会势力结构的宗族性或团结性

与传统时期的宗族相比，S 村的宗族仅仅成为一个文化认同单位，除了修建宗族祠堂以外几乎没有统一的行动能力。所以，在宋广某和宋加某的纠纷中，两房的村民在纠纷主体之间的不断的语言激发下才站在各自房头一边，而不是一开始便形成对峙的局面甚至是演化为两房之间的暴力冲突。所以，与宗族组织早已消失的村庄相比，S 村存在着宗族文化和微弱的行动能力的特点，这往往能够使得村庄内容易发生群体性的纠纷和上访，但是也使得个体纠纷的解决具备了足够的社会支持力量。在宋广某与宋加某的纠纷解决中，这种房头势力的激发性在场至少发生了积极的社会救济功能和纠纷调解意义。

3. 乡土舆论的批判性和脸面机制

正如前面的分析所指出的，在纠纷的解决过程中，宗族头人并没有主动出场，这可能是与以往的宗族社会最大的不同，即纠纷的社会救济机制处于一种被动的社会状态，甚至是不到万不得已头人并不愿意介入纠纷之中。也就是说，在熟人社会陌生化之后，宗族头人不再具有主动调解纠纷的动力。在本章的纠纷中，宗族头人的出场，一个主要原因就在于纠纷发生在集市之上，发生的纠纷处于乡土社会的公共领域之中，头人不出面调解纠纷会被宗族舆论所批判，可以说正是宗族社会公共领域的批判性使得头人必须要照顾到自己在宗族社会中的脸面，否则以后就不会有人尊重和信任自己。也可以说，头人为了自己在宗族社会中的长远的社会利益而必须出场。

4. 地方性规范的有效性

从纠纷解决过程中纠纷主体对社会势力的利用和头人的出场及其调解权威的有效性可以证明S村社会的地方性规范依然存在并发挥着社会整合和社会秩序控制的功能。纠纷发生之后，通过对地方性规范的利用使得纠纷得到较好的解决，而纠纷的化解又进一步强化了原有的地方性规范。可以说，正是S村的地方性规范使得村庄社会秩序在无须利用国家公权力的状态下得以维系成为可能。

总而言之，纠纷的解决方式往往与社会场域相适应，这种社会控制机制与社会结构基础相同质性的状态便是布莱克所说的“同构”。正是S村社会关系的等级性、社会势力基于血缘的同质性、村庄舆论的批判性和地方性规范的有效性使得纠纷的社会救济成为可能。这种社会场域实际上已经被不少社会指标所反映，贺雪峰就从农民的基本认同与行动单位来分析中国村庄社会的区域差异，并将中国农村的社会形态在总体上区分为原子化村庄和非原子化村庄两大类型及若干具体类型，并在此基础上来讨论不同类型农村的村庄特征和村治特点。[①] 在进一步的研究中，贺雪峰则在大量经验基础上对中国主要农村的社会类型进行了生态史和村庄社会史角度上的论证，并高度体系化地将中国农村区分为团结型村庄、分裂型村庄和原子化村庄。[②] 受此启发，可以将S村纠纷解决的社会场域在总体上表达为团结型社会场域。

对村庄社会结构差异的区分具有重要作用，一是加强对中国农村社会性质的本体性认识，一是能够为国家政策、法律的实践研究和制定奠定良好的基础。在对中国农村区域差异的研究中，不论是村庄生态史和社会史的分析，还是农民认同与行动单位的论证，甚至是其他

① 贺雪峰：《农民行动逻辑与乡村治理的区域差异》，《开放时代》2007 年第 1 期。

② 贺雪峰：《论中国农村的区域差异——村庄社会结构的视角》，《开放时代》2012 年第 10 期。

测量指标的不断对比都有助于强化对中国农村社会区域差异的认识；同时，对中国农村区域差异的认识又有助于对具体问题的研究的推进和扩展，可以说两者之间是相辅相成、互相强化的关系。同样的，对村庄纠纷解决形式的分析也可以纳入这种关系中来。虽然任何一个村庄都可能具备不同形式的纠纷解决方式，但是总有一种纠纷解决方式与纠纷生成的社会场域之间具有同构性关联。进一步的推论是，通过对与社会场域具有同构性的纠纷解决方式的同构关联的研究，不仅可以加强对中国社会结构和中国社会区域差异的认识，更能够对纠纷解决方式及其相应的社会控制机制进行更为深入的研究，而在两者不断互动以促进认识深化的过程中，就有可能推进对“社会是如何可能”和法律是如何运作等社会学、法学根本性问题的回答。

五、纠纷解决的“判例法”及其社会功能

如果仔细回顾本章所分析的纠纷案例，可以发现，在纠纷的解决过程中，纠纷主体双方都在运用某种共同的知识来促成纠纷的及时化解，通过相互的言语互动甚至是争吵而将纠纷事实与能够帮助纠纷化解的社会场域引进来。可以说，发生于乡土社会的基层市场这个公共领域中的纠纷，几乎是由于纠纷主体的能动性的发挥才得以有效解决。纠纷主体的能动性不仅包括了纠纷现场双方的话语行为，也包含了通过话语行为所引入并加以利用的各种社会规则和资源，从某种意义上讲，纠纷主体甚至是在借助当时的整个集市之中的现场环境以及乡土社会场域的结构性特征来促成纠纷的场域性解决。如果我们将纠纷主体的行为分析为共同知识这个概念，那么这种共同知识的运用在纠纷主体看来也许是下意识的，也就是说，这种共同知识是内化于纠纷主体的；然而，共同知识本身实质上包含了社会场域和社会系统在其中。

纠纷的发生与解决的公共性实际上相当于进行一次社会审判，纠纷的解决相当于纠纷主体及社会对这种社会审判的认可，布莱克认为，“每种冲突处理形式皆再生产其社会环境”①，因而纠纷的解决具有地方性规范再生产的意义。也许，纠纷在本质上可能是一种“事实之争”和“面子之争”，甚至在纠纷发生的过程中就有一种事实审判正在发生。② 但是，纠纷的解决才是真正意义上的社会审判。在本章所述及的纠纷案例中，不仅社会力量广泛地参与到纠纷中来，乡土社会的公共领域对纠纷的解决也发挥了极大的积极作用。在该纠纷的解决过程中，不仅社会秩序得到了控制，更重要的是纠纷解决过程中对社会规则和地方性规范的利用使得乡土社会中的社会规范得到了强化和再生产，使得类似的纠纷的解决保持了一种纠纷处理的惯例；而在此基础上，与纠纷解决方式相适应的社会场域又一次被生产出来。

也就是说，纠纷主体通过包含了社会场域的共同知识的无意识运用使得纠纷得到了有效的化解，而纠纷的化解必然会对社会场域进行某种强化。例如这种共同知识在公共领域的使用实际上就构成了一种纠纷解决的方式的知识意义上的传播和普及，参与纠纷解决中的各种社会因素都成了类似纠纷解决中的资源和规则。

这个过程实际上类似欧美法系中的判例法的社会功能，判例法正是通过具体的案例来确定控制社会的规范、规则甚至是法律原则。从社会审判的意义来看，在公共领域发生的纠纷解决无疑具有比一般性的纠纷解决更为广泛的教化意义和规范形塑意义与再生产意义。相比法律人类学所注重的乡土社会中惯例和习惯的法律意义而言，本章则

① [美]布莱克：《正义的纯粹社会学》，徐昕、田璐译，浙江人民出版社 2009 年版，第 92 页。
② 林辉煌：《村庄纠纷的运作逻辑及其社会基础——以浙东 J 村为考察对象》，《重庆社会科学》2011 年第 8 期。

更注重纠纷解决本身作为乡土社会中的社会审判的案例性意义。宋广某和宋加某的纠纷解决不仅在规范集市运作上具有直接意义，这会使各个宗族之间更加尊重对方从事市场经济活动的权利，从而有利于整个集市运作的有条不紊，进而形成基层社会的市场交易民间法的一个部分；也有利于形成出现类似纠纷之后的社会控制机制，使得社会势力和民间权威成为一种纠纷解决的有效力量。也就是说，本章所指的纠纷及其解决方式在社会规范生产即社会“立法”上和社会控制方式确认即社会“司法”上都具有一定的意义。可以说，此案例使我们看到了中国基层社会中社会秩序形成的某种可能，但需要明确的是，这种自生自发的秩序并不代表着对由国家公权力所创生的秩序的否认。正如前述，作为乡土社会公共领域的集市的形成实际上来源于L村镇镇政府的规划和建造，从基层市场形成的角度来看，集市实际上是小城镇建设的结果，原先自发形成的集市十分轻易地就被乡镇解散掉，新的集市透露着更多的国家权力的影子。

不同于现代判例法的是，发生于S村的这起纠纷的社会解决所生产的社会场域后果对村庄社会中的个体并没有法律意义上的强制性，或者说村庄社会规范效用的发挥并不依赖于法律的国家强制力，而依靠村落本身的社会强制力和社会惩罚措施。也就是说，本章所指的“判例法”实际上需要在法律人类学视野中来理解，现代意义上的法律及与之相匹配的法律运作体系（司法、执法）并不能等同于乡土社会中的法律。“如果从法律的独立性和外在性的角度来看，乡土社会的法律是不可被称之为法律的，因为它不具有西方法律观念上的司法的独立性，但如果从乡土社会秩序的建构上来做考察，我们就完全可以把用来建构乡土社会秩序的各种原则称之为法律”。[①] 但是，能够

① 赵旭东：《法律与文化：法律人类学研究与中国经验》，北京大学出版社2011年版，第179—180页。

促成纠纷解决的社会规范在处于社会转型期的中国农村无疑具有易变性和脆弱性，即村庄社会规范在社会变迁和外力介入的情况下极易发生变化。从笔者自身的调研经验来看，这种民间秩序往往具有极大的易变性，甚至在某种意义上是一种可遇而不可求的理想秩序类型。在中国大部分农村，村庄纠纷往往无法通过有效的社会救济得到解决，乡村社会秩序的良性维系必须依靠国家公权力的积极介入。村庄内生的诸多纠纷化解中的“判例法”具有村庄层面的规范效果和治理意义，而这种“判例法”功能同样需要与其具有同构性的社会场域的支撑，随着村庄共同体的不断瓦解，社会场域的变动不仅会使得纠纷解决的“判例法”无法生成，而且会使其失去原有的社会功能。

六、结语

从S村的纠纷案例及其解决过程中，我们能够得出的结论是：乡土社会中个体之间的纠纷往往具有进行纠纷利益属性转化的可能，纠纷主体通过语言互动将社会场域中的公共性社会事实纳入纠纷之中，从而使纠纷完成纠纷属性上的转化。正是通过这种纠纷的公私转化，村庄的民间权威基于村庄社会关系结构的等级性和脸面机制而被迫成为调解纠纷的第三方力量，进而利用自己的面子机制和积累性权威在乡土逻辑的运作之下，促成纠纷的有效解决。不可忽视的是，纠纷的成功解决与S村的社会场域具有紧密的相关性，这种团结型的社会场域既决定了纠纷的社会化解决的可能性，也决定了通过纠纷解决所不断累积的地方性规范和社会秩序的“判例法”来完成“社会”本身在系统与结构层面上的再生产的可能性。

从本章的分析性结论中，我们可以发掘出纠纷主体在纠纷解决和社会场域中的能动性，纠纷主体成为纠纷解决中的积极社会行动者。

从能动主义的视角来看，纠纷的解决是在纠纷主体的主观能动性之下达成的，由此至少可以得知纠纷主体在纠纷解决中的积极地位，这种纠纷主体的积极性表现为纠纷主体在纠纷解决过程中的双边性和对纠纷发生的社会场域中的资源和规则进行引入与利用的高度自觉，这是对现有的纠纷研究中将纠纷主体仅看作被动的消极角色或对纠纷主体在纠纷解决中能动性不予重视的一种突破。当然，本章的案例具有一定的特殊性，即纠纷及其解决并没有在村庄内部发生，而是一种超越了村庄的纠纷；但是需要说明的是，从纠纷的总体性事实来看，将其视为乡土纠纷并无异议，因为纠纷本质上还是乡土性的，而不能将其混同于城市中的商业纠纷。另外，本章所分析的案例并无法论证纠纷解决中纠纷主体的能动性在整个纠纷化解中的结构性位置，即纠纷主体的解纷能动性究竟在何种程度上构成了对纠纷的解决，而本章可能得到的进一步的追问则是，这种能动性能否构成纠纷化解社会控制机制中的重要构成？可以说，面对这些问题，本章在此无法给出有力的回应，但是，本章的目的在于以田野个案为例来恢复纠纷主体在纠纷解决中的社会行动者面貌，本章案例中的具体事实已经有力地证明了这一点。

需要加以强调的是，在乡土纠纷的解决中，纠纷主体对纠纷解决的能动性角色长期以来没有得到足够的重视。已有的研究更多的是关注应然意义上的纠纷解决力量：国家法律、制度和规范。这种视角虽然包含了结构主义与能动主义的分析方法，但依然无法认识到纠纷解决如何实现的真相。对纠纷主体的纠纷解决能力的认识的恢复，不仅深化了对纠纷解决过程的认识，而且使得对以纠纷解决来观测的社会场域的认识得到了深化和扩展，也许更重要的是，这一进路使得纠纷研究和社会控制研究的认识方向具备了另一种可能，或许这正是本章的理论价值之所在。

第八章

乡土纠纷的正义供给

一、作为社会事实的乡土纠纷

乡土纠纷是学界长久以来关注的对象，法律社会学、法律人类学、社会学等学科都对乡土纠纷进行了大量研究。总体而言，既有的乡土纠纷研究形成了在方法、旨趣上各有偏重的两种取向：纠纷解决的研究与纠纷的村庄研究。

乡土纠纷解决的研究主要在法学界展开，较早的视角主要从对现代国家法律的反思切入，在本土资源论视角中，纠纷解决中正式法律制度对村庄社会关系和村落共同体中人际间的生活预期具有一定的破坏力，[①] 因此这种理论进路更注重社会自身对纠纷解决的方式和规则，但问题在于，社会生活中的习惯与惯例在达致国家法的过程中不仅会遭遇到地方规则多样化与法律规则的普适主义之间的强大张力，而且两者之间也缺乏有效的沟通渠道和连接桥梁。也许是为了突破前者对纠纷解决之道的理论思辨，一些学者运用“过程—事件”的社会学分

① 苏力：《法治及其本土资源》，中国政法大学出版社2004年版，第31页。

析模式[①]，通过纠纷事件中法律、人情、理、面子等因素在纠纷解决中的作用来考察纠纷的解决是如何可能的，并进而反思国家法律在乡村社会中是如何实践的。[②] 然而，“过程—事件”分析模式所展现的更多的是事件之中的纠纷，其关注的是纠纷解决中的社会要素，纠纷本身并没有被置于村庄社会结构中进行剖析和透视。除此之外，纠纷解决理论中的多元论则实现了对相对单一的纠纷解决法律中心主义的超越，其主张“纠纷解决机制的生态平衡和社会治理的良好效果，以缓解法制现代化与本土社会和传统文化之间的冲突，促进社会的自治与和谐发展”。[③] 然而，即使是这种已经具备足够的纠纷经验包容度的法律理论依然不可避免地具有强烈的制度主义关怀倾向。

与纠纷解决研究不同的是，纠纷的村庄研究则主要在社会学范畴内进行讨论，其更侧重于将制度层面的理论思辨做暂时的悬置，在村庄社会的具体语境中来研究纠纷事实本身，进而探讨纠纷自身的逻辑以及对纠纷进行化解的社会机制。既有的纠纷的村庄研究主要有两种研究路径：一是将村庄中的纠纷视为法律现象，通过法律民族志的“深描”来透视乡村社会秩序维系中的情、理、法与力，来观察乡村社会中内生秩序的变化，以此来反思传统时期的乡村秩序机制和“小政府—大社会”的乡村秩序建构取向，进而将乡村社会秩序建构的方向指向国家。[④] 这种研究认为，相比费孝通时代的“乡土中国”，现在的乡村社会与法律具有了更多的亲和。在乡村内生秩序瓦解甚至崩溃

① 孙立平：《“过程—事件分析”与当代中国农村国家农民关系的实践形态》，谢立中主编《结构—制度分析，还是过程—事件分析?》，社会科学文献出版社 2010 年版，第 132—154 页。

② 强世功：《法制与治理：国家转型中的法律》，中国政法大学出版社 2003 年版，第 189—245 页。

③ 范愉：《多元化纠纷解决机制与和谐社会的构建》，经济科学出版社 2011 年版，第 41 页。

④ 参见陈柏峰《暴力与秩序——鄂南陈村的法律民族志》，中国社会科学出版社 2011 年版。尽管本书将研究取向定位为农村纠纷解决问题的研究，但考虑到其注重村庄法律生活的法律民族志研究取向与中国法学界既有的侧重于关注国家法层次问题研究取向之间的显著张力及其研究在华中村治研究传统中的延续性位置，本章依然将其划归为“纠纷的村庄研究”。

的“结构混乱”时代，国家权力（不仅仅是国家法律）应该成为乡土秩序重建的主导力量。① 二是从村庄纠纷本身出发，对纠纷的性质、频次和解决方式进行细致的分析，以展现乡村社会性质的变迁和社会交往规则的变化，从而探究纠纷发生的村庄社会特征。② 这种研究并没有前者那么大的理论抱负，而更多的是一种不超越村庄本身的研究。

总体而言，纠纷解决研究实际上将社会控制作为主要的研究对象，纠纷本身不过是社会控制研究中的自变量，纠纷本身并没有得到足够的关注。纠纷的村庄研究对纠纷的既有研究进行了有力的突破，将更多的以往时常被认为没有理论价值的细微纠纷及其法律社会学意涵呈现出来，并在村庄社会结构中展示了对纠纷事实及其本土解决方式的语境化理解。但是，这种研究并没有真正地深入“纠纷”，纠纷仅仅成为理解村庄社会本体的参照指标而不是村庄社会本身。

如果说纠纷解决的研究是以纠纷来思考社会秩序问题及国家权力对村庄的社会控制，而纠纷的村庄研究以纠纷来解析乡村社会性质变迁及其秩序控制机制，那么在本章看来，纠纷则是一种人类社会无法消灭的“社会事实”。③ 如果摒弃社会纠纷为社会秩序的对立面的观点，这种纠纷事实不仅能够作为乡土社会的构成，而且在整个乡土社会结构中，作为乡土社会秩序整体有机构成的纠纷也必然会参与社会事实的再生产。④ 如此，将纠纷作为社会事实的研究就有可能成为中

① 董磊明、陈柏峰、聂良波：《结构混乱与迎法下乡——河南宋村法律实践的解读》，《中国社会科学》2008 年第 5 期，第 87—100 页。

② 杨华：《纠纷的控制单位：私的程度与私的身份问题》，《云南大学学报（法学版）》2008 年第 7 期；杨华：《纠纷的性质及其变迁原因——村庄交往规则变化的实证研究》，《华中科技大学学报（社会科学版）》2008 年第 12 期；杨华：《自己人的调解——从农村纠纷调解过程中的“举例说明”谈起》，《中国农业大学学报（社会科学版）》2009 年第 2 期。

③ ［法］迪尔凯姆：《社会学方法的准则》，狄玉明译，商务印书馆 1995 年版，第 34 页。这里我在一种广义上对社会事实进行理解和使用。

④ ［英］吉登斯：《社会的构成：结构化理论大纲》，李康、李猛译，生活·读书·新知三联书店 1998 年版，第 89—90 页。

国乡土纠纷研究中的学术生长点，这种纠纷本体的研究将成为超越“左”与“右”的“第三条道路”——村庄的纠纷研究。

村庄的纠纷研究力图将村庄纠纷作为独立的社会现象来进行探究。作为一种乡土社会中的社会事实，乡土纠纷应该被视为一种正常的社会形态。如果说村庄纠纷的解决研究常常在自上而下的制度主义视角下认为村庄纠纷的解决最后需要国家法律的出场，又或者因国家法律与村庄规范之间的张力而深感焦虑，而纠纷的村庄研究不仅更关心村庄社会本身，而且善于从村庄社会内在的秩序机制来分析纠纷在村庄中的具体过程，还注重考察村庄社会秩序对国家权力的内在需求程度，那么，本章将纠纷作为正常社会事物的认识方向便有可能拓展对纠纷的理解，深化对纠纷解决实践的认知。因此，本章的理论追问在于，村庄社会纠纷的发生在日常社会关系、村庄治理秩序与国家基层治理转型三个层面是如何成为可能的；作为参与社会再生产的纠纷事实在社会生活中的生产性事实是如何表达的；由乡村社会内生秩序机制与国家法律系统共同构成的纠纷解决机制在乡土正义供给中发挥着怎样的作用；对纠纷主体为了实现权利救济而采取的社会行为又该如何理解。这些都是村庄的纠纷研究所力图回应的问题。

将纠纷作为社会事实来进行研究，需要将纠纷还原到社会本身之中，而不是将纠纷作为一种治理事件，也不是将其从社会中单独抽离出来，进行田野文本的深度反思。纠纷研究需要秉持一种村庄本位的视角，但这种视角在有效地转化为一种操作方法上却时常面临无法进行“彻底解释”的困境。[①] 社会理论中的常人方法学注重对生活世界的研究，其更加注重社会行动的局限性、情景性、索引性和反身性，“因为索引性的特点就是‘无尽的索引性’，一项表达(或行动)的意义

---

① 朱晓阳：《小村故事：地志与家园(2003—2009)》，北京大学出版社2011年版，第7页。这里是在一种研究目的的意义上进行表达，而非指“彻底解释”的方法。

必须诉诸(即索引)其他表达(或行动)的意义才可理解，而这些被涉及的表达(或行动)本身也具有索引性，这样，从根本原则上讲，任何一个表面上孤立的‘表达’与‘行动’都是一个‘无穷无尽’的‘索引链’上的一环”。[①] 在具体的研究方法上，常人方法学注重通过“描述”来“回到事情本身”，力图根据社会现象的自身特点来选择研究的方法，这样就能“使方法与研究对象统一起来”。[②]

这样，常人方法学对村庄的纠纷研究无疑具有认识视角更新上的启发意义：村庄的纠纷研究需要深入挖掘纠纷背后的索引性事实，其目的不在于对原因的无限追溯而在于从中找寻纠纷生成的社会机制。也只有如此，纠纷解决机制的理论建构才可能真正做到对症下药。具体而言，蕴藏于纠纷索引事实之中的纠纷生成的社会机制，在村庄语境内便可以从纠纷主体的结构性位置与社会控制机制两方面展开搜寻，而这种索引在社会秩序机制方面则可以进一步扩展至国家法律系统层面。纠纷的索引事实并不是纠纷事实本身，而是一种从纠纷表层事实向微观秩序机制、社会控制方式、社会结构特性以及治理结构层面进行适度索引后发掘出来的有利于解释纠纷何以生成的“总体性社会事实”。[③]

为了更好地走出个案，本章将采用扩展个案方法(extended case method)来对纠纷案例进行分析。扩展个案方法可以从拉长个案的历史线条与拓展微观个案的宏观基础两个角度来进行理解和使用，这种社会科学研究方法强调个案产生的社会脉络与社会情境，而且特别注意个案的前历史与个案身后的社会后果，同时也十分注重在微观个案

① 李猛：《常人方法学四十年：1954—1994(中)》，《国外社会学》1997年第2期。
② 李猛：《常人方法学四十年：1954—1994(下)》，《国外社会学》1997年第3期。
③ 这里受到莫斯“总体的社会事实”概念的启发。参见[法]莫斯《礼物：古式社会中交换的形式与理由》，汲喆译，上海人民出版社2002年版，第203页。

与宏观社会系统之间的不断往返并追求对问题本身的深入理解。[①] 就本章而言，扩展个案方法实现了方法与对象上的某种统一。

本章的结构如下：文章将首先从纠纷案例的社会文本着手，来分析村庄内生秩序的基本原理并以其为参照来分析纠纷发生的微观机制；其次，文章将从村庄内生秩序结构层面讨论村庄中的越轨行为并从社会控制方式转型的角度来分析纠纷主体所遭遇的正义救济困境；再次，文章将从纠纷主体生存结构的角度对乡土纠纷的社会后果进行阐释并将分析指向实现权利救济的正义供给体系命题。最后，文章将对乡土正义需求与国家法律系统的正义供给之间的张力进行简要分析，并对纠纷主体的应对行为进行不同于“理性选择”式[②]的深化解读。

本章的研究以2013年S村的田野调查为基础，尽管本章的分析仅从纠纷个案切入，但全文的写作则以具有村庄社会整体观照的“村治模式”[③]为经验支撑，村庄的社会结构、社会生活、风土人情及国家政策在村庄的运作机制、过程及其社会政治后果均构成了进行写作的经验基础。

二、S村社会与侵犯性纠纷个案

（一）S村概况

S村所在县是国家级贫困县，S村以S姓为主，始迁祖于明朝末年由山东迁入，至今已有22代。从S族四房的人口规模来看，构成S

① 卢晖临、李雪：《如何走出个案——从个案研究到扩展个案研究》，《中国社会科学》2007年第1期；有的学者称之为“延伸个案研究”，参见朱晓阳《小村故事：罪过与惩罚（1931—1997）》，法律出版社2010年版，第36—45页。

② 栗峥：《乡土纠纷解决的路径选择与正义表达》，《中外法学》2011年第2期。

③ 贺雪峰：《村治模式：若干案例研究》，山东人民出版社2009年版。

村主体的二房占S族的80%，S村现有22个自然村，10多个村民小组。虽然经历多次现代性冲击，S村依然具有较好的宗族文化和宗族认同，是典型的宗族性“团结型村庄”[①]。S村内部的S氏村民均为S族的二房，在各房之下再分为数个太卡，太卡之下的最小的宗族单位为小卡，卡卡相连构成了S村社会中具有基础性意义的宗族组织结构。[②] 同卡之内的村民在血缘上最为接近，以小卡为基本单位，S村村民进行日常的生产、生活和娱乐，小卡构成了S村村民最基本的人情单位和互助合作单位，并具有村落家族文化的血族性、聚居性、等级性、礼俗性等基质特征[③]。小卡和以其为基础的自然村是一个社会团结程度较高的熟人社会。S村的宗族在现代化的过程中完成了从行动单位到认同单位、从具有司法功能的治理主体到治理对象的历史转换[④]。尽管宗族在村庄治理中依然具有重要的基础性作用，但是S村的宗族早已成为去政治化的宗族文化体，而非宗族政治实体。

（二）侵犯性纠纷个案呈现

20世纪90年代以来，随着打工经济的兴起，S村内部的常住人口不足一半，纠纷总量剧减，发生于年末的纠纷则是S村纠纷的主要构成，这些纠纷因其突发性、发生时间的集中性和纠纷涉及人数较多而往往成为村干部和乡镇治安机关的重点治理对象，但本章所关注的却是村庄日常社会生活中的常态纠纷。

---

① 贺雪峰：《论中国农村的区域差异——村庄社会结构的视角》，《开放时代》2012年第10期。

② 卡一般是指由共拜一个高祖的村民所组成的基本社会单位，同一小卡的村民具有高度的自己人认同。对自己人的研究，参见杨宜音《“自己人”：一项有关中国人关系分类的个案研究》，《中国社会心理学评论》（第一辑），社会科学文献出版社2005年版，第181—205页。

③ 王沪宁：《当代中国村落家族文化——对中国社会现代化的一项探索》，上海人民出版社1991年版，第23—26页。

④ 对宗族的“司法功能”的研究，参见林耀华：《义序的宗族研究》，生活·读书·新知三联书店2000年版，第56—57页。

S 村三组的宋金某现在修建的房子的地方是以前自己家的祖坟，后来迫于宅基地的紧张而将祖坟迁走用于建设新房。宋金某家以前的厨房是用黑瓦盖起来的，面积较小使用不便，2012 年为了将厨房面积扩大并增建卫生间，宋金某家便和另一卡的宋小某通过置换的方式将厨房之后的土地变为自己的宅基地。在宋金某家拆掉原来的厨房开始新建时，宋小某突然过来说原来厨房后的土地应归自己所有并坚决不让其施工。宋金某当时找自己人宋定某前来调解，宋定某却劝宋金某暂时不要动工，最好去村里将扩大的宅基地的土地使用手续补齐。宋金某找村委会调解，但“人怕强来不怕弱”，村里也调解不了。宋小某让宋金某给 5000 元做土地补偿费，宋金某认识到他其实就是空手要钱，于是就找自己的妹夫借钱，给了宋小某 4000 元。

村民宋金某虽然姓宋，但并不是土生土长的 S 村人，而是由养父宋长某从外村抱来，寄养在自己名下。宋金某的养父宋长某在房卡内德高望重，受到村民的广泛拥戴，而且还曾是自然村 S 村的村主任。宋金某不是血缘意义上的 S 族人，但是依靠其养父的庇护，宋金某也是祖荫下的一分子，在 S 村内几乎与天然的 S 村人一样，共拜一个祖先，共上一个族谱。然而，其养父母的先后去世使得宋金某不再能享受庇佑，于是，S 村的外卡人便来找宋金某的麻烦。上述纠纷显然并非民间法与国家法之间的冲突或是“土地规则之间的竞争”[①]，而是发生于熟人社会内部的对生活利益的公然侵犯。在村庄语境内，宋金某显然早已通过符合乡土惯习的方式完成了土地的调整，而宋小某的行为也显然违背了村庄社会规范，其行为实质上是利用国家法律来谋取私利。宋金某找不到有效的化解纠纷的途径，只好花钱买平安。可是好景不长，最后自己人也欺负到头上来：

① 张静：《土地使用规则的不确定——一个解释框架》，《中国社会科学》2003 年第 1 期。

2012年9月，宋金某觉得家事不兴，便请风水先生来看家宅风水，风水先生看过后觉得应该将门前的晒谷场围起来，不然家里守不住财。他家门前的晒谷场原本是集体时代村里供生产小队晒稻谷之用，一直由小卡里的人共同使用。分田到户后，村里将面积仅40余平方米的晒谷场分给同卡的9户人家(50多人)，后因晒谷场面积过小轮流使用不便而且卡里不少农户都另外修建了自己的晒谷场，宋金某门前的晒谷场便成为自己家门前的围场，但由于一卡人对这个围场都有份，所以在准备将围场用水泥墙围起来前，宋金某专门请村民来家里吃饭，以完成对门前围场的实际占有，当时在场的宋华某没有表示异议。宋金某知道宋华某惯于出尔反尔，便专门去宋华某家送过一条香烟和一袋芝麻以确定土地的归属。后来，宋金某花了8000元将晒谷场围了起来，可谁知没过几天，宋华某便过来说自己对晒谷场有份，不能给宋金某建围场，宋华某还表示，宋金某如果要建就需按当初分地时的份额给自己几万块钱，不然就会把宋金某建好的围场拆掉。当时村里人都指责宋华某，但宋华某表示只给宋金某两条出路，一是找政府来解决，二是让宋华某自己拆掉，而且还要向宋华某倒贴劳务费。2013年1月，宋华某继续让宋金某赔钱，并发出狠话，说不赔钱就直接将其围墙拆掉。宋金某的妻子说自己现在整晚失眠，总害怕自己家的房子有天突然塌下来。

这里显然只是对纠纷事件中的表层信息和利益冲突过程的概略式介绍，上述两起纠纷实际上都是村庄中的边缘人对村民生活利益的直接侵犯，考虑到这种纠纷更多的是一种侵犯而不是侵害，本章将其指称为侵犯性纠纷。在我们调研期间，宋华某并不在村中，房卡内的头人、村民小组长和村干部对这起纠纷的解决均爱莫能助。

需要说明的是，近20年来，随着乡村社会开始加速变迁，城市经济高度发展所带动的农村劳动力就业使得村庄常住人口总量大幅度减少，同时在农村人口频繁流动的作用下，开始深入村庄的城市文明，成为催化村落共同体瓦解的重要外力因素。相比全国大多数农村而言，S 村社会依然具有较好的村庄共同体形态，在村庄社会结构和秩序机制特征上也更接近传统时期的中国农村；不过，选择 S 村乡土纠纷进行分析的一个重要原因还在于，S 村社会变迁的过程形态更具有历史时期脉络中的对比性。正是因为传统权威与现代秩序、国家力量与社会权力之间的相互交织在 S 村的法律生活中得到了鲜活的体现，文中的侵犯性纠纷案例便具备了充分的乡土经验复杂性和理论解释空间。

三、内生秩序原理与乡土纠纷的微观机制

(一)从“差序格局”到差序均衡

在乡村社会快速变迁的当下，村庄中的“差序格局”对于理解和分析纠纷的解决依然具有较强的解释力，村干部通过对自己人的“举例说明”，在村庄的纠纷调解中还原一种自己人的社会情境，便可利用村庄内部人与人之间的差等序列来强调各自的义务，以此来恢复村庄内部的秩序。[①] 纠纷主体则通过主动建构并利用作为符号的自己人，以实现自己的纠纷利益。[②]

费孝通先生的“差序格局”虽然将传统中国村庄的社会结构精妙地表达了出来，即“我们的格局不是一捆一捆扎清楚的柴，而是好像把一块石头丢在水面上所发生的一圈圈推出去的波纹。每个人都是他社会影响所推出去的圈子的中心。被圈子的波纹所推及的就发生联

---

① 杨华：《自己人的调解——从农村纠纷调解过程中的“举例说明”谈起》，《中国农业大学学报(社会科学版)》2009 年第 2 期。

② 陈柏峰：《村落纠纷中的“外人”》，《社会》2006 年第 4 期。

系。每个人在某一时间某一地点所动用的圈子是不一定相同的”。[①]但“差序格局”却无法有效解释同一“圈子”内的村民之间的社会关系的构成机制和同一“圈子”或同一村庄内人与人之间具体关系的变化对社会结构的影响。也就是说，费孝通虽然看到了乡村社会结构的差序性，但却没有对差序格局中个体所处的关系结构进行进一步的发掘，被费孝通所忽视的是同心圆“圈子”中及各个“圈子”之间的社会关系的均衡性问题。

60多年前，林耀华先生在《金翼：中国家族制度的社会学研究》中曾指出：“我们日常交往的圈子就像是一个由用有弹性的橡皮带紧紧连在一起的竹竿构成的网，这个网精心保持着平衡。拼命拉断一根橡皮筋，整个网就散了。每一根紧紧连在一起的竹竿就是我们生活中所交往的一个人，如抽出一根竹竿，我们就会痛苦地跌倒，整个网便立即松弛。”[②]如果说费孝通先生的“差序格局”注重的是村庄社会中以己为中心的人与人之间的差序性，每个人均在这个差等有序的关系结构中为人处世，村庄纠纷的解决也受制于这个社会关系网络，进而以此为基础来形成一种纠纷解决的处理原则，即纠纷的解决更多的是利用差序格局以实现道德教化之后的礼治秩序，那么林耀华先生则看到了村庄内社会关系的均衡性，即村庄内生秩序的发生不仅仅是因为村庄内部每个人之间的差等有序，而是人与人之间所保持着的结构性微观均衡，这种关系上的均衡在村庄社会的差序格局中便在总体上形成了村庄社会关系的差序均衡形态。

一旦个人所处的关系结构发生变动，自己在原先的差序格局中的社会地位也必然会发生相应的改变，有可能原先的自己人情境便难以

① 费孝通：《乡土中国》，江苏文艺出版社2007年版，第27页。
② 林耀华：《金翼：中国家族制度的社会学研究》，庄孔韶、林宗成译，生活·读书·新知三联书店2008年版，第2页。

快速恢复而使得纠纷无法有效解决。也许更为根本的是，正是个人关系结构的变动构成了纠纷发生的微观动因。如果说费孝通刻画出了乡土社会的结构性静态特征，那么林耀华则对乡土社会进行了更富经验性的动态解析。正是村庄内部社会关系结构的差序性和均衡性才使得村庄社会秩序成为一种可能，村庄的内生权威也由此产生，村庄社会关系结构的差序均衡不仅可以成为理解传统乡村内生秩序的社会原理，也可以成为理解当代中国村庄内生秩序的理想参照类型。因此，在理解当下村庄的社会秩序与纠纷事实时，不仅需要考虑村庄社会结构上的差序性，而且需要认真对待社会结构中社会关系的均衡性。

（二）嫁接血缘的祖荫庇佑

在血缘关联浓厚的S村，享有S氏一族的血缘显得尤为重要，毫无血缘关联的村民便会沦为村落中的外人。S村内的杂姓村民在村庄内地位低下，他们不得不处处小心谨慎，尽管如此也还会受到欺负和排挤：

黄大某是还在襁褓中时随母改嫁入村的，但是黄大某却并未改姓，后来继父与自己的母亲又生了两个儿子，虽然同为一家人，但是黄大某和自己的异姓兄弟之间却有外人与自己人的天壤之别。黄大某从小的生活便要看人脸色行事，平时小心行事、忍气吞声，从来都不敢得罪他人，就连现已25岁的儿子也说自己是被S族的孩子欺负着长大的。黄大某在S村结婚后一直没有建新房，2008年，准备盖新房的黄大某在建房之前特意向村委会提出了关于宅基地的申请，交完700元的土地管理费后又到县土地管理局反映，说自己没有房子住，在得到土地使用证后，黄大某还请镇里的土地管理所来丈量土地。但是，在房子建到一半的时候，位居自己新房之后的宋长某便说黄大某家的位置对自己祖宅的风水有影响，硬是不让黄大某建房，并向土管所举报以制止黄大某的建房行为。

自己人之间的标准并非生硬的社会规范，而是后天建构的结果，费孝通先生曾指出，成为村子里的人的标准在于土地和婚姻，只有在村子里有土地并且进入村庄的亲属网络中来，才可算是在村庄里扎下根。① 在地缘关联主导型村庄，村落中的“外人”往往是后天进入村庄或通过购买房屋和土地进入村民的外地人；而在S村，即使是如黄大某这种依靠上一辈的婚姻关联在村子内从小长大并获得自己的婚姻关联的村民也是事实上的“外人”。

宋金某的人生际遇要比黄大某好得多，宋金某不仅改了姓氏入了S氏族谱，而且因为养父在村庄内部的地位和威望，宋金某可以在寄养嫁接血缘的意义上成为S村内的自己人。宋金某的养父是S村的老村主任，是村庄里典型的长老式人物，在宗族文化根深蒂固的S村，宋金某便可享受祖荫的庇护。② 长老式人物往往成为房卡内部的治理性力量，其对村庄的社会结构平衡便起了至为关键的作用。宋金某养父在世时，老村主任对村庄的边缘群体构成了强大的压制力量，因而宋华某至多是在村庄生活中蛮横无理而不会敢于直接侵犯村民的权益。宋金某养父在村庄社会关系结构的差序均衡中具有双重意义：宋金某养父是村庄社会关系的结构性均衡力量，他在“公”的意义上构成了村庄内生秩序的维系性力量；同时，宋金某养父则构成了血缘关系“差序格局”中的关键一环，是宋金某个体所处的人际关系均衡网络中的“竹竿”。

正因如此，在人际关系上兼具差序性与均衡性的宋金某在S村才能够以“自己人”自居并积极地参与村庄和宗族中的公共事务。宋金

① 费孝通：《乡土中国》，江苏文艺出版社2007年版，第78页。

② 许烺光：《祖荫下：中国乡村的亲属，人格与社会流动》，台北南天书局2001年版，第205—211页。

某不仅从小便参与房卡内的人情互动，成为事实上的S氏房卡一员，而且在房卡内男性村民的支持下逐渐成长为新的房卡头人。宋金某依靠养父的宗亲血缘不仅处于村庄社会的“差序格局”之中，与S村的血缘脉络直接连接起来，而且在S村的人际关系中始终能够处于一种均衡的结构位置。就在纠纷发生之前不久，宋金某刚刚成为房卡里的“管局”并帮助自己人顺利地完成了两次乔迁之喜的操办。[①] 但是，宋金某毕竟不是真正意义上的S村人，宋金某之所以能够在房卡内获得极高的威望，养父的时刻庇护及其依靠嫁接性血缘获得的社会身份合法性是最为重要的基础。

（三）内生秩序裂缝与纠纷生成微观机制

在上文所述的纠纷中，一个关键的社会事实是宋金某养父母的双双离世。宋小某在与宋金某的争吵中经常提及的一句话便是“以前是以前，现在是现在”，其中暗指的便是宋金某从此没有了养父母的庇护，即使S村的村民一如既往地支持宋金某，但村庄或房卡内的边缘人物却敢于直接冲击宋金某的社会位置。养父母的去世使宋金某所依赖的嫁接血缘发生断裂，宋金某之所以先前能够处处享受祖先的庇护，生长于祖荫之下，其实全靠养父在S氏祖先与宋金某个体之间的联结，养父一旦离世，这种嫁接血缘便发生断裂，使得宋金某所处的人际关系均衡遭到巨大的破坏，宋金某便在社会身份上开始脱离原先所处的差序格局，由此，村庄的内生秩序在宋金某所处的社会关系中便出现了一道秩序裂缝。

宋金某养父的存在，对于S村和宋金某本人来说都是关键性的社

---

① S村每个房卡内都有自己固定的负责操办自己人红白喜事的当家人，当地村民称其为“管局”。“管局”不仅统管仪式，而且负责主家红白喜事期间的一切开销，因而成为“管局”的村民必然在深得自己人信任的同时也能享受村庄社会内最大程度上的社会性面子。

会均衡力量。宋金某养父的去世一方面使得S村这个自然村落的内生权威结构发生了变化，使得原本能够压制村庄社会边缘势力的力量有所减弱；一方面则使得宋金某这个依靠嫁接性血缘而获得宗族社会身份的个体自身所处的社会关系结构发生了巨大的变化。在宋金某的社会关系网络中，自己的妻子、儿子、养父、朋友等都是其关系网络中的"竹竿"，这些竹竿在整体上构成了一种均衡的网络。宋金某及其家人都生活在这个网络之中，而依靠养父的血缘关联，宋金某得以在S村这个巨大的关系网络中获得自己的"合法性"社会位置，甚至成为S村的权威式人物。按照林耀华先生的人际关系均衡理论，每一个"竹竿"的抽离都会使这个网络发生巨大的变化，甚至使得整个网络发生解体。宋金某养父无疑是宋金某所处的关系网络中最为重要的一根"竹竿"，这根"竹竿"的意义在于，它构成了关系均衡网络中的差序性，使得宋金某能够在房卡分层、伦理有序的S村宗族网络中找到自己所处的差序位置，正是如此，宋金某才得以获得基本的宗族认同和宗族身份，由此才可能获得一种在S村的存在感，才可能获得自己生活的主体性以及以其为基础的主体安全感。

宋金某养父去世后发生的侵犯性纠纷表明，正是人际关系之间的差序均衡构成了村庄内生秩序的微观机制，S村的人际互动、长幼有别、伦理有序的秩序景象都暗藏着一种以人际关系的差序均衡为基础的社会关系均衡。一旦村庄的社会关系网络中某一根"竹竿"被抽离，就会导致差序均衡的动摇甚至丧失，此时作为社会适应过程的纠纷就有可能出现。

四、边缘人越轨与内生社会控制式微

（一）主流秩序文化与边缘人越轨

传统中国乡村社会秩序的特点是"皇权不下县"。依靠士绅的非正式权力，地方社会的秩序不仅能够得到良好的维系，而且使得基层社会的公共建设得以展开。[①] 村庄中强大的舆论力量和社会控制权威，使得村庄的边缘群体的越轨行为能够得到有效的控制和治理。在新中国成立前的S村，宗族往往成为村庄治理中的主体力量，房卡内的长老具有极大的治理权威，村庄中的个体均服膺于长老权力的统治，村庄中的小辈对老人都十分尊敬，就连平时在一起走路都会长幼有别，年轻人走路需要超过老人如果没有向其说明，则会被宗族处以十分严苛的惩罚。总之，那时的纠纷不仅能够得到良好的调解，而且更重要的还在于，正是地方性秩序的强大和长老权威的存在而使得边缘人的越轨行为难以发生，村庄的日常生活都会受到地方性规范和宗族社会民间法的控制与规训。

新中国成立之后，S族最大的祠堂成为人民公社时期的会堂和电影场，作为治理主体的宗族被国家的现代性力量瓦解。但是，作为治理主体的宗族消解之后，作为治理资源的民间长老权威在村庄的日常治理中则依然发挥着强大的作用。分田到户之后，尽管宗族文化开始复兴，但宗族势力在村庄治理中不再具有体制性位置，村庄的主流文化秩序受到国家权力的有力改造，不过S村的头人在纠纷的调解中却发挥着举足轻重的作用，大多数纠纷都能在房卡内部有效化解。1990年代以来，宗族性村庄开始发生巨大的社会变迁，熟人社会开始成为“半熟人社会”[②]或“无主体熟人社会”[③]，费孝通60多年前所刻画的乡土中国早已成为社会深度转型时期的“新乡土中国”[④]。村庄的社会交往规则也发生了巨大的变化，接触性纠纷减少而侵犯性纠纷大

① 瞿同祖：《清代地方政府》，范忠信、晏锋译，法律出版社2003年版，第282—301页。
② 贺雪峰：《论半熟人社会——理解村委会选举的一个视角》，《政治学研究》2000年第4期。
③ 吴重庆：《无主体熟人社会》，《开放时代》2002年第1期。
④ 贺雪峰：《新乡土中国》（修订版），北京大学出版社2013年版。

量增加[①]。村庄内部社会控制结构的不断松动为村庄边缘人的成长提供了社会空间，这些边缘人开始不断在村庄中做出越轨行为。

宋金某的养父2009年去世，宋金某2012年修建房前的围场实际上得到了S村村民的共同认可。也就是说，宋金某所处的人际关系结构的失衡并没有使其面临一种彻底意义上的生存危机。毕竟宋金某在S村生活了30多年，平时积极为村民做事，在2012年还成了S村里的“礼仪”先生。养父的去世虽然使其血缘基础发生动摇，但是宋金某毕竟已经成家立业，也有了S族的后人，所以宋金某在S村已算有了根基。宋金某在纠纷中的遭遇表明，尽管边缘人开始对其进行侵犯，但普通村民还是积极地支持宋金某，宋金某所处的总体秩序环境可算尚好。

从纠纷的控制机制来看，S村内部的边缘群体往往是村庄社会中的弱势群体，宋小某实际上在村庄中毫无社会地位可言，其之所以敢于侵犯宋金某，不仅在于宋金某养父的去世，还在于村庄社会本身已经丧失了对村庄边缘群体的治理权威。宋华某对宋金某的侵犯也是如此，在S村几乎无人与之交往的宋华某对村庄事物毫无话语权，甚至被排斥在人情互动之外，毫无社会地位可言，但是却依然敢于对宋金某进行侵犯。也就是说，宋金某可依附的血缘力量的丧失使得其所处的人际关系格局处于失衡状态，这会直接影响到其自身在村庄社会中的社会位置，但村庄一般意义上的人情、面子及社会舆论等乡土逻辑依然构成了S村日常的社会规范。实际情况是，一般的村民不可能毫无顾忌甚至蛮不讲理地去侵犯宋金某，反倒是积极地支持宋金某作为房卡的公共分子。尽管宋金某遭遇村庄边缘人的越轨行为，但是村庄的主流秩序文化实际上为宋金某的生活秩序裂痕的修复提供了有利的

① 杨华：《纠纷的性质及其变迁原因——村庄交往规则变化的实证研究》，《华中科技大学学报（社会科学版）》2008年第1期。

社会空间。

（二）选择性越轨与内生秩序式微

如果村庄社会的秩序环境真的良好，那么宋金某应该能够有效地维护自己的生活利益和修复自己失衡的社会关系结构。在村庄社会规范更为强有力的S村，社会中的边缘性力量不可能主动对普通村民进行侵犯。不过侵犯行为一旦发生，在村庄内生惩罚性力量丧失合法性的情况下，基于民间权威的调解将无法发挥原有的功效。所以宋金某只能任由宋小某和宋华某欺负自己，村里人看在眼里也毫无办法，村干部对此也只能束手无策。也就是说，村庄社会控制结构的松弛使得主流秩序文化式微而导致边缘力量开始崛起，这些乡土边缘势力的选择性越轨是宋金某这种特殊村落个体所必然遭遇的不可承受之重。宋金某的打算是：

等着宋华某来砸自己家的围墙，这样就可以找派出所进行调解，到时只要对宋华某的土地进行赔偿，就可以使围墙保住也不会受到宋华某的敲诈，以后宋华某也不会再来找自己麻烦了。

从宋金某的无奈语调中，我们感受到了宋金某心中的深层焦虑，原来自己在村庄内生活了30多年，一旦自己的父亲去世，就连村庄里的边缘性人物都可以来欺负自己，而自己却一点办法也没有。在纠纷的解决之中，宋金某的生活利益不断地受到侵犯而毫无解决之道，宋金某处于渴望正义而不得的境况之中。

S村日常生活的秩序机制在于，村民之间的利益摩擦，通过S村头人的讲理明利，便可利用自己人的情境来恢复一种内部秩序，这样地方性规范不仅可以得到维系，也在某种程度上强化了这种地方性规范，而身处其中的个体也会继续按照这种地方性规范展开村庄生活，村庄的社会秩序正是在这种逻辑中得到维系和再生产。也就是说，乡土社会中民间权威的调解实际上是一种对村民的教化而非惩罚。然而，面对村庄的边缘性力量，自己人调解的教化功能现在显然不可能发挥作用。

尽管S村的社会结构开始出现明显的松弛，原有的村落共同体开始慢慢瓦解，但是，S村的边缘性力量无法成长为原子化村庄的狠人或湾霸，更不可能成为控制村庄社会秩序的灰色力量①。宋小某和“赖扫街”宋华某在S村实际上是被嘲笑和讽刺的对象，他们只会进行选择性的越轨，即只可能对宋金某这种人际关系结构出现严重失衡的个体进行侵犯；而一旦宋金某实现了对关系结构裂缝的弥合，使自己在S村处于真正强势的地位，像宋小某、宋华某等边缘性人物可能也不再敢对其进行欺辱和侵犯。

20世纪90年代以来，S村社会变迁不断加速，2000年之后S村的民间权威丧失殆尽，房卡中的头人在纠纷的调解中不再发挥以往的作用，村干部成为S村里几乎唯一能够进行纠纷调解的力量，于是村庄里的纠纷便大量汇集到村级组织和乡镇一级。纠纷的社会控制单位被快速地扩大到村级组织，原本能够进行有效的纠纷控制的房卡不再构成纠纷的控制单位。通过民间权威人物的社会控制手段的消解使得S村的各个房卡出现了权力真空，内生秩序的不断式微使得原本被压制的边缘性力量开始向社会控制区域的中心发起反击。

（三）越轨的反制意涵与乡村治理转型

内生秩序式微为村庄边缘人进行选择性越轨提供了社会空间，但更为根本的原因在于，宋小某等社会边缘群体在日常生活中往往受到更多的社会控制的制裁，因为“社会边缘者的行为更有可能从一开始

① 陈柏峰：《乡村江湖：两湖平原“混混”研究》，中国政法大学出版社2011年版，第98—134页。

就被界定为犯罪或违法”[①]，他们的日常生活行为更有可能被视为越轨，在以往的社会控制模式中，他们可能受到了大量的社会控制甚至是不公正的社会惩罚，“不论什么地方出了差错，那些处于社会生活边缘的人都更可能受到指责。总之，他们的行为更有可能被界定为不轨，他们不论干什么都更严重”。[②] 因此在原有的社会控制体系松动之后，边缘群体开始向所谓的正义体系发起一种社会性反判。

宋华某60多岁，一辈子在村里就没做好事，大家都叫他“赖扫街”，他蛮不讲理，整日泼皮耍横。宋金某的父亲在世时就很瞧不起宋华某，以前宋金某父亲曾将村里的鱼塘让别人做房子而没有给宋华某，这点宋华某一直记在心里。2011年，和宋金某一个卡的宋华某找宋金某，想要宋金某在国道旁大概80平方米的耕地上开鱼塘养鱼，宋金某一口回绝，说是留给自己年幼的儿子以后建房子用的。2012年，村里的老管局头人宋定某将管局让给宋金某来做，宋华某就说宋金某是在拍村里头人宋定某的马屁，让宋金某做了村里的“礼仪”先生。

宋华某在村庄社会属于典型的边缘人，具有“刁”与“赖”的行为特征[③]，在村庄不仅毫无名声，而且在争取村庄的各种利益中总会受到村庄主流文化的冲击与打压，宋金某的养父在世时是村庄精英，手中掌握着大量的村庄社会资源的配置权，面对宋华某的生活利益诉求，老村主任不仅不予理睬，甚至反唇相讥。几十年来，宋金某的养父一直是村子里的公共人物，宋华某长年饱受着村庄主流文化的压制，其行为早已被标签化和污名化，连正常的生活利益诉求都会受到

---

① [美]布莱克：《法律的运作行为》，唐越、苏力译，中国政法大学出版社2002年版，第66页。
② [美]布莱克：《法律的运作行为》，唐越、苏力译，中国政法大学出版社2002年版，第72页。
③ 吕德文：《乡村社会的治理》，山东人民出版社2013年版，第71页。

社会资源分配机制的排斥。但是，随着宗族从治理主体到治理资源和治理对象的转变，村庄内部的社会秩序机制也发生了很大的变化，内生型的社会控制机制不断减弱，老村主任的去世实际上标志着 S 村民间权威秩序时代的终结。宋华某在村庄社会生活中一般不会侵犯大多数人的利益，只是其行为往往处于主流村庄文化的边缘。老村主任的去世使得村子内部的内生权威进一步弱化，加之宋金某的父亲生前是村庄内部正义力量的代言人，其父亲生前对宋小某与宋华某等村庄边缘人物进行了更多的社会压制和体制性惩罚。宋华某对宋金某的侵犯实际上是村庄边缘势力向主流秩序符号的某种反制，更何况宋金某现在成为村子里的"礼仪"先生，以后极有可能成长为村庄的权威人物。在宋华某的行为逻辑中，正好利用老村主任的去世来对村庄中的主流人物进行反制和冲击。

在 S 村的社会秩序结构中，民间权威、乡村体制权威与国家的乡村治理无疑都构成了形塑村庄社会控制机制的重要力量。20 世纪 80 年代以来，乡村社会与国家治理发生双重转型，其后果便使得 S 村的社会控制随之发生巨大变化。村庄共同体的日益开放与市场经济因素的不断渗入使得民间权威日益解体以至消失殆尽，乡村体制权威则随着全能主义政治的终结与农业税费的取消而不断式微，而国家对农村政策从汲取型向供给型的总体转变则使得被重塑后的乡村治理结构无法为化解乡村纠纷提供有效的治理资源。

从乡村治理的角度来看，村庄治理的转型成为宋金某所处的纠纷无法有效解决的直接原因。在税费时代，村干部手中掌握着大量的治理资源，村干部遇到类似的纠纷可以通过税费收取的权力来获得调解的权力。税费取消之后，国家与农民之间的关系发生重大改变，国家力量的不断后撤使得村干部不再可能通过国家给予的对村庄资源进行汲取的权力来获得村庄治权。[1] 作为“国家治理体制”的项目制的推行不断重构乡村治理的结构[2]，村级组织的治理重心发生了从在村庄社会中汲取资源到向国家进行资源争取的总体性转移。在纠纷调解中，村干部仅会主动地去处理如宗族械斗、村民打架等综治维稳层面上的事件性纠纷，而这种日常生活中最普通甚至是处于亚纠纷状态的社会冲突则难以进入村级治理的中心。

因此，村庄社会不仅无法为宋金某提供有效的正义供给，反而使其处于焦虑和主体安全感危机之中。如此一来，国家的正义供给就显得尤为重要。从宋金某自身的正义需求来看，国家正义供给对宋金某的首要意义在于，宋金某在自身的关系均衡恢复之前能获得一种确保安全感和权利不受侵犯的制度保证。

五、主体安全感危机与“乡土正义”差序供给

（一）依附性生存与主体安全感危机

在S村，S族是村庄的结构性血缘组织，只有在S族的血缘脉络中才能找到自己的社会位置，也只有在这种结构性的社会位置中才可能获得生存下去的社会资格，才可能在S村社会的差等序列中生活安逸、行动自如，由此才能积极地参与到房卡的公共事务中来，进而获得在村庄社会中的主体安全感。主体安全感是指村庄生活中的个体在村庄日常生活中所能感受到的具有实质意义上的安全感，这种安全感的基础是对村落中“历史感”与“当地感”的获得。“历史感”是指从祖先那里继承下来的村庄社会记忆和村庄生活能够为农民提供个体生命

---

① 贺雪峰：《论乡村治理内卷化——以河南K镇调查为例》，《开放时代》2011年第2期。

② 渠敬东：《项目制：一种新的国家治理体制》，《中国社会科学》2012年第5期。

所必须具备的纵向想象，“当地感”则是指农民在村庄中所获得的主体性。[①] 主体安全感的本质是一种在村落中的生存意义感获得，因为主体安全感关乎生存价值与生命意义，于是成为村民在S村社会中最为重要的生活利益。

对于S村男人而言，只有具备了充足的血缘身份，才算是获得了参与村落社会事务的资格，否则便只可能是村庄中的“外人”，村庄中与宗族有关的一切社会公共活动都不可能有权参加，而且在村庄的一般性事务中也无法享有话语权，甚至在日常的村庄生活中都会受到排斥和欺辱。宋金某所遭遇的纠纷实质上表明其生存结构的依附性特征，这种依附性生存结构不仅使其在日常生活中处处受阻，而且使其很难获得主体安全感。这种事实上的依附性生存状态不仅表现在生存主体的社会行动上，而且表现在生存主体的心理认同和心理结构上。具体来说，这种依附性生存状态包含如下三个方面：

第一，社会身份的依附性获得。在宗族性村庄中生活的外人进入村庄社会的方式主要包括随母入村、过继入村及外迁入村。过继入村的宋金某在S村没有“合法”的血缘基础，因而只能通过嫁接过来的血缘获得基本的生存资格。宋金某虽然获得了S族的认同，但是他从小便知道自己在S村宗族社会关系中的差序位置来源于养父的血缘关联，为了加强自己在S村中的社会身份合法性并克服自己形单影只的生活状态，宋金某从小便在村庄中积极做人，在日常生活中不断地构建自己的人际关系以获得村民的认同。宋金某虽然获得了一种嫁接性的血缘关联，但是自己本质上无法归属于宗族的差序格局之中，因而宋金某便通过自己的社会行动来完成“外人”自己人化的社会过程，以获得自己的差序均衡的社会关系并将自己纳入村庄的社会秩序网络

① 杨华：《隐藏的世界：农村妇女的人生归属与生命意义》，中国政法大学出版社 2011 年版，第 33—34 页。

之中。

第二，依附性生存结构的强化与再生产。S 村中的依附性主体的依附性位置决定了个体位置的不稳定性，为了加强或延续自己的可依附性，他们必须不断强化和生产出新的社会依附网络。宋金某为了扩大自己的可依附性，在少年时代便拜认一位地位较高的村民为干兄，以使自己在村庄内获得更大的生存空间。宋金某的这一做法也使得自己的社会关系更为稳定和多样化，自己的社会位置也能够更加固化，使得自己人的身份色彩更为浓厚。不过这种主动建构出来的社会关系并没有成为他们在日常生活中的有效支持力量，不管社会关系如何建构，都不可能与结构性的宗族血缘关联相抗衡。

第三，主体安全感碎片化。一般而言，村庄中的男性依靠血缘的绵延便天然地获得了在村庄中的主体安全感。宋金某依靠嫁接而来的直系血缘和主动建构而来的宗族血缘关系才被纳入 S 村的集体“历史感”与“当地感”中来，因而可以获得一定的主体安全感。但是，这种主体安全感实际上来源于一种主体的依附性生存结构，一旦这种结构关系失衡，则会引发巨大的安全感震荡，严重的关系失衡甚至会使其主体安全感彻底丧失。所以，处于依附性生存状态的宋金某始终无法获得完整而彻底的主体安全感，这实质上是一种主体安全感的碎片化。

综上所述，S 村的客居主体本质上还是村庄中的外人，他们无法彻底获得村庄的“历史感”与“当地感”，因而只能按照一种栖居的生存状态来展开自己的生命历程。在依附性生存状态中，S 村的客居主体所获得的主体安全感极为脆弱且不具稳定性，其所处的差序均衡状态极易因依附客体的抽离而遭遇结构性关系失衡。以此来看，侵犯纠纷不过是因为宋金某所处的均衡关系网络发生重大变化引发了其依附性生存结构均衡的破坏，村庄中的边缘人物便利用秩序结构的裂缝进行具有反制意涵的选择性越轨，于是直接导致了宋金某主体安全感的危机，而这种危机实质上是纠纷生产出来的社会心理后果。

(二)“差序正义”与正义供给的尴尬

宋金某所遭遇的侵犯性纠纷虽然具有社会关系结构变动所带来的客观性，但是在社会内生秩序良好的村庄，村庄社会的内生权威可以成为维护村民权益、守卫乡土正义的社会控制机制。也就是说，宋金某自身所处的依附性生存结构使其在自身的人际关系失衡之后更容易成为边缘人侵害的对象，但是如果S村的内生秩序尚存，则村庄和宗族房卡内的内生权威可以为宋金某提供基础性的正义供给。然而，村庄内生秩序为村庄个体提供正义供给的地方性规范取决个体在村庄差序格局中的具体位置；宋金某的社会身份本身就具有一定的特殊性，其在村庄差序格局中的位置并不稳定，因而宋金某的生活利益在其人生关系失衡之后往往无法得到有效保障。

宋小某与宋华某对宋金某的公然侵犯，不仅表明村庄内生权威无法为村民在人际关系失衡后提供有效的正义补缺，而且表明村庄正义供给机制本身的差序性：一旦宋金某的人际关系处于失衡无序的状态，其自身不仅极易成为侵害的对象，而且在遭受侵害之后，村庄的正义供给机制无法对其实现有效的权益维护。这种正义供给机制类似一种费孝通意义上的“差序正义”[①]。在S村社会关系的差序格局中，宋金某是一种依附性血缘意义上的自己人，宋小某和宋华某则是天然的自己人。在宋金某养父去世之后，宋金某的社会身份不断去自己人化，随着宋金某在关系结构中位置的变化，作为纠纷调解者的宋定某和村干部与纠纷双方的关系距离发生了一定程度的变化，因而可能在

① 赵旭东:《法律与文化：法律人类学研究与中国经验》，北京大学出版社2011年版，第145—180页。

纠纷的调解中迫于自己人的"社会引力"[①]而对宋小某和宋华某进行某种程度上的偏袒。宋金某找自己人宋定某前来调解，希望民间权威能够帮助自己找回正义，但是宋定某却反过来劝宋金某在修建厨房中暂时停工，宋金某去找村干部，希望村干部能主持公道。

对村干部而言，宋金某受到欺负固然需要由村里来主持公道，但宋金某私自扩大宅基地的行为本身是不符合国家法律规定的，在乡村社会去政治化的背景下，村干部不仅不可能进行依法调解，也无法按照治理的逻辑来进行村庄政治层面的调解[②]。不过，村庄内能够进行调解的房卡头人和村干部与纠纷双方并没有直接的亲属关系，基本上都只是一个房卡里的，在血缘上都出了四服，这样一来，作为调解人的第三方仅仅可能形成一种"冷淡气候下的弱派别性"[③]，即调解人对双方的纠纷置之不理，也不会帮助其中的一方来欺负另一方。

在S村，尽管国家送法下乡20余年，但是国家法律所主张的权利与乡土社会秩序的维系之间并非实现了完全的亲和，在婚姻、田土、宅基地等方面，S村几乎都实践着一种"无需法律的秩序"[④]。宋金某通过土地置换获得宅基地的方式在村庄内普遍盛行；而宋金某通过乡情互动来确认自己的土地产权得到了村庄社会层面的广泛认同。尽管从国家法律的角度看来，宋金某的行为违反了农村土地集体所有制，但是在村庄内部的视角看来，宋金某的行为实际上是一种在"地方性共识"指引下的"地方性规范"的地权实践[⑤]。在宋金某维护自己

---

① [美]布莱克：《正义的纯粹社会学》，徐昕、田璐译，浙江人民出版社2009年版，第124页。

② 贺雪峰：《乡村的去政治化及其后果——关于取消农业税后国家与农民关系的一个初步讨论》，《哈尔滨工业大学学报(社会科学版)》2012年第1期。

③ [美]布莱克：《正义的纯粹社会学》，徐昕、田璐译，浙江人民出版社2009年版，第132页。

④ [美]罗伯特·C.埃里克森：《无需法律的秩序：邻人如何解决纠纷》，苏力译，中国政法大学出版社2003年版。

⑤ 陈柏峰：《地方性共识与农地承包的法律实践》，《中外法学》2008年第2期。

利益的过程中，宋金某不可能直接寻求国家正义，因为他自己的行为本身就不符合国家法律的规定，是国家眼中的违法者。因此，就宋金某而言，寻求权利救济的途径只可能是依靠民间权威和村干部来解决，而民间权威的式微和村干部治权的不足使得宋金某所需要的正义迟迟不能到来。

（三）乡土正义的差序供给困境

从费孝通的“差序格局”出发，赵旭东建构出了一种理解乡村社会正义秩序的理想型概念并称之为“差序正义”，其核心在于村庄社会对涉及正义是非的事件所做的评价的依据，是人与人之间的关系的差等亲疏，这便是村庄中的“差序格局的公平原则”。[①] 宋金某在纠纷的解决过程中所遭遇的“自己人”的疏离便体现了这种乡土中国特有的正义观。但是，本章所要提出的正义供给的差序格局并不直接对等于费孝通意义上的“差序正义”。“差序正义”本质上是费孝通所指的差序格局在村庄社会秩序中的体现，受到人与人之间关系远近的影响，差序格局便成为纠纷解决中的本土资源与社会制度环境。

然而，随着国家治理与乡土社会的双重转型，费孝通所指的乡土中国在理论与经验基础上都与当下中国乡土社会有巨大差异，[②] 乡村社会中的纠纷已经无法依靠民间权威来进行解决，村庄纠纷需要置于“权威多元的场域”之中才能得到更好的解决，[③] 这种多元的权威总体上被进一步的研究划归为“纠纷解决中的双重秩序”。在村庄生活理

① 赵旭东：《法律与文化：法律人类学研究与中国经验》，北京大学出版社 2011 年版，第 166—167 页。

② 陈柏峰、董磊明：《治理论还是法治论——当代中国乡村司法的理论建构》，《法学研究》2010 年第 5 期。

③ 赵旭东：《习俗、权威与纠纷解决的场域——河北一村落的法律人类学考察》，《社会学研究》2001 年第 2 期。

性的指引下，村民往往倾向于通过对纠纷解决路径的选择来实现自己生活利益的最大化，这种生活利益的最大化追求便是当下中国村庄内部独特的“乡土正义”。[①] 乡土正义不仅与司法正义相对应，而且与传统的乡土中国正义观也具有明显的差异。这种中国社会转型时期的乡土正义具有高度的整合性，其正义的内涵往往与村民自身的切身利益直接相关。但是这种分析视角只能看到村庄纠纷解决中内生秩序与外在秩序的互动和交织，身处其中的村民则将两者作为解决自身问题的一种选择性“资源”。[②]

S村的纠纷及其解决困境则表明，乡土纠纷的解决不仅需要考虑具有独特内涵的“乡土正义”和纠纷解决中的“差序正义”与“权威多元”，更需要将纠纷解决的分析指引向村庄正义的供给体系。纠纷的解决不仅关涉村庄社会对本土资源的使用和纠纷主体对纠纷解决路径的选择性利用，而且更是关乎正义的供给系统。无论是社会还是国家，都不仅仅是纠纷主体可供选择的解纷资源，而原本就是一种乡土正义供给体系的组成部分。从S村的宋金某在遭受侵犯性行为时所面临的正义供给体系，我们可以将“乡土正义”供给的体系大体分为内生自发型正义供给体系、内生体制型正义供给体系和科层型正义供给体系，其所分别对应的纠纷解决主体是民间权威、村干部和国家机关。民间权威包括房卡头人、管局者、长老人物、理事会骨干等民间人物，村干部主要是指村组现任干部和退休老干部，国家机关则是指乡镇党委政府、司法所、派出所、人民法庭等基层国家机关。如果以纠纷主体为中心，这三个正义供给体系便构成了“乡土正义”供给中的差序格局。

① 栗峥：《乡土纠纷解决的路径选择与正义表达》，《中外法学》2011年第2期。

② 吴艳红、李红琼：《中国农村的纠纷解决：资源与可及性——以湖南一个村落的研究为例》，《中外法学》2007年第3期。

本章的纠纷案例显示，宋金某的依附性生存状态和乡村治理转型中内生社会控制机制的松动，决定了在宋金某的社会关系失衡之后，由于“差序格局公平原则”，“乡土正义”供给差序格局中内生自发型正义供给体系失灵的必然性；而村庄治理的转型中内生体制型正义供给体系的无法作为也难以为宋金某的正义需求提供必要的救济。村庄内生秩序的失控使得宋金某只能寻求国家权力的庇护，但是宋金某在村庄所遭受的侵犯不仅在司法上不可诉，其生活利益无法转化为法权利益，而且宋金某的正义主张和国家的法律原本就具有内在张力，因此，最后依靠国家强制权力的科层型正义供给体系也无法对独特的“乡土正义”提供有效的回应。由此，宋金某便只能承受着具有乡村转型过程中的具有某种必然性的侵犯之痛和难以化解的主体焦虑。

如果说20世纪90年代国家法律的下乡使得乡土社会原有的社会交往规则受到了某种破坏，随着农村社会发生的巨大变迁，村庄社会内部自生的秩序变动也使得先前的社会预期变得难以维系，于是乡村社会内生出了对现代法律的需求。[①] 但是，S村的乡土纠纷及其解决实践则表明，尽管村庄社会内生秩序的式微使得原有的社会控制机制消解殆尽，但仅依靠国家法律并无法有效回应乡村社会的秩序需求，而一种可能的原因在于，乡村社会中的秩序需求具有社会利益层面上过去与现在的重叠和传统与现代的交织，单纯的现代法律资源在乡村社会秩序供给中总是会遭遇“最后一公里”的困境[②]。

显然，乡土正义本身的整合性使得当代中国农村社会的正义供给面临巨大挑战：随着农村社会秩序紊乱的加剧，大量的社会利益冲突涌现出来，而这种利益冲突并无法转化为现代法律系统所擅长应对的

① 陈柏峰:《乡村司法》，陕西人民出版社2012年版，第168—191页。

② “最后一公里”指的是乡村水利供给中农业水利资源与千家万户小农对接的问题，这里用于比喻国家的法律资源下乡难或下乡无效的问题。参见贺雪峰、罗兴佐等《中国农田水利调查——以湖北沙洋县为例》，山东人民出版社2012年版。

普世的权利裁判命题，现代乡土正义的差序供给的理想类型也许能使不同的利益纷争在不同的供给体系中得到化解，但S村社会纠纷在正义供给体系中的遭遇表明，中国农村社会当下最为显要的法制问题或法制形态特征并不在于现代法制对乡土社会的破坏或乡土社会与国家法律的内生性亲和，而在于对现代秩序(很大程度上并不一定是法律秩序)具有强大需求背景下的乡土社会与国家法律体系之间的系统张力。

六、“社会—法律”系统张力与纠纷主体的能动整合

在法律的实践过程中，法律系统往往对纠纷事实进行法治化的转化[①]，或是进行法律文本的虚假叙事[②]，通过这种“模糊的法律产品”的生产[③]，被裁剪出来的法律事实不断地为法律的成长提供力量的积蓄和话语的合法性。然而，如果将法律作为一种为普通村民提供正义以维系乡村秩序的社会控制方式来看，法律系统必然需要认真对待纠纷事实以及制造纠纷的结构性索引事实，因为这不仅关乎现代法律正义所看重的高度格式化的“是”与“非”，而且更加关乎普通村民非格式化的生活利益以及以此为基础的“乡土正义”需求。由于乡土正义中所关涉的乡土利益与国家法所支撑的法律权利存在着结构性的对接困境，法律系统的无奈在于其所能提供的正义产品与乡土正义需求之间可能存在的格格不入，这种现状实际上是乡土社会结构与法律系统之间的系统张力。吉登斯认为，“对特定抽象系统的信任或不信任的

---

① 苏力:《送法下乡——中国基层司法制度研究》，中国政法大学出版社2000年版，第207—208页。

② 赵晓力:《关系/事件、行动策略和法律的叙事——对一起“依法收贷案”的分析》，王铭铭、王斯福主编:《乡土社会的秩序、公正与权威》，中国政法大学出版社1997年版，第537页。

③ 杨柳:《模糊的法律产品》，《北大法律评论》(第2卷第1辑)，法律出版社1999年版，第208—225页。

态度，很容易受到在抽象体系入口处的经验的强烈影响，……在交汇口的糟糕经验可能会导向某种听天由命式的玩世不恭，或者，只要有可能，就脱离某个抽象体系”。[①] 在本章的纠纷案例中，作为基层法律系统接点的派出所便成为村庄社会最终有可能与法律系统对接的一个模糊的“抽象体系入口处”。

乡土正义的维系与救济需要社会权力、村庄体制权力与国家权力系统不同层级的有力保障，但问题在于，村庄正义供给体系式微后，村民以追求生活利益为核心的权利救济之路往往无法走向法律之门。正因为那法律的门槛，宋金某才最后指望利用宋华某对自己围墙的拆除来寻找纠纷解决之道：

现在只好等着宋华某来砸自己家的围墙，这样就能让派出所介入，政府应该是讲道理的，让政府来评理，政府说给多少钱就给多少钱，到时大不了和他签个协议，这样围场最后就能保住了，以后自己儿子也不会有麻烦了。

宋金某认为只要宋华某砸了围墙，在当下基层治安110制度的运作下和警务督察的压力下，派出所民警一定会下乡办案。然而，国家所秉持的法定权利正义与宋金某所需要的“乡土正义”之间本质上存在着某种难以调和的隔阂。尽管宋金某并不指望派出所的调解能够为自己的权益提供保障，而是期望国家的调解能够帮助自己通过支付合法土地费用的方式来确保对村庄边缘力量的暂时控制。但问题在于，宋华某如果拆除围墙，派出所也只可能在自己的执法权限范围内就事论事，而不太可能对纠纷的具体问题进行实质性的解决，这种在缺乏村庄内生正义供给体系辅助之下的调解最终可能会流于“表象”。[②]

也许身处纠纷中的宋金某意识到了这一点，所以他并不指望派出

① [英]吉登斯：《现代性的后果》，田禾译，译林出版社2011年版，第79页。
② 栗峥：《转型社会中乡土纠纷的变迁》，《学习与探索》2012年第12期。

所能够为自己“维权”，而是寄希望于在宋华某砸掉自己的围墙后通过缴纳一定的罚款来确保自己能够继续使用门前的土地。在宋金某所处的纠纷事实中，不论是找民间权威、村干部调解还是向国家寻求救济，都已不是简单的纠纷解决的路径选择问题，更重要的是，宋金某的策略行为包含着对国家正义供给体系与乡土正义需求张力的某种整合。值得注意的是，宋金某的能动行为实际上可以视为一种中国人的生存式智慧和“日常计谋”①，这种日常计谋在乡土权利救济或社会利益争取中往往发挥着巨大的功用，可惜这一点在既有的乡土纠纷研究中并没有得到足够的重视。宋金某的谋略表现为对国家法律系统资源的改造性利用，他并不指望基层治安机关能够解决纠纷，而是希望通过这样的方式来维护自己的社会利益。实际上，宋金某的这种谋略并非“弱者的武器”②，而是具有中国本土色彩的社会“维权”行动。因此，在法律系统与社会的交界之处往往存在着广阔的张力域，身处这种张力域之中的纠纷主体实际上也能动地参与到“社会—法律”系统张力的整合中来。宋金某在S村的生活预期长远，其在纠纷处理中所考虑的远非当下的现实利益。对于宋金某而言，保住围墙不仅有关家财风水，更关乎自己子孙血脉绵延中的长久利益，正因如此，宋金某才在纠纷的解决中积极寻求救济的途径。从某种意义上讲，能够保住围墙也有利于防止更多的边缘人对自己进行侵犯。

七、迈向纠纷本体论的乡土纠纷法律社会学研究

从社会理论常人方法学的认识视角出发，本章展现出乡土社会是

① 这种认识受到了本土社会心理学的启发，这里并非在社会心理学的范畴内对“谋略”进行理解和使用。参见翟学伟《关系与谋略：中国人的日常计谋》，《社会学研究》2014 年第 1 期。

② ［美］斯科特：《弱者的武器》，郑广怀等译，译林出版社 2007 年版，第 35 页。

如何逐渐与法律系统接近并最终发生关联的。本章通过一个宗族性村落的侵犯纠纷个案的呈现，揭示出侵犯性纠纷索引事实的社会构成：侵犯客体的个体关系结构的均衡性、侵犯主体的边缘性位置和村庄社会控制机制的有效性。个体关系结构的均衡使得宗族性村落中的客居者能够依靠血缘关联的嫁接和依附性生存结构的再生产而获得一定的社会身份合法性；但这种均衡的关系结构本身极为短暂和脆弱，一旦关系结构失衡，而村庄的正义供给机制无法对其关系的恢复进行有效的正义供给，那么村落边缘群体不轨行为的兴起，不仅会使村庄客居者遭受侵犯，而且会使其遭遇深刻的主体安全感危机。即使国家从村庄外部输入正义，至多也只能保障其财产权利不受侵犯，而其主体安全感的重新获得则依赖于村落正义的恢复和个体对关系结构失衡后的有效弥补。

对纠纷索引事实进行分析的目的并不在于对纠纷事实及前因后果的无限回溯和延伸，而是希望通过对纠纷事实内在生成机制的探究来为纠纷解决和社会控制机制研究做好铺垫，以往纠纷解决研究的局限性可能来源于对纠纷本体的忽视，因此关于纠纷的诸多研究应该立足于一种对纠纷索引事实的认识，而这种以纠纷事实及其解决实践为对象的法律研究领域可以被称之为乡土纠纷研究中的本体论。纠纷本体论不仅包含了纠纷发生之时的运作逻辑，而且重点在于讨论纠纷生成的社会结构事实，使得纠纷事实与村庄的“时—空”关系能够有效地关联起来，[①] 从而使得纠纷事实所涉及的时间、结构与空间能尽可能地在村庄语境中得到完整的呈现，进而通过纠纷索引事实的探究来实现一种对纠纷的真正理解。尽管纠纷本体论所注重的是纠纷事实，但纠纷的本体论研究实际上最后将纠纷的分析指向了村庄社会秩序机制

① [英]吉登斯：《历史唯物主义的当代批判：权力、财产与国家》，郭忠华译，上海译文出版社2010年版，第28—33页。

与村庄社会变迁、国家治理转型与正义供给机制、纠纷主体的策略行为的能动性等法律社会学理论问题。当然，随着乡土社会的加速变迁，乡土纠纷经验的复杂程度远远大于本章的理论呈现，加强对纠纷本体的深度理解，在村庄社会变迁、国家治理转型的基础上来理解处于法律系统与乡土社会张力域的村民的日常生活、社会行为，是一条进行乡土纠纷的法律社会学研究的可取路径。

第九章

乡土正义的法治困境

一、乡土正义：一个学理命题

乡土正义所主张的是乡土社会中以社会关系网络、生存结构为基础的本土利益，这种利益具有在地化、模糊化、非标准化的特征。[①]在“乡土中国”的理想型中，乡土正义被表达为“差序格局”，即在“生于斯、长于斯”的乡土社会中，人与人之间并不存在绝对的利益张力，社会秩序单元按照伦理、人情、脸面、势力结构来运作。[②] 村庄社会的秩序机制是“熟人社会”，人们按照以“人情”规范为核心的“乡土逻辑”生产、生活并解决纠纷。[③]

乡土正义代表村庄社会关系网络和生存结构中各种特定利益的集合，人情法则、脸面机制、乡土权威构成了配置、平衡这些特定利益的社会控制机制。这里的特定利益并非与司法正义中所主张的法律权利相互抵牾，只是在村庄社会语境中，这些利益具有乡土特点，利益的获取、主张都不是按照现代规则来运作；相反，有时吃亏也并非现

① 栗峥：《乡土正义：鲁南周村的纠纷解决》，《法制与社会发展》2010 年第 1 期。
② 费孝通：《乡土中国》，江苏文艺出版社 2007 年版，第 27 页。
③ 陈柏峰：《熟人社会：村庄秩序机制的理想型探究》，《社会》2011 年第 1 期。

代法律意义上的遭受侵害。此外，即便涉及村庄利益冲突，由于社会交往密度较高，利益早已模糊化，只要不触犯底线，利益相关者都能够以容忍的方式来确保乡村秩序。

社会转型期的乡土正义具有复杂的秩序背景。电影《秋菊打官司》中秋菊不断讨要的“说法”，成为乡土正义最质朴的表达，“秋菊的困惑”成为正式法律制度干预下乡土正义供给困境的代名词。[①] 可是，乡土社会的日益陌生化早已伴随着激烈的社会秩序变动[②]，乡村法律实践展示出，乡村社会内部的正义观多元且相互角力，不同规则、价值之间的竞争，乡村社会和现代法律之间日益亲和。[③] 面临现实生活中生存结构和双重利益的村民，不再是对法律不知所云的“秋菊”，而是成为了解现代司法运作的现代公民，他们懂得根据自己的生活利益去“利用法律”（playing with the law）。[④] 同时，乡村社会开始出现公民权利的代理人，成为“迎法入乡”与“接近正义”的中介，农民开始追逐法律。[⑤]

乡土正义的语境复杂性在于，不同正义体系之间的交织、割据与共生，纠纷主体纠缠于不同正义体系之中，当日常生活利益遭遇侵犯，村民难以通过国家制度法来主张正义。[⑥] 或许，这种张力并非源于结构性的“规则—价值”体系竞争，亦非法律与社会之间的“系统张力”，而是具有更深层次的社会控制机制层面上的缘由。就此而言，身处纠纷解决场域之中的行动主体，理应获得更多的理论关注。

① 苏力：《法治及其本土资源》，中国政法大学出版社 2004 年版，第 31 页。

② 杨华：《“无主体熟人社会”与乡村巨变》，《读书》2015 年第 4 期。

③ 董磊明、陈柏峰、聂良波：《结构混乱与迎法下乡——河南宋村法律实践的解读》，《中国社会科学》2008 年第 5 期。

④ [美]尤伊克、西尔贝：《法律的公共空间：日常生活中的故事》，陆益龙译，商务印书馆 2005 年版，第 71—72 页。

⑤ 应星：《“迎法入乡”与“接近正义”——对中国乡村“赤脚律师”的个案研究》，《政法论坛》2007 年第 1 期。

⑥ 张剑源：《管辖权竞争与当代中国乡村司法的合法性建构》，《当代法学》2014 年第 4 期。

本章力图论证，即使与司法正义有所区别，乡土正义自身也处于变化之中；乡土正义的嬗变与现代法律系统之间存在紧密关联。其中，乡土纠纷“过程—事件”中多方主体的社会行为及其行为逻辑，演化出乡村社会控制与“官方的正义系统”之间的复杂互动。[①] 同时，乡土正义的嬗变意味着，现代法律规则已经开始嵌入乡土秩序并内化为纠纷事实的结构要件，乡村社会的秩序维系内生出对现代司法的需求。本章以纠纷社会文本中的秩序结构及其变动为问题意识来源，力图：(1)以纠纷事实及其解决过程——不一定是司法过程——为基础，提炼“乡土正义”的经验命题；(2)展示并分析与乡土正义相关的社会治理法治化问题；(3)揭示乡土正义嬗变的社会构成；(4)从乡村社会控制机制变动的角度，解释乡土正义的嬗变过程；(5)在此基础上，对乡村秩序的主导理论给予讨论和回应。

就研究方法而言，本章是法律经验研究机制分析方法的一次尝试，试图在纠纷事实、乡村社会控制机制和基层行政系统等诸多经验环节中建立乡土正义的意涵、嬗变与乡土正义系统之间的因果链条。在具体解释方法上，本章对纠纷事实中的社会行动者和基层社会的“秩序—治理结构”的假设也都是经验性的而非形式化的[②]。在纠纷社会文本的展开中，本章借用人类学中“延伸个案”的方法[③]，以使纠纷事实及其解决的经验片段丰富和完整。对纠纷事实的重视，源于纠纷解决研究的“过程分析”理论。这种理论认为，由于纠纷解决的制度研究“把注意力集中在给社会相互作用过程以方向性并将其定型化

---

① Michelson. Ethan. *Climbing the Dispute Pagoda: Grievances and Appeals to the Official Justice System in Rural China*. American Sociological Review, 2007(3).

② 赵鼎新：《社会与政治运动讲义(第2版)》，社会科学文献出版社2012年版，第14—17页。

③ 朱晓阳：《小村故事：罪过与惩罚(1931—1997)》，法律出版社2010年版，第36—45页。

的种种规范、制度及其抽象化上，结果往往容易忽略现实中使这些规范、制度运作的个人”，因而需要“把焦点对准纠纷过程中的个人，把规定着他们行动的种种具体因素仔细地剖析出来”。[①] 在经验捕获过程中，本章以纠纷社会文本为中心，将社会学调研方法的触角伸至村庄纠纷史、乡村治理机制、村庄社会权力结构、乡镇治理等诸多方面。

二、纠纷社会文本中的乡土正义经纬

(一)纠纷社会文本及其展开

这里首先提供两个在我国中部某省农村采集到的纠纷社会文本。在严格的司法研究看来，这两起社会纠纷类似“纠纷金字塔理论”所描述的处于纠纷解决层级最低端的日常纠纷[②]；但就本章的行文重心而言，日常生活中的“社会冤情”却具有重要的理论意义。以下是其中一起乡村纠纷的事实概述：[③]

2015年某日清晨，村民王贵某正在放养羊群，其中的两只小羊仔跑到村民“青愣”家的花生地里。当时花生已经基本收割完毕，小羊仔吃了“青愣”地里的几斤花生。“青愣”发现后，当着王贵某的面对小羊拳打脚踢，将小羊的头捏在手里相互对撞，最终将小羊打死。紧接着，“青愣”便开始殴打王贵某，并破口大骂，同时指责王贵某的丈夫胡光某去年没有给其使用堰塘的水。王贵某回来后非常生气，

---

① [日]棚濑孝雄：《纠纷的解决与审判制度》，王亚新译，中国政法大学出版社2002年版，第5页。

② Felstiner, William L. F., R. L. Abel & Austin Sarat. *The Emergence and Transformation of Disputes: Naming, Blaming, Caliming.* Law and Society Review (1980—1981)(3/4).

③ 根据学术规范，按照惯例，本章已对相关人名进行了匿名处理。

但并未对丈夫胡光某讲述自己的遭遇。到了中午，吃过饭后，王贵某对丈夫说："你赶紧睡觉，我要去收花生。"待丈夫睡下，过了几分钟，突然女婿打来电话，说王贵某不久前打来电话，交代了存折和家里的各种事情，担心王贵某心里想不开。胡光某立即起床找妻子，发现妻子在家中的存储室里上吊。王贵某立即被送往医院抢救，最终脱离生命危险。

我们最早接触到这起纠纷是在当地乡镇的派出所，当时胡光某来派出所请求民警给予帮助，但是派出所的所长和干警都表示王贵某的自杀与这起纠纷无关，并建议胡光某向律师咨询或委托熟人打听相关法律规定。根据胡光某的回忆，在纠纷发生的当日上午，"青愣"曾过来赔礼道歉，当时胡光某并不知道小羊羔被打死和妻子被打骂的事实，便接受了"青愣"的道歉。王贵某被抢救过来后，依然"气得不行"，觉得"青愣"当着自己的面打死小羊仔并骂人，是莫大的侮辱。经过妻子的一番哭诉，胡光某这才知晓事情的原委。

颇有意味的是，通过对村庄纠纷史的回溯，我们发现了一起与上面这起纠纷十分类似的纠纷：

"青愣"特别喜欢欺负村里的老实人，自己喂的牛经常吃别人家的庄稼，还死不认账。2004 年，"青愣"家喂养的狗咬死了张新某的羊，张新某年纪较大，前去讲理，结果"青愣"死活不承认狗是自己的。为了证明自己没有诬陷"青愣"，张新某在"青愣"家门前"赌咒"，"青愣"不仅不予理睬，反而坐在自家房间里与儿子喝酒聊天。烈日当头，不料张新某突发脑出血身亡。村干部多次调解无果，为了及时解决纠纷，防止门头闹事，村干部请来派出所的民警调解纠纷，"青愣"最终向张新某的家属赔偿了 3000 元。

通过比较发现，这两起相隔十余年的纠纷存在诸多相似之处。对照情况如下表：

发生时间	纠纷名称	延伸事实	实质过错方	纠纷解决主体	受害方地位	调解策略	调解结果
2004 年	“狗咬羊案”	张新某意外死亡	“青愣”	村干部、亲戚、熟人、派出所	老实人	威胁、说理、劝和	赔偿 3000 元
2015 年	“羊吃花生案”	王贵某自杀（未遂）	“青愣”	村干部	门头大户	说理	未果

以下从纠纷事实、纠纷解决主体构成、纠纷结果对上述纠纷予以初步比较：

1. 纠纷事实的异同

这两起都是由于牲畜侵害庄稼而引发的纠纷，而且“青愣”都是当事人之一。不同之处在于，“狗咬羊案”中的侵害人“青愣”，是“羊吃花生案”中的受害人；“狗咬羊案”中“青愣”不仅没有承认错误，反而导致受害人的意外死亡，而“羊吃花生案”中的“青愣”在保护自己的庄稼时显然行为过于激烈，违反了牲畜侵害庄稼纠纷解决的乡土规范，不仅构成了对王贵某的侵犯并引发了王贵某的自杀。

2. 受害方社会地位差异悬殊

“狗咬羊案”中，张新某是村里典型的老实人，老实人在熟人社会里向来循规蹈矩，做事低调，遇到不公平的事情，大多忍气吞声。“青愣”明明欺负了自己，却只能采用“赌咒”的方式来主张公道。“羊吃花生案”中，王贵某一家属于村里的门头大户，而且是经济能人，却受了“青愣”的“大气”，差点家破人亡。

3. 纠纷解决主体构成的反差

“狗咬羊案”中，纠纷解决主体呈现出多元化，门头权威、村干部、警察都参与到纠纷解决之中。正是由于纠纷解决资源的丰富，才使得在当时看来颇为困难的纠纷最终得以解决；而“羊吃花生案”中，门头权威没有出面，村干部的调解乏力，派出所依照法律规定无法处理，以至于兄弟多门头强的胡光某只能依靠自己的个人能力去解决纠纷。

4. 纠纷解决结果大相径庭

“狗咬羊案”中，张新某死亡的冤屈得以昭雪，尽管没有获得身体上的惩罚，但“青愣”赔偿给死者家属的3000元钱也许更能解决实际问题；而“羊吃花生案”中，王贵某虽然最终被抢救了过来，但从情理上讲，王贵某因“青愣”而自杀，抢救花费不少，“青愣”却始终没有以实际行动来表示歉意。可以预测，如果胡光某自己咽不下这口气，很可能以暴力的方式解决问题，最终胡光某反而需要因此承担相应的法律责任；如果胡光某选择司法救济，法院可能按照简易程序进行司法调解或判决，这样胡光某不仅无法出气，最后的执行也将是个难题。

在“狗咬羊案”中，“青愣”的行为不仅责任在先，而且在纠纷发生的私下解决过程中不断欺负张新某，以致张新某意外死亡。在村民眼中，就是“青愣”的耍赖将老实的张新某活活气死。按照乡土逻辑，“青愣”的行为和张新某的死亡具有乡土伦理上的因果关联性。在乡村社会的语境中，这无疑是一起疑难纠纷，其疑难之处在于，“青愣”是村庄社会中的边缘人，对于普通人适用的乡村规范在“青愣”身上不起作用，而通过暴力方式将其惩罚，又无法解决问题。“人死比天大”，为了解决纠纷，防止生出更多事端，村干部最终请来了派出所的警察。在这起纠纷解决中，警察并不是以执法者的面貌出现，而是抽象的国家公权力的代表。同时，当时参与纠纷的主体还有门头大户、熟人、亲戚、村组干部。十多年后的今天，“青愣”还是没改掉处处侵犯他人的坏毛病。在“羊吃花生案”中，“青愣”的行为侵害了王贵某的人身、财物和精神，这的确可以根据法律来调解，但是王贵某的利益诉求显然并非如此。

（二）乡土社会秩序的正义经纬

以下将剖析纠纷事实中涉及乡村内生秩序的关键性经验线索，目的在于从纠纷社会文本中提炼出乡村秩序的正义经纬，即关于乡土正义的相关社会规范，以为理解纠纷主体的社会行动提供基础。

1. 牲畜越界问题处置的社会规范

从上述纠纷社会文本来看，两起纠纷的发生均源于牲畜对庄稼的侵害。这种纠纷属于日常生活琐事中的纠纷，一般发现牲畜侵害了自己的庄稼，村民大多不会有过激行为。乡村社会中总是存在一定的容忍度，只要不触犯底线，大家便可相安无事。美国牧民解决牲畜越界纠纷时也大体如此，“邻人之间要合作”构成了这类纠纷化解的主导性规范。① 牲畜侵害庄稼纠纷的主流解决方式是容忍，直接的暴力手段显然很难适用于这类纠纷的解决。从上述纠纷事实可以看出，无论是“青愣”在“狗咬羊案”中置之不理的耍赖行为，还是在“羊吃花生案”中的侵犯行为，均违反了牲畜越界问题处置的社会规范，属于熟人社会中的极端行为。

2. 村庄秩序的强弱法则

在村庄社会中，强弱法则是情、理、法之外的另一种秩序规则。尤其是在北方村庄，门户林立，大户意味着人多、力量大、不可欺；反之，小门小户更加容易受欺负。不过，村庄秩序中的平衡法则是大户不能任意欺负小户，小户则要守规矩不要挑战大户的权威而且需攀附大户。通常，大户小户之间沾亲带故，一番盘根错节之后，强弱关

① ［美］罗伯特·C．埃里克森：《无需法律的秩序：邻人如何解决纠纷》，苏力译，中国政法大学出版社2003年版，第63页。

系也就没那么明显。不过，乡村干部一般都在大户中产生，从大户中成长起来的乡村精英需要在公共层面主持乡土正义，而不能一味偏袒自己人。

费孝通的“差序格局”所指的主要是以传统伦理为基础的以个人为中心向四周差等有序地扩展开的“圈子”。当代中国农村的社会结构的变化在于，传统的公共性规则逐渐被个体居主导地位的新规则所取代，社会分层加剧引起的层级结构嵌入农民的交往体系。“青愣”是村庄社会中的边缘性人物。“青愣”的特殊之处在于其属于不参与村庄社会生活的“绝交户”。“青愣”独门独户，一家父子二人，平时行为怪诞，与村民几乎绝交，不仅不走人情，而且时常干扰他人生产生活甚至侵害他人利益，可谓村中公害。由于“青愣”平时歪头歪脑，总是做出不符合常理的行为，暗中也经常遭到村民们的暴力惩罚。“青愣”在“狗咬羊案”中对责任极力推脱，是典型的欺负老实人的举动，村干部无奈之下只能借助国家权力来恢复乡村秩序。

3. 用水纠纷与社区报复

在“羊吃花生案”中，“青愣”之所以打死小羊并咒骂、殴打王贵某，主要是因为“青愣”和胡光某之间发生过用水纠纷。原来，胡光某承包了“青愣”所在村民小组的两处堰塘养鱼，这两处堰塘高低相连，其中地势较高的堰塘专门用来养鱼，这个堰塘所存储的水需要从地势较低的堰塘里提灌，而地势较低的堰塘不仅用于养鱼还用于农业生产灌溉。在纠纷发生前，“青愣”曾向胡光某提出用水要求并明确表示要用地势高的那口堰，胡光某觉得“青愣”属于无理要求遂未答应，“青愣”便怀恨在心。于是，“青愣”偶然发现王贵某放羊，便抓住小羊羔侵入自己花生地的机会对胡光某进行报复。如此，由牲畜侵害庄稼产生的纠纷中，实际上嵌套着一起农田水利的纷争，发生于牲畜侵害现场的纠纷事实构成了用水纠纷解决的手段。

4. 生活“奔头”与农民因“气”自缢

一个耐人寻味的事实是王贵某的自杀。“气”是“人们在村庄生活中，未能达到期待的常识性正义衡平感觉时，针对相关人和事所生发的一种激烈情感”。[①]王贵某的“气”首先源于“青愣”对小羊羔所采取的残忍处理方式。这种行为具有仪式性，小羊羔在侵犯现场成为王贵某的替身，对小羊羔的攻击就是对自己全家人的无情进攻，因而在村庄语境中，“青愣”的行为构成了侵害程度极高的复仇行为。通过语言和身体上的暴力侵害，“青愣”引发出王贵某正义衡平感的严重缺失。在王贵某看来，作为边缘人的“青愣”居然敢于挑战胡家的地位，“活着憋屈，不如死了有志气”。实际上，“活着憋屈”就是生活没了“奔头”[②]，作为村中大户，受到“青愣”的欺负而无法找回乡土正义，王贵某深刻地体验到生活“奔头”落空的失败感和挫折感。

三、乡土正义命题的展开

现代司法正义讲究“以事实为基础，以法律为准绳”，这种格式化、标准化的规则之治所力图维护的是抽象的规则利益。这种现代司法的理想型被韦伯形象地描述为“法的自动贩卖机”[③]。实际上，现代司法实践远未实现法的形式理性化，正如苏力所分析的，如果纠纷事实本身无法实现社会格式化，那么格式化的基层司法也注定要纠缠于事实与法律之间。[④] 尚未完全格式化的司法实践并无法与乡土正义本

① 陈柏峰：《“气”与村庄生活的互动——皖北李圩村调研》，《开放时代》2007 年第 6 期。

② 刘燕舞：《论“奔头”——理解冀村农民自杀的一个本土概念》，《社会学评论》2014 年第 5 期。

③ [德]韦伯：《法律社会学》，康乐、简惠美译，广西师范大学出版社 2005 年版，第 326 页。

④ 苏力：《送法下乡——中国基层司法制度研究》，中国政法大学出版社 2000 年版，第 215—222 页。

土利益诉求完全对接，乡土正义的供给很大程度上需要在由国家制定法所容纳的社会规范体系中提供保障。“青愣”在“狗咬羊案”中对张新某的置之不理和在“羊吃花生”案中以牲畜侵害庄稼为借口公然发起的极端报复行为，都有违乡土正义；而在这些纠纷中事实上遭受侵害的村民，他们的利益是无法格式化为法律权益的。

结合以上分析，本章暂且将乡土正义界定为以社会强弱关系结构为基础，以“中心—边缘”秩序为底线，以正义衡平感为社会意识形态的地方性正义。乡土正义本质上是建立于人情、面子、势力等本土生活情境之中的微观正义，“是地方性知识的集合形式，是自发的本土文化的伦理道德之凝练”。[①]生活在乡村社会中的个体，因生活琐事发生纠纷在所难免，纠纷解决所遵循的规范并非是非之断，而是在乡土社会关系中自然形成的利益平衡机制。以下将结合纠纷社会文本，展现乡土正义的相关命题。

（一）乡土正义受损的“表达—恢复”机制

乡土正义并非抽象的法律权利正义，“赌咒”和“气”都是一种正义受损的社会表达机制。“赌咒”是一种通过采取对自己利益有损的方式来争取社会正义的方式，而“气”是正义丧失后的心理情感状态，本质上是一种社会情绪。“赌咒”“气”和乡土正义互为表里，其中“气”的发生可能是由于乡土正义的丧失，而乡土正义的恢复则伴随着“气”的消解。作为一种发誓的形式，“赌咒”的最终目的是实现正义心证，而“气”只有得到排解和宣泄，正义才算获得伸张。

由于是对自己利益的伤害，在客观上，张新某的“赌咒”行为一般会带来正义恢复的社会后果，“狗咬羊案”中张新某的死亡属于意

① 栗峥：《村落纠纷中的正义呈现》，《社会科学辑刊》2010 年第 2 期。

外，恰好也是这一点，才更加证明了“青愣”的错误。对于“气”，暴力惩罚具有恢复正义的功能。在本章的纠纷中，乡土正义的找寻需要通过惩罚“青愣”以出气的方式才能实现。按照乡村秩序的一贯逻辑，“青愣”是边缘人，而王贵某一家是大户，“青愣”一般不会挑战大户。如果大户受到了“青愣”的挑战，通常会通过暴力惩罚的方式出气，以获得“常识性的正义衡平感觉”①。这可以视为村庄社会自身的一种秩序平衡机制。也就是说，如果能够将“青愣”暴打一顿，王贵某的“气”也就消了，村庄的强弱法则与“中心—边缘”秩序也得到了维持。

按照传统乡土社会行动的逻辑，“气”是“中国人在人情社会中摆脱生活困境、追求社会尊严和实现道德人格的社会行动的根本促动力”。其中“以忍御气”即相互容忍是主流行为，而“以气立人”即忍无可忍情形下“为承认而斗争”的“活气的逻辑”属于补充行为。② 如果“青愣”也欺负到头上来，以后没法在村里活，“路越活越窄”，这才是王贵某生“气”的根源。王贵某的自杀显然将“青愣”的行为提升到村庄社会的公共舆论平台上，村民自然会将自杀行为和“青愣”的侵害行为结合起来。尽管王贵某的自杀无法为自己伸张正义，但自杀行为实际上就是一种“气”的迸发，在村庄语境中属于“有志气”的表现。无论纠纷解决的结果如何，王贵某都通过对乡村社会中“承认的政治”的追求，为自己的家庭挽回了颜面。

(二)乡土正义观的文化竞合

王贵某知道，如果丈夫动手打人，按照现在的法律，法律责任是逃不了的，“万一打出问题，丈夫甚至有可能被判刑”。进一步，万

① [日]滋贺秀三:《中国法文化的考察》，王亚新译，王亚新、梁治平编《明清时期的民事审判与民间调解》，法律出版社 1998 年版，第 13 页。

② 应星:《“气”与中国乡土本色的社会行动——一项基于民间谚语与传统戏曲的社会学探索》，《社会学研究》2010 年第 5 期。

一丈夫打了人，"'青楞'狠心伺机报复，向鱼塘里下毒，以后家里的经济也毁了"。也就是说，王贵某并非欠缺"基础性知识"的"挑战性法盲"[①]，而是无法使心中的"气"按照常规的方式排泄出来，于是"气得不行"，激动之下，便只好选择自杀。

王贵某的"气"与"自杀"不仅能够从本土社会行为理论中获得解释，还需要放置于社会文化变迁的结构中获得理解。美国社会学家奥格本最早提出"文化堕距"的概念，用以说明社会变迁中社会各部分变化不一致而产生的种种问题。他发现，物质文化与非物质文化发生变迁时，物质文化的变迁更快，于是会产生差距。一般来说，制度首先会发生变迁或变迁的速度稍快，其次是民风民德的变迁，最慢的是价值观念的变迁。[②] 王贵某的自杀行为包含了对生活利益的理性衡量。这可以视之为乡土利益与现代司法规则的文化竞合，乡土纠纷中的这种文化竞合也属于文化堕距的一种形态：乡土正义的独特利益诉求和司法正义规则之间发生激烈冲突，并嵌入纠纷事实的结构之中。

显然，王贵某并非不知国家法律为何，自己的丈夫在知晓纠纷真相后以私暴力惩罚"青愣"而需要担负法律责任的可能性成为她隐匿纠纷事实的主要原因。但是，王贵某无法真正在内心接受"青愣"对自己家庭的侵犯；相反，作为家庭女性成员的王贵某受到了巨大的情感冲击，感觉自己几乎无法在村庄里活下去。摆在王贵某面前的是一种两难选择：如果告诉丈夫，自己的"气"会消除一些，可基于暴力惩罚之上的国家刑事法律规则，丈夫的行为可能会受到法律的制裁，并且全家将遭遇"青愣"新一轮的报复；如果选择隐忍，按照乡村社会的逻辑，自己就只能一直隐忍下去，而对于王贵某而言，村庄生活

① 王康敏：《通过"法盲"的治理》，《北大法律评论(第11卷第1辑)》，北京大学出版社2010年版，第49—50页。

② [美]奥格本：《社会变迁：关于文化和先天的本质》，王晓毅、陈育国译，浙江人民出版社1997年版，第76页。

将变得毫无意义，家庭生活的安全感将很难重新树立，由此而产生的“气”如果无处发泄，王贵某将生不如死。

（三）乡土正义的供给体系

按照乡村司法理论，在乡村法治中承担一定司法功能的组织都大体可纳入乡村司法的范畴，其中大致可分为基层法官的司法和乡村干部的司法。[①] 乡土正义的供给体系主要是指，能够为村民主张乡土利益促进纠纷解决的社会控制层级系统，大体包含内生自发型、内生体制型和科层型三种类型，分别对应的纠纷解决主体是民间权威、村干部和国家机关。

如果恢复乡土正义受损的社会机制无法发挥作用，社会纠纷的解决便依赖乡土正义的供给体系。门头势力是最初级的正义供给体系，一旦门头内或门头之间出现纠纷，门头中的权威人物都能够说得上话。在“狗咬羊案”中，民间权威积极参与其中，为纠纷的顺利解决提供一臂之力。村民之所以服膺于民间权威，一个很重要的原因是村民的日常生活离不开民间权威。民间权威具有文化权力优势，能够不断累积面子和权威。但现在民间权威日益瓦解，门头中有脸面的人物不乐意出面解决纠纷，“原生型权威”的式微使得初级正义供给体系瓦解失效。[②]

村干部的权威很大程度上来源于体制性身份。农业税费时期的村干部能够利用体制性身份解决农业生产的公共品供给问题，村干部和农民之间存在体制性的依赖关系。农业税取消后，村干部开始向公共服务者转型，村干部在村庄社会中的权威开始快速下降，现在已经失

① 陈柏峰、董磊明：《治理论还是法治论——当代中国乡村司法的理论建构》，《法学研究》2010 年第 5 期。

② 董磊明：《宋村的调解：巨变时代的权威与秩序》，法律出版社 2008 年版，第 131—138 页。

去了昔日解决纠纷的能力。乡镇政府也是重要的正义供给体系。广义上的乡镇机关包括司法所、派出所，乡镇干部之所以曾经能够解决纠纷，主要缘于村民对国家权力的敬畏。国家要求乡镇政府依法行政，乡镇政府的纠纷解决开始走向法制化轨道，很难有效回应乡土正义的独特利益诉求。

四、乡土正义嬗变与正义系统的结构转型

（一）乡土正义的嬗变

尽管乡土正义没有司法正义那般可以转译为法律条文，但对于村民来说，乡土正义不仅真实，而且其往往意味着比法律正义更重要的特殊“权利”。本章的纠纷社会文本展示出的实际上是一种处于嬗变阶段的乡土秩序及其中乡土正义的面貌。嬗变中的乡土正义包含两个层面的特征：一是乡土正义具有整合性。乡土利益和现代规则体系下的纠纷利益被共同整合进乡土正义中。从这方面来看，社会转型期的乡土正义本身是一种混合型正义观。二是乡土正义具有现代性。乡土正义的现代性是指在乡土正义的整合结构中，现代规则开始逐步占据主导地位，现代司法正义的规则价值已经融入原有的传统乡土正义的内核之中。不过，乡土正义的现代性并不意味着传统乡土正义观的彻底退场，“羊吃花生案”纠纷中王贵某的行为足以表明，乡土正义中的传统性还较为顽强，乡土利益与司法规则之间的文化竞合也说明了此类问题。只是，随着社会转型的深化，乡土正义中的传统性将逐步被加以改造，直至碎片化地消散在村庄社会的角落地带。乡土正义的复杂结构是深度转型中的乡土社会所展露出来的独有秩序面向，通过对乡土正义的追究，可以获取解读乡村社会秩序变迁的钥匙。乡土正义的嬗变至少包含乡土利益意涵、乡土正义基准和司

法需求三个方面。

1. 乡土利益的权利化

乡土纠纷的事实构成中，乡土利益正在不断权利化。从法律社会学原理来看，秩序与规则所维护的东西就是法利益，乡土利益自然也是一种民间法意义上的法利益。将乡土利益与法律权利对立，是一种国家中心主义法律观的产物。广义地看，乡土利益本身也是一种独特的“权利”。只是，在现代社会，国家制定法占据主导地位，尤其是“送法下乡”的不断深入，民间法已经退到“乡规民约”的地步，几乎再难在大部分村庄发挥重要的秩序维系作用。在乡村社会内部的日常冲突中，侵犯、侵害的说法是容易被理解和接受的。但是社会纠纷经历过国家法律系统后，侵犯和侵害就只被转化为侵权问题。村民想要主张自己的利益，需要经过与侵权有关的法律系统的转译。正是如此，尽管纠纷主体最后“得到的”不一定是最初所“想要的”，但在司法过程中，乡土利益开始不断权利化。胡光某为妻子所主张的只可能是财产受损、人身受损之后的民事赔偿，而不再可能是生存空间压缩、社会地位下降之后本土利益的恢复。

2. 乡土正义基准的混融化

乡土正义的基准在于乡土利益的维护，但社会转型期的乡土正义的结构并不单一，乡土利益的权力化，使得乡土正义的意涵不断混融化。乡土正义混融化并不意味着多种正义观的完全整合，具有传统性的本土正义观和具有现代性的法律正义观共同存在，两种正义观都在乡村中具有经验基础和适用群体，并且在特定的社会冲突中发生竞争甚至出现紧张的交织局面。从社会变迁来看，这种正义混融的特征是情、理与法、利之间的张力导致的，这种独特的状况可以视为乡土利益在乡村秩序层面的竞合。乡土正义的混融而非融贯，使得秩序结构紊乱不堪。村庄社会中的强弱法则和“中心—边缘”秩序具有根本性，边缘人的崛起，对乡村秩序的颠覆效益是巨大的。“羊吃花生案”发生后，村庄舆论一时议论纷纷，村民都觉得要对“青愣”予以严惩，但谁都知道“谁动手谁坐牢”的规矩。自杀行为将这种乡村秩序的变动演化为公共事件，一旦“青愣”最终逍遥“法”外，那么村庄秩序结构的松动将更加严重。旧有规则的打破成为必然，而新规则的建立却非轻而易举。

3. 乡村秩序需求的司法化

乡土正义是一种混合正义，情、理、法、利都被包含其中。一旦乡土利益权利化，乡土正义的基准不断具有现代规则的内涵，乡村秩序需求也开始司法化。秩序需求司法化的状态并非单向度，乡土正义的主张在初始阶段主要以“秋菊的困惑”居多，后来随着乡土秩序的变动，乡土利益逐渐被现代法律权利所俘获。乡村秩序需求司法化是现代法律系统与社会系统相互强化的结果，司法裁判过程同时是生产司法化乡村秩序需求的过程。在现代司法系统那里，与“法”和“利”相关的利益诉求在司法渠道中将被不断放大，而偏向情和理的利益表达将不断被压缩。进一步，从司法系统那里传达出来的信息将通过司法调解、法庭诉讼甚至是具体的基层法律服务和法律文书送达等法律环节传递到乡村社会中，进而重塑乡土社会的秩序观。

（二）乡土正义供给系统的结构转型

乡土嬗变带来的秩序变动需要放置于正义系统的结构转型中理解。乡村秩序的变动导致内生自发型乡土正义供给体系的坍塌，而内生体制型乡土正义供给体系解决纠纷的能力日益萎靡，乡村社会的纠纷开始大量溢出，涌入科层型乡土正义供给环节。科层型乡土正义供给体系不仅需要承接大量社会纠纷，同时需要响应国家的行政规范化、治理法治化要求，最终呈现出乡村内部秩序控制机制瓦解、乡土正义供给乏力的整体格局。在这种宏观结构转型的背景下，乡村纠纷中的特定利益诉求缺乏满足渠道，乡土正义的供给面临特定的无解难题。

1. 乡村“力治”秩序的消解

纠纷社会文本揭示出，乡土正义不仅包含了独特的乡土利益诉求，而且具有复杂的秩序结构基础。在乡村社会，暴力通过宗派或门头势力展现出来，通过比较门头势力的大小，就能够决定自身在村庄中的强弱格局。内生秩序中最为显著的变动是长老权威的式微和村庄“力治”的消解。

在本章的纠纷社会文本中，作为社会边缘人的“青愣”是相对稳定的秩序变量。“社会边缘者的行为更有可能从一开始就被界定为犯罪或违法”，“不论什么地方出了差错，那些处于社会生活边缘的人都更可能受到指责”。[①]“青愣”在村庄中不胜枚举的越轨行为如随口骂人、任由牲畜侵害他人庄稼、在村民的堰塘里洗澡等，一般都会受到暴力的惩罚。按照是否遵循规范和是否被他人视为越轨行为两个维度，越轨行为可分为顺从行为、纯粹越轨、被错判的越轨行为和秘密越轨行为四种类型[②]。在暴力兴盛时期，“青愣”的这种“纯粹越轨”(pure deviant)会遭遇暴力惩罚。作为社会文化的边缘者，时常最先感知到社会秩序的变动，甚至可能成为率先向秩序中心发起冲击的社会行动者。“青愣”的报复行为就是对式微后的门头势力的反击。

随着村庄边界的不断开放，外出务工人口不断增加，农民的经济理性占据主导地位，人口接触密度的降低和门头团结度的减弱，都导致暴力无法构成村庄内生秩序的基础。暴力规则的消解不仅源于内生

① [美]布莱克：《法律的运作行为》，唐越、苏力译，中国政法大学出版社 2002 年版，第 66、72 页。

② [美]贝克尔：《局外人：越轨的社会学研究》，张默雪译，南京大学出版社 2011 年版，第 16—18 页。

秩序基础的变动，而且源于国家权力对乡村暴力的监控和惩罚。在十多年前，乡村社会中斗架派出所一般不予理会。现在只要一动拳头，村民就会报警。派出所的介入使得村民都不再依靠暴力解决问题，村庄社会秩序的文明程度提高了很多。暴力原本是村庄内部的一种秩序维系机制，尤其是对村庄中的边缘人或越轨者具有惩罚功能。现在暴力的社会基础瓦解，国家权力实现了对私人暴力的有效规训。那么，边缘人的越轨行为就很难得到乡土社会控制机制的惩罚。

2. 警察权威在正义供给中的退场

暴力秩序的消解并不一定意味着越轨行为的不受控制。在乡村社会内生秩序变动过程中，警察权威构成了基层纠纷解决系统中的重要环节。派出所的警察权威填补了秩序真空，发挥了重要的社会控制功能。警察权力运作的规范化使得警察参与调解逐步从权威型调解向合意型调解演变，警察调解的范围不断增加。警察调解的法律实践显示，警察调解制度的规范化导致了派出所对乡土纠纷调解能力的下降。在2004年的“狗咬羊案”中，“青愣”的行为属于欺负老实人，村干部为了息事宁人，才请派出所下乡解决纠纷。按照当时的经济水平，3000元是一笔不小的赔偿。这对于“青愣”来说是较大的赔偿，而且张新某属于意外死亡，按照法律规定“青愣”并不需要承担责任。由于当时派出所权威很高，为了实现较好的社会效果，将“青愣”的行为和老人的死亡关联起来，同时村委会和两边的熟人都做思想工作，最终能够使其同意赔偿。

当地乡镇派出所现有5位民警、5位辅警，警力严重不足。警察执法在村庄社会中的重点是乡村治安，解决纠纷只是派出所功能的一部分。[①] 在“羊吃花生案”中，“青愣”故意制造纠纷以报复自己用水不

① 于龙刚:《乡村社会警察执法“合作与冲突”二元格局及其解释》,《环球法律评论》2015年第5期。

得。"青愣"侵犯的对象是村里的门头大户，"青愣"知道现在不能用拳头解决问题，于是才敢于公然挑战权威势力。按理，"青愣"的行为应该受到制裁，但村干部的调解无法解决问题，而派出所严格依法办事，也无法回应警务职责之外的乡土利益诉求。

3. 基层行政调解的科层化

近年来，基层政府的行政不断规范化，不属于直接由乡镇政府管理的专业机构的行政壁垒不断增加，司法所、派出所的职业性开始凸显出来。司法所的规范化建设很早便开始启动。1996 年，司法部出台《关于加强司法所建设的意见》，该《意见》强调"要加强司法所制度化、规范化建设，要指导、帮助司法所逐步建立、健全各项规章制度；建立、健全司法所内部管理运作机制和廉政自律机制，实行司法所人员岗位责任制；要帮助落实司法所经费保障、办公场所及必要的办公设备"。司法所建设的规范化在纠纷解决中着重强调程序规范化，而非解决纠纷能力建设。司法所纠纷解决机制的程式化带来的是社会矛盾大量积压，无力回应乡村社会秩序需求。[①] 2000 年，"两所分离"后，当地的司法所仅有一名由乡镇政府干部兼任的司法助理员，人手严重不足；在纠纷解决中，司法所越来越科层化。

五、结论与讨论

乡土正义是把握乡村社会法律秩序的重要窗口。本章以纠纷社会文本为切入口，着重讨论乡土正义命题及其嬗变背后的社会秩序问题，以下是一个初步的总结与讨论。

① 田先红：《乡镇司法所纠纷解决机制的变化及其原因探析》，《当代法学》2010 年第 5 期。

1. 乡土正义意涵的流变

以费孝通的“乡土中国”理想类型为基础，乡土正义在学理上大多被理解为与现代法律正义相对应的本土利益诉求的集合。苏力早年的法律社会学研究以本土法律资源来反思强大的现代法制建设方案，而对乡土正义的分析主要是反思性的，其解构的主要对象是法律移植主义或法制本本主义。可以说，苏力的研究在不经意间主导了关于乡土正义讨论的问题意识，纠纷解决在国家层面的制度建设取向一直是相关问题争论的焦点，从这个意义上讲，现有的乡村法治秩序研究依然停留在苏力的话语平台之上。本章的研究显示，乡土正义这一概念的经验基础具有流动性，乡土正义的意涵及其经验结构正处于不断变化之中。如果说改革开放初期乡村社会中的本土正义观及其社会规范体系尚具有鲜明的传统面向，而现今的乡土正义已经开始向法律规范体系不断靠近，原有的乡村正义衡平感被不断打破，而正义的恢复机制显然并未建立；在社会秩序结构层面，乡土利益很难通过本土的社会控制机制得以维护，乡村秩序需求整体上已经开始司法化。

2. 农民法律意识的工具主义

基于对法律人类学新整体主义认识论反思视角下的再反思，秉持旧整体主义法律认识论的“结构混乱”所指称的是，“当前乡村社会内部存在两套甚至多套正义观和价值系统，它们互相冲突却能在乡村社会找到存在的基础”。[①]显然，中国农民的法律意识并非从整体上构成现代法制知识体系的对反，农民对待法律知识的态度是暧昧不清的，甚至是高度工具主义的。一旦现代法律规则开始在乡土社会扎下根，“本土情境”的分析进路显然面临说服力和解释力的不足。

然而，与“法律的语言混乱”相类似的是，“结构混乱”对乡村社

---

① 董磊明、陈柏峰、聂良波：《结构混乱与迎法下乡——河南宋村法律实践的解读》，《中国社会科学》2008 年第 5 期。

会秩序的观察视角依然是解读式的，只是相比之下，其对农村法律现象的描述力之所以更深刻，解释力更强，是因为其对农村社会经验的把握是全景式的，其解读视角是"结构—功能主义"的。西方法律人类学理论曾将人的法律意识区分为敬畏法律、利用法律、对抗法律三种类型①。在我国乡土社会的秩序语境中，对待法律的不同态度都可以在不同的利益群体和不同的纠纷解决场景中发生。总体而言，"利用法律"构成了当前中国农民法律意识的主导类型。本章纠纷社会文本中的农民王贵某不仅具备了基本的法律知识，而且能够根据村庄社会结构的变化来预测相关的法律后果和社会后果，进而在纠纷解决中采用相关的策略行为。王贵某的丈夫胡光某在纠纷处理中的态度更加务实，妻子身体、精神以及家庭财产的受损都是次要的，而为了挽救妻子而支出的医疗费才是其最为关心的现实利益。中国农民在纠纷解决中对法律系统的利用实际上充斥着工具理性的面向。

3. 乡土正义供给系统结构的扁平化

在民事纠纷解决的途径选择研究中，当代法律社会学者曾归纳出三种因果关系机制，分别是因特定群体遭遇特定类型纠纷而决定的纠纷解决路径、基于特定的主观合法性认同而产生的纠纷解决路径选择偏好和基于理性选择、有效性计算而形成的纠纷解决选择方案。②

在农民力图接近正义的过程中，法律系统已经并不陌生，尽管大多数民事纠纷主要依靠基层纠纷解决系统来供给正义，但政府部门和人民法院显然也成为农民理性自主选择纠纷解决工具箱中的维权武器之一。就本章深度分析的纠纷社会文本而言，"青愣"的行为尽管涉及社会治安问题，但纠纷事实的主体依然是民事的，动手打

① [美]尤伊克、西尔贝：《法律的公共空间：日常生活中的故事》，陆益龙译，商务印书馆 2005 年版，第 71—72 页。

② Sandefur. Rebecca L. *Access to Civil Justice and Race, Class, and Gender Inequality.* Annual Review of Sociology, 2008(1).

人也很难和暴力犯罪直接挂钩。对于王贵某一家而言，不同纠纷解决系统实际上是平行的，法律系统距离的远近已经不是农村社会纠纷解决需要考虑的主要问题。

对于中国农民而言，“纠纷宝塔理论”所刻画的由下至上的纠纷解决层级结构也就并非是一个需要“攀爬”(Climbing)的实体①，而是一个可以灵活选择而跳跃达至的扁平结构。乡土正义系统是纠纷解决过程中以农民的法律资源选择为主的法律秩序公共品集合体。就本章的分析所及，乡土正义供给系统看似具有层级性，但在农民进行法律资源选择的过程中，正义系统中的部件结构却是扁平化的，农民既可以找村干部调解纠纷，也可以向派出所寻求帮助，也可以综合利用乡镇政府的熟人关系网络来促成纠纷的解决。不过，值得注意的是，乡土正义系统结构的变化及其科层属性的增强，导致了特定乡土利益诉求的无处伸张。这同时说明，对于农民而言，法律资源依然是稀缺的，农民对法律资源的消费能力或者说农民在法律资源配置中所处的不平等位置②，宏观上决定了纠纷主体实行纠纷管理时策略选择的有限性③。

4. 良序乡土社会的法治困境

在传统时期，乡土社会固然是良序的：乡土正义本身蕴含着一套社会规范体系，具有乡村社会范围内的本土公共性，构成了一个良序的村落共同体的基本宪章。只是，社会结构转型所带来的村庄社会的巨变使得原有的乡土正义系统发生了改变，乡土正义嬗变所带来的秩序变动将产生诸多不良社会后果：第一，社会生活预期缩短。村民的

---

① Michelson. Ethan. *Climbing the Dispute Pagoda: Grievances and Appeals to the Official Justice System in Rural China*. American Sociological Review, 2007(3).

② 顾培东：《中国法治进程中的法律资源分享问题》，《中国法学》2008 年第 3 期。

③ 陆益龙：《纠纷管理、多元化解机制与秩序建构》，《人文杂志》2011 年第 6 期。

生活预期的长短是测量乡村秩序结构的基础性社会指标，社会生活预期的缩短将改变村民对生活利益的态度，进而影响到生活行为的选择。第二，部分社会群体利益受损。社会边缘力量对中心秩序的冲击，必然会导致部分社会群体利益无法获得正义保障。随着社会转型期的完成，传统乡土正义体系中的某些特定利益将遭到摒弃，这个过程将成为不可避免的乡土正义嬗变之痛。第三，乡村秩序的波动不安。乡村社会的秩序需求同时具有本土秩序和现代秩序两重性。在秩序变动之时，村庄社会的秩序期待将主要由国家提供的法律规则公共品来补充，但是在“迎法下乡”时代，乡村社会的秩序真空中甚至存在大量的灰色治理地带。一旦乡土秩序兼具本土、现代与灰色多重面向，实际的社会秩序必然更加波动不安。

第四编
村级治理

本编分析村级治理行政化的一系列政治后果及其对乡村治理能力的挑战。

第十章“村级治理的程式化”，以东部某市远郊农村为例，讨论乡村治理体系的行政化转向及其社会基础。乡镇治理事务的公共服务取向与繁杂的公共行政事项对职业村干部群体形成制度性需求，农村社会格式化成为后备干部制度有效运作的社会土壤。农村社会的有效治理，并非仅仅依靠科层制就能实现，基层治理程式化以相应的社会条件和雄厚的公共财政为依托。

第十一章“村级治理行政化的形成”，讨论村级治理能力建构的具体方案。乡村治理主体的自主性受到国家权力的影响，多种存在张力的制度供给使得乡村治理转型没有带来乡村社会公共性的复兴。现代国家更好地造福于民，需不断提高行政村层级的基层治理能力。初步的构想是，通过制度设计形塑乡村基本治理单元的社区福利评估能力、政策释义能力、组织动员能力和利益协调能力，助推乡村治理体系和治理能力现代化。

第十章

村级治理的程式化

村干部职业化是现代国家开展国家政权建设的核心命题。民国时期的“经纪模式”[①]和新中国成立后的兼业化干部模式，均可视为传统时期“乡绅模式”的延续和继承。[②] 在乡村治理论域中，“双重角色”理论结构主义地将村干部放置于现代国家和乡土社会之间，进而将其制度性地表述为“当家人”与“代理人”。以基层治理实践而论，村干部在公共治理中的权威日渐瓦解，村干部在基层治理中的逻辑形态似乎更为复杂。[③] 现有基层治理制度广泛利用目标责任制来强化乡镇政权对村干部的控制，村级组织在形式上开始呈现出官僚化的特征。[④]

城市化背景下，村干部在乡村治理中具有重要作用，相应的基层治理能力制度建设因而首先需要解决“村干部不胜任难题”[⑤]。中西部农村地区的村级治理实践中的村干部大多还是农民，国家通过财政转

---

① [美]杜赞奇：《文化、权力与国家：1900—1942 年的华北农村》，王福明译，江苏人民出版社 2003 年版。

② 费孝通：《中国绅士》，惠海鸣译，中国社会科学出版社 2006 年版。

③ 吴毅：《“双重角色”、“经纪模式”与“守夜人”和“撞钟者”——来自田野的学术札记》，《开放时代》2001 年第 12 期。

④ 欧阳静：《村级组织的官僚化及其逻辑》，《南京农业大学学报(社会科学版)》2010 年第 4 期。

⑤ 申端锋：《治理转型下的村干部不胜任难题——兼论乡绅模式的终结》，《探索与争鸣》2014 年第 7 期。

移支付给予村干部的误工补贴显然无法真正滋养出职业村干部群体。全国各地开展的以提高待遇为核心的村干部职业化改革在现实中遭遇诸多困境。

与经济欠发达地区农村相比，东部某市农村治理状况构成了一种独特类型。农业税费改革前后，东部某市农村开始推行后备干部制度，经过十余年的发展，为基层政府所创新的后备干部制度因较好地解决了村级干部的胜任问题，成为东部某市农村社会治理的一项基本制度，其实施与运作构成了东部某市农村社会治理的重要机制。就此而言，东部某市农村社会治理已经进入较高制度化水平阶段，东部某市农村社会治理较为成熟的治理经验，或许能够为当前困扰基层治理的村级治理主体选任问题的解决提供启发。

有学者指出，乡村治理是一个整体，应该将乡镇的治理与村级治理联系起来。[①] 本章着重分析地方政府公共服务取向背景下后备干部制度的实施与运作、职业村干部群体的科层化治理实践，以及基层治理程式化的内在逻辑。本章属于质性研究，相关经验材料均来源于笔者及其研究团队2015年在东部某市远郊农村开展的为期20天的驻点调研。调研期间，笔者主要采取深度访谈、参与式观察和文件资料查阅等方法，调研对象以村干部、村民代表、种植大户、乡镇干部为主。

一、东部某市乡村社会的治理取向与后备干部制度

(一)东部某市乡村社会治理的公共服务取向

国家治理转型下的基层治理实践在公共行政和社会秩序控制两方

① 周庆智：《乡村治理转型：问题及其他》，《江西师范大学学报(哲学社会科学版)》2015年第6期。

面对村级治理主体产生需求。就公共行政而言，乡镇政府对村干部协助完成政策执行的依赖程度不断增加，国家政策执行得好与坏，村干部发挥了相对较大的作用。就社会秩序控制而言，村干部是社会纠纷解决的重要治理主体，是乡村社会秩序维系的基本力量。东部某市远郊农村具有农村社会的基本面貌，在公共治理方面具有独特的公共服务面向。东部某市远郊农村主要是指远郊城区的农村，这类农村在东部某市农村中占据一定比例。东部某市是全国经济中心，农村板块在全市 GDP 总量中不到 1%。受制于建设用地指标的限制，根据市级发展规划的调整，从 2014 年起，土地指标的激励重点全面放置于城市中心，城市发展采取紧缩战略。所以，远郊农村地区主要以公共服务职能为主，经济指标不再作为行政绩效考核的重点。值得提及的是，东部某市乡镇和村集体大多具有一定的财政自主权，建设用地指标向市区集中后，乡镇经济发展被土地指标所约束，乡、村两级的经济收入不仅无法扩增，反而逐步减少。尽管经济发展自主权受限，但基于雄厚的公共财政，东部某市乡镇政府开始努力建设公共服务型政府，村级组织也主要以为农民提供公共服务为主要职能，即使是在村集体经济被抽空的前提下，村集体每年的转移支付可以达到近百万元。

在东部某市，乡镇政府和村级组织的公共服务主要体现为三个方面：第一，养老的社会化服务。东部某市的城市化率位居全国前列，农村社会老龄化程度较高。作为城市反哺农村的一部分，东部某市农村社会的养老保障水平远远高于中西部农村。以调查所在区农村为例，农村中的居住人口为老年人，子孙两代进城率在 65% 左右。农村满 60 周岁老人大多选择将承包地退包，同时每月能够享受 1300 元左右的养老金。为了提高养老水平，乡、村两级开始聘请养老公益岗位，相关的招聘管理工作均由村级组织承担，工资由转移支付承担。第二，农业经营的社会化服务与绩效管理。东部某市农村的土地流转率极高，大多在95%以上，为了发展现代农业，地方政府在农机、农技方面实行全面服务。为了推广家庭农场经营模式，村级组织需要通过公共决议的方式选择合适的家庭农场主，并按照相应的考核指标进行农业经营管理。第三，农村社会建设与发展的公共管理。此外，平常的农村社会建设与发展，都需要村级组织进行有效管理。东部某市目前在全市范围内开展土地综合整治项目，很多村级组织成为项目实施中的重要协调者。

在基层治理结构中，乡镇的治理策略主导了村级治理的基本面貌。公共行政事务的繁多和社会秩序控制的需求，决定了乡镇政权对科层化的村级组织的制度性需求。也就是说，为了实现基层社会的有效管理，乡镇政府需要通过村干部选任的制度创新来应对“行政事务之量的扩展”和“行政事务之质的变化”①。

乡村社会治理的重心开始向公共服务全面转型，村干部在基层治理中的角色定位随之改变。对于村干部而言，现阶段主要的工作主要包含两个方面：

一是有效完成来自乡镇政府的各项行政事务。目前大多数乡镇是“依附型”财政，作为县级财政的预算单位之一，乡镇大多只能依靠转移支付来维持基层政权的运转，乡镇政府日渐丧失公共行政的独立性而成为县政中的政策执行者。如果无法完成相关行政事务和中心工作，乡镇政府的财力甚至受到减损；而乡镇政府的各项工作通常无法直接在乡村社会落地，村干部成为最终的政策执行抓手。

二是维持社会秩序的基本稳定。除了农保、医保等各项惠农支农政策的执行，村干部的另一重要工作就是做好社会综合治理工作。上访户等重点人员信息的监控都需要村干部协助乡镇政府、派出所、司

① [德]韦伯：《支配社会学》，康乐、简惠美译，广西师范大学出版社2004年版，第38—44页。

法所才能顺利完成。在社会综合治理中，村干部是必不可少的治理主体，群体性事件、医疗纠纷等非常规性社会纠纷的解决，都需要村干部的积极参与。

（二）后备干部制度的实施

后备干部制度首先是一种农村干部的选任制度。村级干部分为两种，村党支部委员和村委会委员，由此存在两种村干部的产生方式，即党员选举产生村支部委员和村民选举产生村委会委员。东部某市农村的后备干部制度设定之时，村两委基本上都是经过选举产生。后来，后备干部开始成为绝大多数村干部的必经之路，只有先经过乡镇招录成为后备干部，才有望成为村干部。

东部某市 X 镇的后备干部制度实践清晰地展现出村干部产生的科层化历程。2004 年以来，全镇共招录了三批后备干部，现在构成了村干部的主力军。以 L 村为例，村两委干部共五人，书记、主任是第一批后备干部，农业副主任是第二批后备干部，党支部专职委员是第三批后备干部。后备干部的产生按照现代公共人事管理的程序来操作，所有后备干部全部由乡镇统一招录，经过学历、政治状况审核，经过笔试、面试，择优录取。[①] 被招录的后备干部直接被派往户口所在村的村级组织工作，不享有正式村干部身份，从具体的条线工作开始村级管理的职业生涯。经过数年基层工作的历练，组织考察合格后将被推荐进入村两委班子，经过党员选举或村民选举程序确认后开始任职。

后备干部一旦被录用，便开始进入一种职业成长机制之中。后备干部制度的基本原则是年轻化、知识化，凡是经过乡镇政府招录的后

① [美]戴维·罗森布鲁姆、罗伯特·克拉夫丘克：《公共行政学：管理、政治和法律的途径》，张成福等校译，中国人民大学出版社 2002 年版，第 244—248 页。

备干部都具有大专及以上的学历，而且年龄较小。L村村支书从大专毕业后便开始担任村干部，现在41岁，而其余的村干部则在35岁左右。由于年轻而有文化，村级组织便有能力按照文牍化、信息化的方式开展村级治理。对于农村社会中的青年而言，后备干部是一份稳定的职业。凡是经过招录，后备干部享有稳定的与当地务工收入相当的工资；而只要扎实工作，勤劳肯干，就有望在村级组织中获得职位晋升，从专职委员到村委副主任，再到村主任。如果成为村支书，就有望进入乡镇领导序列中，凡是通过公务员考试的村支书，可以和乡镇站所负责人、乡镇公司经理一样，在同一起跑线上竞争乡镇政府的领导职务。

东部某市农村中的村级治理被牢牢地控制在地方政府手中，职业村干部群体的治理逻辑不断科层化。后备干部制度的顺利实施需要经过村民自治程序的确认，如何协调后备干部制度与村民自治制度之间的内在矛盾是乡镇政府控制村级治理的必备要件。

东部某市后备干部制度能够真正施行，存在以下三个方面的乡村社会原因：第一，乡村社会原子化。东部某市农村社会人际关联度低，社区性人情匮乏。同时村庄社会边界高度开放，大多数农民的利益不在村，村庄生产价值能力极为低下。因此，村庄社会缺乏内部竞争，社会交往高度理性化，社会关系陌生化，村庄社会去政治化。第二，乡村社会缺乏公共权威人物。东部某市农村社会有职业分化无社会分层，乡村社会中的就业人口大多在工厂务工，就近成为产业工人，属于该市城市经济体系中的工薪阶层。村庄中很少有老板阶层，少量乡村经济能人主要在市区从事商贸业、加工业，其经济社会利益不在村。第三，乡村灰色利益空间狭小。东部某市农村社会治理高度规范化，财务监管严格；加之村干部具有稳定的工资和可靠的养老保障，职业越轨风险巨大。

二、职业村干部群体的科层化治理

职业村干部群体的产生是后备干部制度实施的必然结果。职业村干部群体即由乡镇政府招聘的专职村干部，在治理逻辑中遵循对上级行政组织负责的行政原则。职业村干部群体按照公务员的方式处理村级事务，职业村干部群体的组织方式和公共治理方式具有官僚制的些许特征。

(一)职业村干部群体身处的科层化结构

职业村干部群体处理村级事务主要以相应的制度规范来运作，目标责任制是乡镇政府控制村级组织行政运作的基本制度。除此之外，职业村干部群体身处于科层化的治理结构之中。

1. 权责明晰的行政责任制度

村两委班子是一个分工明确、权责明晰的组织，村两委班子成员各有自己的职责。村支书是村两委班子的一元化权威，主要负责村级事务的决策，大量的具体事务由村委主任负责，而农业副主任和行政副主任分管相关事务。农业副主任主要负责农业生产、农机服务、农技推广、病虫害防治、家庭农场管理和涉农项目实施。由于其兼任党总支委员，还需要负责党务和基层组织建设；而行政副主任主要负责财务、医疗卫生、计划生育工作。专职委员分管治安、招商、共青团工作。

由于上述事务都是实质性的，村干部需要按时上班，周末还需轮流值班。村干部的工资分为基本工资和绩效工资，其中绩效工资占全部工资的主要部分。所以，乡镇政府对村干部的绩效考核就具有实质意义，村干部为了有效获得工资，就必然需要合理分工，尽力完成本职工作。

2. 逐级晋升的官僚成长机制

从大学毕业开始计算，年轻的后备干部经过3年左右的工作一般会顺利进入两委班子中，经过专职委员、村委副主任、村委主任，最后有望成为村书记，这一路下来需要10年的时间。即使是在集体经济薄弱的行政村，村支书的全年工资也能达到10万左右，这个工资水平和乡镇的正科级干部相当。

按照乡镇政府的规定，凡是工作满3年的村主任、村支书，都可以参加乡镇公务员、事业编制的招考，一旦通过，就可以成为乡镇政府的正式工作人员。如果乡镇职位紧缺，成为乡镇公务员的村支书可以继续回村担任书记，或者在乡镇政府下属的公司担任领导职务。由于乡镇公务员编制中空编较多，这为村干部晋升至正式科层制中提供了空间。村支书如果想进一步晋升，需要将后备干部逐步培养起来，否则乡镇政府将无法接受村干部无法独当一面的状况。乡镇政府规定，通过公务员考试的村支书和政府公司总经理、乡镇政府站所负责人均享有提拔为副镇长的资格，三者处于同一竞争平台上。

3. 常态化的办公会议制度

村级权力最能反映出村级治理的科层化状态。在东部某市远郊农村，村级办公会议既是村干部的工作会，同时也是村干部对综合队长的工作布置会和管理会。村级事务基本通过常态化的办公会议来进行讨论，村两委班子会议、班子扩大会议每两周就会召开一次，会议内容全部以村级事务为主，汇报、商议、讨论、工作布置是办公会议的主要流程。具体而言，村两委班子成员中的分管村干部首先需要总结和汇报已经开展的工作，养老金的发放、农业种植的管理情况、农地退出情况都是需要汇报的重点；其次需要对下一阶段的工作进行安排和计划，同时需要明确年度重点工作。对于村级组织而言，村两委办公会议可以理解成为乡镇工作会议制度的组成部分，从会议的商讨布置事项来看，会议内容基本以乡镇工作会议的工作为轴心。此外，由于村干部无法完成所有工作，村级组织一般将村民小组划分为若干片区，然后从管理片区中聘任一名综合队长，负责管理片区的各项综合事务，村级办公会议同时也成为村两委的管理会议。由于综合队长不属于由乡镇政府招聘的村干部，其属于村级聘任干部，所以村级组织需要对综合队长的工作进行检查、安排和考核。

(二)职业村干部群体的官僚特征

按照韦伯的说法，理性官僚“无爱亦无恨”[①]，这在中国的治理语境中可以理解为“对事不对人”。东部某市农村的职业村干部不仅严格按照规则办事，而且能够做到高效有质量地完成职责范围内的事务。所以，在村级组织科层化的逻辑下，工资、职责、级别成为职业村干部所看重的现实利益。

1. 绝大多数村干部被培养为难以替代的技术工作者

村级组织既然是乡镇政权下沉的后果，那么作为乡镇公共行政的重要抓手，职业村干部群体在一线行政中所掌握的行政技术是普通村民所不具备的。也就是说，在科层化组织中的学习和历练成为职业村干部任职过程中的必需，一旦村干部成为职业化的行政担纲者，那么具备文凭和科层公务技能的村干部就从农民身份中彻底脱离出来。质言之，普通村民如果不具备相应的文化知识和职业技能，显然难以成为合格的村干部，不仅无法完成乡镇布置的行政事务，也无法对农村社会进行有效管理。正因如此，农村社会治理结构客观上对村干部培育的村民自治制度产生了排斥，由乡镇党委通过后备干部制度来培养

---

① [德]韦伯:《经济与历史;支配的类型》，康乐等译，广西师范大学出版社 2004 年版，第 321 页。

村干部不仅具有公共行政实现方面的必要性，而且具备社会公共管理优化方面的群众基础。

2. 村干部之间的私人关系被公共规则所抑制

首先，村干部都是由后备干部选拔而来，而后备干部需要经过乡镇的公开招聘，村干部私人关系的血缘、地缘或利益关系色彩淡薄。其次，村级事务的双重领导。村干部在工作中除了需要服从村支书、村主任的安排，同时更需要向乡镇负责。村级公共事务中的分管村干部直接和乡镇的条线部门对接，乡镇直接对分管业务的村干部进行绩效考核。同时，乡镇对村支书进行单独综合考核，村支书的考核结果决定了村干部的绩效工资。所以，这不仅强化了乡镇对村干部的控制，同时也强化了村支书对村干部的公共权力。最后，行政考核制度激活职位竞争。村干部都有获得晋升的职业理想，职位晋升不取决于村干部之间、村干部与乡镇干部之间的私人关系，而取决于工作水平和解决问题的能力。所以，村干部之间的竞争体现于日常工作中。这不仅表现为完成乡镇布置的作业的能力，而且需要获得村民的广泛认可，否则就很难在选举中通过。

3. 职业村干部的职业化以科层体制为保障

如果按照村民自治的治理模式，村干部无法制度化地连续担任，之所以东部某市农村的村干部在职业上有稳定的预期甚至规划，乡镇政府对村干部的职业化的科层制起到了重要作用。从职位晋升的角度来看，每一位村干部获得晋升的空间不同，并不是每个村干部都能够在职位上直线上升，逐步成长为村支书甚至是副镇长，所以从其他晋升通道来激励村干部就显得尤为重要。东部某市乡镇为副职村干部提供了事业编制的岗位，只要通过考试，就能够享有正式编制，同时，凡是年龄较大的村干部都可以调至乡镇下属的公司担任领导职务，工资和村干部工资相当，甚至会有所提高。所以，村干部的出路和乡镇干部十分类似，都可以在乡镇的科层组织范围内获得不错的归属。

三、村级治理程式化及其扩展

在东部某市农村，村干部是一份安稳而体面的职业。对职业安全的追求决定了职业村干部在村级治理中的程式化行事逻辑：按照规则办事，能够节约商议成本，提高行政效率，减轻村干部的行政负担。村干部的这种治理风格，主要基于职业理性的考虑。更重要的是，既然乡镇政府对村干部的考核以行政绩效为主，这种以行政绩效为导向，以规避行政责任为基础，以工资收入和职位晋升为目标的治理逻辑，可以称之为村级治理的程式化。

农业经营管理实践成为东部某市农村职业村干部治理程式化的典型例证。东部某市农村目前主要采用村集体流转村民土地然后"倒包"给新的土地经营者的方式来实现农业生产。某区主要以家庭农场为主要经营模式，即由村集体统一流转全村土地，划分为以 100 亩为种植单元的耕种片区，从各个村民组选举产生家庭农场主，获得家庭农场的经营权。由于东部某市农业补贴水平高，农业生产社会化服务程度高，经营家庭农场的资格成为一种社会福利。在家庭农场经营权的分配中，村级组织决定采用 5 年一轮选的方式来确定家庭农场主，其中村民代表的投票占 40% 的决定权，剩余的 60% 的决定权掌握在村干部尤其是农业副主任手中。

对于村干部而言，农村中能够符合经营家庭农场条件的农户不多，主要集中在几十户农业经营户中，最重要的工作是从中选出能够将家庭农场经营好的农户，否则就很难通过乡镇农业发展办公室的绩效考评。如此，村干部会通过公平、公开、公正的方式选出符合条件的家庭农场主，以方便管理，而不会为了一己私利而牺牲整个村两委工作的行政绩效和自己的行政工作便利。

村干部的程式化治理逻辑对于国家涉农政策的执行具有诸多优势：第一，能够尽量确保政策执行免受个人利益的影响。现在村干部按照规章制度办事，公共利益运作阳光透明，政策运作违规风险较高，涉农政策执行就不容易走偏。第二，有利于政策执行连续而系统。政策效果取决于科学的政策内容，也依赖于有效的执行。如果地方政策在执行过程中形成政策的核心要求没有被执行，那么政策执行就会脱离政策目标轨道，形成政策过程中的“碎片化”。[①] 村干部一旦成为一线行政者而自由裁量权又被行政绩效考核制度所控制，那么涉农政策就有望减少执行中的“碎片化”现象。第三，能够保障政策执行中的农民参与。公共政策执行的农民参与理论认为，政策接受者不再是被动接受政策的政策客体或政策对象，而是能够自觉认识到政策目标和措施与自身利益间的关系，并做出积极反应的主体，即“政策接受主体”。[②] 既然涉农政策公开公正，村民就有机会参与其中，政策执行不仅效果较好，而且能够获得广泛的群众基础，进而确保涉农政策执行能够顺利实现。

不过，村干部也会面临行政风险。在科层体制中，上下级组织之间总是存在“委托—代理”的关系。乡镇党委书记需要村支书主政一方，减轻乡镇行政负担，作为地方政府代理人的村支书的很多治理行为并不一定受到行政绩效考核的约束。一旦村支书在乡村社会建设与发展事务中获取灰色利益，整个村级组织将面临潜在的行政风险。所以，越是如此，村干部在公共治理中越谨小慎微，越追求行政安全。

职业村干部群体之所以产生，实质上是公共行政制度化需求和乡

① 张玉强：《政策“碎片化”：表现、原因与对策研究》，《中共贵州省委党校学报》2014 年第 5 期。

② 金太军：《公共政策执行梗阻与消解》，广东人民出版社 2005 年版，第 24 页。

村社会格式化后社会需求的对接。但乡村社会治理不可能完全采用科层制的运作逻辑，官僚组织建设显然具有工具色彩，国家实践的成功才具有终极目的。基层治理程式化无疑是乡镇政权为了实现公共服务型政府转型的主动选择，以后备干部制度为切入口，通过“组织意图”的贯彻，逐步调和党委领导与村民自治之间的内在矛盾，最终制度化地变乡、村两级关系为“领导与被领导”关系。

从治理绩效来看，职业村干部的制度实践无疑是成功的，只是这种治理成功并非由职业村干部所全部担纲。在村委会办公楼里，除了职业村干部，综合队长、村务人员和条线干部都是村级组织科层化的衍生品。综合队长和村务人员由村级组织招聘，从转移支付中支出工资，而条线干部由乡镇招录并发放工资，由村级组织管理和考核。村干部享有稳定的工资，很多治理事务并不可能事必躬亲，为了提高行政效率，村级组织通过招聘在村的中年人，经过培训后负责治理片区的日常管理。综合队长一般负责四个村民小组，兼理治理片区的结算会计，并与村民相对接。此外，综合队长还身兼村委会的会计员和机科队长，协助村干部管理会计账目和农业用水。综合队长不仅需要协助管理农业经营大户，协调村民间的日常纠纷，同时成为政府的网格管理员，对社会管理网格范围内的相关事务及时上报，减少地方政府的公共治理成本。所以，综合队长成为村级治理中必不可少的治理主体，如果只有村干部，繁杂的行政事务将会使得村级组织疲于应付，行政绩效很难保障。

四、结语

通过考察东部某市远郊农村的社会治理实践，可以发现：乡镇治理事务的公共服务取向与繁杂的公共行政事项对职业村干部群体形成制度性需求。农村社会高度格式化成为后备干部制度有效运作的社会土壤。职业村干部群体的科层化治理体现为权责明晰的行政责任制度、逐级晋升的官僚成长机制、常态化的办公会议制度。职业村干部群体身处科层化的治理结构中，具有理性官僚的些许特征。

社会治理的规则化需要以规则化的乡村社会为基础。乡镇政权的下沉以及随之而来的村级组织科层化，需要以相应的社会条件为依托，农村社会的格式化至少包含以下三点：

其一，农村社会利益规则化。在农村社会利益多元化的前提下，规则治理难以实行。东部某市农村社会的发展已经进入离土又离乡的阶段，年轻人进城具有一次性，农村社会空心化和老龄化具有长期性。所以，农村社会利益主要以养老福利的分配为主，只要能够做到老有所养，将与养老有关的公共服务做好，社会治理就不会存在大的问题。

其二，农村社会分层弱化。农村社会分层意味着村庄中社会成员资源禀赋、个体能力、政治倾向、社会情绪的多样化，由此给社会治理带来难度。农村社会分层弱化，大多数社会成员被吸纳进第二产业，社会个体同质化程度较高，村庄社会不再成为相对封闭的社会共同体。一旦村庄社会仅仅具有居住功能，社会权力缺乏生产的社会机制，公共治理的事务因社会冲突的减少而相对简单。

其三，农业生产规模化、机械化。农业生产通常面临的基本条件是农地细碎化和人地分离。东部某市农村依托公共财政，以农地退包换社保，解决人地分离的问题，最终促进农地向村集体集中。同时，通过高额补贴政策，农地全面流转，以"反租倒包"创新农业经营模式。如此，村庄农业种植人口被锁定为数量较少的家庭农场主或代管户，农业生产的管理成本大大减少。最终，规模化、机械化的农业生产，消解了农民的合作难题和组织困境，极大减轻了社会公共治理的负担。

在制度化的治理结构中，职业村干部被吸纳进科层体制之中。从这方面来看，职业村干部实质上是基层科层组织发展的一种形式，是公共服务型政府的建设成果，而非村民自治制度运作的结果。只是，农村社会治理的有效，并非仅仅依靠科层制就能实现，众多的治理主体在基层社会治理结构中同样发挥不可替代的功用。由此观之，基层社会治理能力的制度建设应保持审慎理性的态度，理应通盘考虑相关治理变量。值得说明的是，本章仅仅侧重于从制度层面简单描绘出以东部某市远郊农村为代表的一种发达地区农村的治理类型，更为深入的研究还需要强化经验累积，并从理论资源中找寻进一步深化的方向。

第十一章

村级治理行政化的形成

十年前，黄宗智基于历史档案，认为“集权的简约治理”的传统顽强地延续至民国、毛泽东时期和改革时期的治理实践。这种简约主义的行政模式，展现出国家与社会二元之间的相互协调，并集中交汇于一系列高度依赖“准官员”的基层治理领域。[①] 农业税费取消后，社会主义现代国家建构开始与累积农业剩余的集体体制脱钩，乡村社会成为现代国家的反哺对象。[②] 与此同时，地方经济的发展和社会稳定的压力并未减弱，乡村社会日益成为现代国家需要积极应对的综合治理领域。

与“集权的简约治理”所体现的研究思路相近，华中村治研究近年来聚焦于后税费时期的乡村治理领域，对黄宗智所言的半正式行政

---

① 黄宗智：《集权的简约治理——中国以准官员和纠纷解决为主的半正式基层行政》，《开放时代》2008 年第 2 期。

② 折晓叶、陈婴婴：《项目制的分级运作机制和治理逻辑——对“项目进村”案例的社会学分析》，《中国社会科学》2011 年第 4 期。

实践，如社会公共服务[①]、项目制运作[②]、经济发展[③]、社会稳定[④]等领域给予持续关注。令人疑惑不解的是，尽管以村级组织为治理主体的半正式行政依然简约，但村级治理中的村干部却不再完全自行其是，而是更多地听命于乡镇政府[⑤]。

总体而言，处于国家与社会交汇处的基层行政实践并未完全突破简约主义的治理模式，但半正式的基层行政实践中正式的行政结构与乡土社会之间达到前所未有的相互交融，乡村基本治理单元中行政单元的治理日趋占据主导地位；[⑥] 而自然单元的治理虽为中央所积极倡导[⑦]，但却并未在基层治理实践中普遍推广。在全面推进乡村振兴战略的背景下，半正式基层行政的内在逻辑亟待厘清，以行政村为代表的乡村基本治理单元的治理能力建构愈发紧迫。

党中央明确提出，“到 2020 年，乡村振兴取得重要进展，制度框架和政策体系基本形成”，[⑧] 这为学界以半正式行政实践为核心，进一步探讨基层治理体系和治理能力现代化提供了重要契机。本章的基本思路是，在国家治理转型和乡村社会变迁的视野中观察乡村基本治

① 刘磊：《基层社会政策执行偏离的机制及其解释——以农村低保政策执行为例》，《湖北社会科学》2016 年第 8 期。

② 李祖佩：《项目制基层实践困境及其解释——国家自主性的视角》，《政治学研究》2015 年第 5 期；杜鹏：《项目造“点”与村庄精英更替——以广西陈村为例》，《华中农业大学学报(社会科学版)》2016 年第 1 期。

③ 郭亮：《土地征收中的“行政包干制”及其后果》，《政治学研究》2015 年第 1 期；贺雪峰：《征地拆迁背景下的村庄政治》，《学习与探索》2016 年第 11 期。

④ 申端锋：《乡村治权与分类治理：农民上访研究的范式转换》，《开放时代》2010 年第 6 期；陈柏峰：《农民上访的分类治理研究》，《政治学研究》2012 年第 1 期；田先红：《基层信访治理中的“包保责任制”：实践逻辑与现实困境——以鄂中桥镇为例》，《社会》2012 年第 4 期。

⑤ 欧阳静：《村级组织的官僚化及其逻辑》，《南京农业大学学报(社会科学版)》2010 年第 4 期。

⑥ 邓大才：《中国农村村民自治基本单元的选择：历史经验与理论建构》，《学习与探索》2016 年第 4 期。

⑦ 邓大才：《复合政治：自然单元与行政单元的治理逻辑》，《东南学术》2017 年第 6 期。

⑧ 新华网：《中央农村工作会议在北京举行 习近平作重要讲话》，http://www.gov.cn/xinwen/2017—12/29/content_5251611.htm，2017 年 12 月 30 日最后访问。

理单元的结构性变化，着眼于新时期半正式行政的运作逻辑，聚焦基层治理能力的分类并针对性地提出一个简明的治理能力建构方案。值得注意的是，这里所言及的建构方案并非推陈出新，更多的是在重新检视的基础上对遭到地方政府摒弃的基层治理模式、制度的恢复，少部分则属于应新的治理形势所需而对已有的基层治理模式的提炼。本章的经验基础源于笔者对基层治理的长期关注，具体涉及全国多地农村的实地调研。

一、双重变奏中的乡村基本治理单元

（一）人口大流动时代的后乡土社会

国家向乡土社会输入的公共资源显著地提高了农民的生产生活环境，农民在交通、卫生、社会保障等层面享有前所未有的公共福利。① 与此同步，在城镇化的浪潮下，乡村社会的结构和性质发生巨变，乡土社会全面进入现代化进程之中。与经典农村社会学所言及的“乡土社会”不同，社会主义现代国家建设中的乡村社会可谓之后乡土社会，其最直观的特征便是乡村人口的大流动。

农民在城乡之间往返和农村人口的城镇化之间存在紧密关联。农民进入城市务工，不仅通过辛勤劳动获取可观的经济收益，而且形成了关于生活如何更加美好的理想蓝图，城市的繁华景象、生活方式和价值观不断冲击着来自田间地头的人们。正是如此，才会源源不断地有人离开村庄进入城市，即便没有成为大城市中的一员，也会以各种方式定居生活在县城和集镇里。从我国农村的经济社会发展水平来

① 渠敬东、周飞舟、应星：《从总体支配到技术治理——基于中国 30 年改革经验的社会学分析》，《中国社会科学》2009 年第 6 期。

看，可将全国农村类型化地区分为东部发达地区农村和中西部欠发达地区农村。[①] 其中，东部发达地区农村成为人口流入地，中西部欠发达地区农村成为人口流出地，这两种类型的农村在人口大流动时代中呈现出不同的社会发展形态。

中西部欠发达地区农村整体上趋于衰败，形成农村人口短期回流与长期下降的特点。第一，农民长期往返于城市与乡村，形成年度性或季节性的总量在2.82亿左右的流动人口规模。[②] 这庞大的农民工群体基本是农村家庭的壮劳力，包含了一个直系三代家庭中一半以上的劳动力，其中不少是常年生活在城市中的流动人口。[③] 农村人口短期内的不在村，无形中导致了村庄社会的空心化。[④]

第二，农民不断离开村庄，成为官方统计数据中的“城镇人口”。城镇人口主要包括两类：一是能够在城市买房并获取稳定收入的人口，这部分人口在整个农村社会中只占少数；二是在县城和小城镇上通过买房进入城镇，这部分人口即便取得了城镇户籍，也很难认为具备在城镇独立生活的能力，因为这些人口中的大部分是由于婚姻缔结和子女教育而选择进入城镇，其生活来源、社会关系、利益重心并未与乡村社会完全切断。

相比于中西部欠发达地区农村，东部发达地区的农村虽然不存在本地农村人口的大流动，但城市要素却已经覆盖到村庄之上，农村实现了在地城镇化：(1)城乡一体化程度较高，乡村基础设施建构已经达到城镇水平，如东部等地农村的基础设施建设水平已经足以和小城

---

① 贺雪峰：《论中国村庄结构的东部与中西部差异》，《学术月刊》2017 年第 6 期。

② 新华网：《全国农民工总量达到 2.82 亿》，http://news.xinhuanet.com/fortune/2017—03/14/c_1120627561.htm，2017 年 9 月 15 日最后访问。

③ 陈文琼、刘建平：《发展型半城市化的具体类型及其良性循环机制——中国农民进城过程的经验研究》，《城市问题》2017 年第 6 期。

④ 叶敬忠：《留守中国：中国农村留守人口研究》，社会科学文献出版社 2010 年版。

镇相媲美；(2)农村人口的社会福利水平已经和城镇人口齐平，如东部某市远郊农村已经普遍实行农业人口退休养老制度；(3)农村发展为城市经济体系的内在构成，如南部某市的农村已经内生性城市化，农村人口被大量保留在村庄，直接分享城市化过程中的土地增值级差收益。

如果说中西部地区农村的农民在城乡往返中产生了城市梦想，并通过家庭代际接力的方式进城，[①] 那么东部地区农村的农民则更多的是在城乡要素的流通中，亲身感受到自己生活的乡村共同体，如何被建构为城市化意义上的现代社区。无论如何，乡土社会依然处在不断变迁之中，农民追求美好生活而形成的人口大流动将长期持续下去。国家治理与乡村社会的双重变奏中，以行政村为代表的乡村基本治理单元保持着简约治理的基本形态。但必须注意的是，眼前的乡土社会早已不是费孝通意义上的“乡土中国”[②]，乡土社会已经不可逆地成为现代社会的一部分，这重塑了依然具备简约主义治理风格的半正式行政实践的社会底色。

(二)现代行政下沉中的行政村

费孝通在《乡土中国》里论及的熟人社会，[③] 显然更靠近自然村，行政村则是国家政权下乡后对乡土社会改造之后的结果。社会主义革命的重大成就是将“权力的文化网络”改造为“权力的组织网络”[④]，并利用人民公社体制和农业税费制度完成了现代国家建构所需要的累

① 王德福：《弹性城市化与接力式进城——理解中国特色城市化模式及其社会机制的一个视角》，《社会科学》2017 年第 3 期。

② 陈柏峰：《“走出乡土”的“后乡土中国”——评陈心想著作〈走出乡土〉》，《学术界》2017 年第 10 期。

③ 费孝通：《乡土中国·乡土重建》，群言出版社 2016 年版。

④ 强世功：《法制与治理：国家转型中的法律》，中国政法大学出版社 2003 年版。

积，行政村最终演化为国家权力进入乡土社会所必不可少的基本治理单元。[①] 当前基层治理语境中的“村”指的主要是行政村，自然村属于基层治理的自然单元，本章所说的乡村基本治理单元所指称的主要是行政村或农村社区等行政单元。农业税费取消后，乡村集体并没有找到合适的替代性体制，以至于大多数行政村都是集体经济上的空壳村；而村民自治制度按照高度形式化的逻辑运作。村庄中不少农民利用这种体制结构的缝隙周旋于乡土社会和基层政权之间，成为具有独立利益诉求的权势群体。在现代行政与乡土社会的接触界面上，利益密集的程度决定了村干部完成行政任务的积极性。在利益密集程度较高的行政村，村干部的动机更多的是为了获取经济收益，行政任务成为村务中的表面事务，获取村干部身份之外的利益才是其真正诉求；[②] 在利益密集程度较低的行政村，村干部的动机主要是为了扩展自身的政缘关系，便利自身的产业经营，以获取更多的社会声誉和经济利益。面对诸多的行政任务，乡镇政府对行政村最基本的管理方式是形式多样内容丰富的村务目标综合考评办法，希望以此来缓解正式行政结构的内部压力。

总之，资源下乡背景下，行政村的汲取功能在制度定位上向公共服务功能全面转化，这意味着原本作为集体体制的行政村的组织性质发生了一定改变，逐步成为现代行政实践结构的内在构成。村级组织成为乡镇政府积极行政实践中必不可少的社区参与力量。

① 贺雪峰:《论半熟人社会——理解村委会选举的一个视角》,《政治学研究》2000 年第 3 期。

② 贺雪峰:《论利益密集型农村地区的治理——以河南周口市郊农村调研为讨论基础》,《政治学研究》2011 年第 6 期; 贺雪峰、谭林丽:《内生性利益密集型农村地区的治理——以东南 H 镇调查为例》,《政治学研究》2015 年第 3 期。

二、公共资源下乡中的半正式行政

（一）公共资源输入的“内卷化”

资源输入背景下，基层行政相对于乡土社会而言很难消极而为，积极行政构成了基层行政实践的主基调。与历史时期的基层行政模式不同的是，当前正式行政结构对社区参与力量依赖的重心是大量自上而下的公共资源的配置，而不再是传统时期政府倡导和社区自主相结合的基层行政模式。公共资源下乡的过密化，导致目标管理责任制嵌入基层民主实践之中，催生出半正式行政结构的科层化。

半正式行政结构的科层化直接源于中央“三农”政策的调整。近年来，中央一号文件所确定的“三农”政策，几乎都转化为基层行政指标考核的基本内容，再加上省、市、县等地方政府向乡镇政府布置的额外行政任务，进一步增加了基层政权的公共行政负担。这反映出，当前基层正式行政需要在科层制上开展一系列有益建设，否则便难以有效承接不断增加的公共资源。现实情况却是，基层政权在人、财、物上都属于整合行政体系中的末端位置，基层正式行政结构的优化只能寄希望于中央和上级政府的制度供给和政策配套。

政策的执行向来具有选择性，面对来自上级政府的行政压力，以行政目标考核的方式来约束村干部的日常治理行为缺乏足够的有效性，维持住大多数村庄的底线秩序成为乡镇政府纷纷追求的真实行政目标。一旦行政村执行上级行政工作，乡镇政府便主动介入村庄的权力结构中，选取能力更强的农民作为国家代理人，以减少工程阻力，缓解利益冲突。

总体来看，我国农村社会还将长期处于非格式化状态。一方面，现代国家公共福利制度和现代化农业的建构所需要的强有力的认证能力并不充分。这决定了促进乡村发展的公共资源难以避免“最后一公里困境”。另一方面，现代国家的地方政府还并非一个行政资源充分的科层组织，尤其是在项目制的运作逻辑中，公共资源大多被地方政府进行整合和捆绑，导致公共资源配置中的非均衡格局。

无论是东部沿海发达地区还是中西部欠发达地区，公共资源下乡均对基层治理的社区参与提出挑战。可与公共乡村资源激增相悖的却是，乡村社会中的治理力量伴随着城镇化进程中的人口大量外流而不断减少，农民要么户籍在村而人不在村，或者人在村而利益重心不在村。尤其是在农业税费取消后，土地集体所有制被不断虚化，村集体与农民之间缺乏制度化的利益关联机制。农业税费时期的基层行政负担以农业剩余汲取为主，体制内的基层行政负担很容易转化为社会性的农民负担。当时的基层行政实践能够触及农民的切身利益，农业税费制度不仅包含了农业剩余的汲取功能，而且蕴含着激活社区参与社会治理的功能。农业税费取消后，基层行政向公共服务领域全面转化，综治治理、社会维稳等“专制”领域的政府权力也不断软化。[①] 由于缺乏对乡村社会的组织动员能力，积极行政导向的公共服务深陷资源不断输入而治理公共性不断流失的“内卷化”困境。[②]

（二）半正式行政的科层化及治理后果

公共资源输入对技术治理和正式行政的倚赖，以及乡土社会对现代积极行政的普遍不配合，成为重塑基层治理面貌的基础性力量，使村级组织越来越成为事实上的基层正式行政结构的行政代理人。在村民自治的法律制度框架下，诸如土地管理、社会救助等法律制度均将村级组织设定为政府行政事务的协助方，如此，在现代行政体系的运

① 陈柏峰：《无理上访与基层法治》，《中外法学》2011 年第 2 期。
② 李祖佩：《乡村治理领域中的“内卷化”问题省思》，《中国农村观察》2017 年第 6 期。

作逻辑中，除了无法享有正式行政结构中的组织身份，村干部需要定期参加乡镇党委政府的工作会议，甚至像具有正式编制的乡镇干部那样汇报工作、向上请示、接受考核和训话。站在乡镇政府的立场，只有依靠村级组织，行政任务才有可能推动下去，加之行政任务的不断繁密，乡镇政府与村级组织之间的关系便近乎行政化的上下级关系。这套乡镇政府对村级组织之间的管理制度与《宪法》《村民委员会组织法》中关于村委会的核心制度定位之间存在明显抵牾，但却成为当前我国基层行政实践的真实写照。

基层治理实践中，地方政府认识到提高村干部待遇对于确保现代行政下乡的重要性，但财力不足成为大多数乡镇政府优化村级管理的硬约束。相比于提高村干部的经济收入，乡镇政府对村干部最大的补偿不在于待遇和正式的组织身份，而在于村干部的体制身份本身。通过民主选举竞争上岗的村干部显然并不考虑经济待遇，而更看重村干部所代表的社会地位、政缘关系和利益网络。

就基层行政所遭遇的挑战和困境而言，简约的基层治理模式基本符合新时期乡村社会发展的内在需求，但农村社区力量参与治理的普遍不足却说明，基层治理能力的提升已经成为一个显而易见、无法回避而必须应对的难题。

三、基层治理能力的分类与建构

（一）基层治理能力的分类

中国是一个大国，国家能力建构并无法替代基层治理能力，即便国家能力取得瞩目成就，[①] 基层治理能力依然是建构一个具有“乡土

① 王绍光：《国家治理与基础性国家能力》，《华中科技大学学报（社会科学版）》2014 年第 3 期。

性”的现代国家需要解决的相对独立的基本问题。正因如此，中央明确提出建立和完善乡村治理体系和治理能力现代化，以区别于此前提出的国家治理体系和治理能力现代化。概言之，基层治理能力是指现代基层行政实践中基层社会获得有效治理的能力。之所以在基层治理能力中强调现代基层行政，是因为公共资源的输入无法离开基层行政体制而独立实现；而仅仅依靠基层行政体制实现基层社会的有效治理亦不可能，社区力量的参与程度和效度从根本上决定了乡土社会获得治理的限度。结合近五年来的田野调研，笔者尝试对新时期农村基本治理单元的基层治理能力进行一个简要分类，将其区分为社区福利评估、政策释义、组织动员、利益协调四大能力。

1. 社区福利评估

乡村基本治理单元具有独特的社区属性，社区福利评估成为资源输入背景下乡村社会建设必不可少的基础性内容。社区福利评估要求乡村基本治理单元能够通过制度化的方式准确评估村集体成员的生活质量，提供真实的社区福利认证事实，为公共资源尤其是精准扶贫资源的下乡提供有效的社区瞄准机制。[①] 社区福利评估的难点在于，农民离农化程度较高，外出务工收入相对隐性；农村家庭代际关系结构的变动导致老年人的赡养可能难以获得有效保证；农村残疾人家庭存在并不符合享受长期社会救济的资格，引发社区性相对贫困。这些难点都要求村级组织通过对全体集体成员家庭具体情况的综合评定，客观公正地把握社区福利资源的配置，实现国家公共福利资源与社区福利需求的有效对接。

2. 政策释义

向公共服务转型的现代行政涉及大量政策执行，政策执行中的重

---

① 朱梦冰、李实：《精准扶贫重在精准识别贫困人口——农村低保政策的瞄准效果分析》，《中国社会科学》2017 年第 9 期。

要环节是对国家政策内容和关键性条款的解释，确保乡村社会能够对国家的乡村振兴的政策体系有准确了解和全面认识。现代行政的全面下沉，使得行政村成为真正的综合性基本治理单元，这对村级组织掌握诸多政策的能力提出新要求。乡土社会并非政策执行的单纯客体，对高度格式化的政策条款存在排斥力。为了便于政策的执行，村干部需要具备一定的文化知识和法律知识，能够较好地理解和掌握国家政策，能够对抽象的政策加以灵活解释。更重要的是，为了促进政策的执行，村干部需要利用自己所处的独特位置，对政策条款的模糊空间实现合理的自由裁量，以维持乡村社会内部的基本公平。

3. 组织动员

新时期乡村治理中最重要的是重新激活农民参与，组织农民成为乡村基本治理单元治理能力体系的基础性能力。只有农民被组织起来，乡村治理才有活力，基层行政实践才不至于村干部动而农民不动。组织农民不仅指农民个体能够被有效动员，积极参与到基本治理单元的公共治理事务之中，而且指农民的产权利益能够被有效整合并加以利用。现今农民难以被有效组织起来：一方面是农民大量外流导致乡村治理社会参与空心化，由外而内输入的资源始终无法与分散的农民利益有机结合起来，乡村建构的需求表达与国家资源供给之间始终难以有效对接；另一方面是农民利益在现代市场经济体系中出现分化，农民参与市场经济分配和国家行政权力整合之间开始出现较强张力。乡村基本治理单元组织动员能力的提高，就是要在农村人口大量外流且利益不在村或农村就地城镇化的前提下，通过制度调整和基础治理机制的完善，重塑国家与农民的利益关联机制，促进基层治理的成功转型。

4. 利益协调

基层治理能力意味着基层社会问题能够被有效解决，利益协调成为基层治理能力体系中的重要能力。现阶段而言，经济发展水平决定了乡村治理中利益协调的密度，经济发展水平较高农村地区的利益协调复杂而具有难度，与市场经济发展联系紧密；经济发展水平较低农村地区的利益协调更多涉及农业生产和农村生活。利益协调不仅需要相应的制度供给，更重要的是村级组织的官僚化程度将不断提高，专职村干部成为新时期利益协调能力建构中必不可少的内容。更重要的是，乡村治理需要通过制度调整来实现对农民利益的合理配置，通过村庄政治实践的重新政治化来实现乡村基本治理单元内诸多利益的有机协调。

（二）基层治理能力的建构

基层治理能力建构涉及的治理变量多元复杂，理应通盘考虑。从制度供给的角度来看，乡村基本治理单元层面应集中于土地集体所有制、村干部选任制度、社会自组织培育三个方面，以下分别展开。

1. 夯实土地集体所有制

激活农民利益关联。土地牵一发而动全身，土地集体所有制的夯实无形中将农民参与村庄集体事务的积极性重新调动起来，并生成新的村庄治权，最终强化村级组织动员组织农民的能力。土地集体所有制最核心的精神是土地作为生产生活资料的“共有私用”[①]，当前农地政策的重心集中于“私用”而忽视了“共有”。夯实土地集体所有制，现阶段最重要的是侧重“共有”、驱动“私用”，其主要内容包括对土地生产资料发包权的治理权能化，即强化村集体相对于土地承包者的治理性权力。[②] 具体包括，通过土地发包权来调控土地承包权，实现

① 赵阳：《共有与私用：中国农地产权制度的经济学分析》，生活·读书·新知三联书店 2007 年版，第 17 页。

② 韩松：《论农民集体土地所有权的管理权能》，《中国法学》2016 年第 2 期。

土地适度规模经营与农民连片集中耕种需求的协调，实现土地生产资料配置与村社集体成员权变动的协调，实现土地征收补偿与土地市场化收益有效利用与集体事业发展的协调。

2. 完善村干部选任、培养制度，重塑社区参与实施机制

无论是社区福利评估、政策释义，还是利益协调，关键是需要能够选任出得力的村干部。基于经济发展水平的差异，中西部农村的村干部普遍性地出现村干部选任难题。[①] 现有条件下较为可行的方式是，通过培育"中农"型村干部来解决干部不足的治理能力困境[②]，确保生产生活利益在村、社会关系良好、关注和支持农村各项政策的农村中间群体充分参与乡村治理。东部沿海发达地区农村的基层行政实践涉及的治理环境相对复杂，以信息化管理、政策后台运作为主的乡村治理，无形中产生了村干部专职化的制度需求。由此，可采用行政化方式培育职业化乡村"三农"工作干部，以回应基层治理需求。与之相关的是，应着力配套并完善"三资监管"制度，并通过一系列制度设置和贯彻确保村级组织权力运行的公开透明。

3. 培育社会自组织，积极整合基层治理资源

基层治理能力的建构无法离开社会力量的有机参与，社会自组织能够以特定的公共活动、社会交往将农民组织起来，培育乡村公共文化，[③] 并不断扩增乡村基本治理单元内部的社会民主监督力量。城镇化进程中，乡村基本治理单元嵌入小城镇治理体系之中，社会自组织的发展有助于解决农村社区治理中的物业治理难题，降低乡镇政府治

① 申端锋：《治理转型下村干部不胜任难题——兼论乡绅模式的终结》，《探索与争鸣》2014 年第 7 期。

② 杨华：《"中农"阶层：当前农村社会的中间阶层——"中国隐性农业革命"的社会学命题》，《开放时代》2012 年第 3 期。

③ 印子：《乡村公共文化的面孔、式微与再造——基于湖北农村老年人协会建设实践的分析》，《南京农业大学学报(社会科学版)》2015 年第 2 期。

理小城镇的行政成本。培育社会自组织需要县、乡两级党委政府的大力支持，但更重要的是发挥乡村社会中的“能人效应”和积极分子的治理活力，[①] 通过制度化的方式将社会力量吸纳进基层治理体系之中。

现代国家建构以乡土社会为基础，乡村基本治理单元的简约治理模式在转向现代行政实践的社区参与力量的过程中，将长期扮演重要角色。当前党中央对未来较长时期的农村工作做出了新的战略部署，明确提出乡村振兴战略，这为乡村治理体系和治理能力现代化的探索提供了广阔的舞台和空间。面对国家治理转型和乡土社会变迁，全国各地地方政府开展了一系列基层治理制度创新。乡村善治之路路漫漫其修远兮，必须保持自觉的是，基层治理能力并非完全是一个制度创新的过程，很大程度上是对既有制度的进一步贯彻落实，更多的是需要明确新的基层治理形势下该如何灵活地利用历史上的制度遗产。城镇化进程中的基层行政实践所面临的最大挑战也许在于乡土社会本身，这是建构乡村基本治理单元治理能力所必须意识到的。

① 罗家德、孙瑜、谢朝霞、和珊珊:《自组织运作过程中的能人现象》,《中国社会科学》2013年第1期。

第五编
政策执行

本编讨论国家政策在乡土社会中的执行偏差及其治理机制。

第十二章“政策执行偏差形成的变量”，以低保政策偏差为例，将国家政策实践偏差的形成变量划分为政策基础性偏差与政策执行性偏差两种类型。政策基础性偏差可分解为村庄利益结构、乡土公平观、“不得罪人”的乡土行动逻辑及农村家庭、社会问题等村庄社会结构特征，而政策执行性偏差则包含政策文本、政策属性、政策执行的政府治理架构等具体方面。政策执行性偏差构成了政策实践偏差的主导型变量，但政策基础性偏差可以成为理解政策实践偏差现象与建构应对策略时的认识前提。

第十三章“政策执行偏差的整体性治理”，分析低保政策在基层治理体系中的治理机制。农村低保政策在宏观社会救助政策体系中出现偏差的机制在于，配额制主导的“社区瞄准”偏差和社会救助政策捆绑执行带来的福利叠加。基层政府以正式行政结构替代“简约治理”模式的整体性治理，有助于为低保审核提供统一标准，实现行政辖区范围内的程序性公平。

第十二章

政策执行偏差形成的变量

一、政策偏差的形成变量

政策实践偏差是政策执行过程中的常见现象，政策执行理论将其归咎为政策执行问题并重点关注政策实践中的偏差后果。国家政策执行理论认为，国家政策在基层执行过程中出现的偏差主要源于国家政策本身或官僚体系内政策执行主体两个方面。有的学者认为国家政策的文本规则与地方社会制度环境之间具有不同的嵌入性关系，两者不同的嵌入程度决定了政策执行的好坏，[①] 而官僚系统内部政策执行主体方面的原因则较为复杂，比较有代表性的观点认为，中央政策的失败源于政策执行主体对政策的“选择性执行”，[②] 或是从政府组织制度的角度出发，认为中央政策的执行结果之所以背离了政策的初衷，是因为上、下两级政府之间的共同作用。[③]

对农村政策执行偏差的原因分析都集中在政策文本、政府执行偏

---

① 吴小建、王家峰：《政策执行的制度背景：规则嵌入与激励相容》，《学术界》2011 年第 12 期。

② Kevin J. O'Brien and Lianjiang Li. *Selective Policy Implement in Rural China*. Comparative Politices, 1999(2).

③ 周雪光：《基层政府间的“共谋现象”——一个政府行为的制度逻辑》，《社会学研究》2008 年第 6 期。

好、政府制度设计等方面，其为国家政策执行偏差提供了具有说服力的解释，但作为国家政策执行过程中的重要环节，政策与乡村社会之间的关联却很少得到学界的理论青睐。国家政策研究的泛制度主义进路近乎本能地将国家政策的社会基础预设成为一个无须考量的理想类型，农村社会本体内部的社会结构特征与区域差异被简化为抽象的政策执行客体，这一理论前提设置的后果是扩大了政策执行对政策偏差的影响，而忽视了作为国家政策执行重要场域的农村社会对国家政策实践所造成的基础性偏差。如果将政策偏差后果视为一个总体性结果，那么其原因是由多种因素构成的，其基本的逻辑关联是多因一果。但是如果将政策执行偏差的后果进行分解，则因果关联就变得复杂起来，不同的政策后果可以由数个不同原因的综合作用所导致。如此，对政策执行偏差的原因性解释便变得无穷复杂甚至难以厘清。不过，从政策实践偏差形成的角度来看，可以大体上将促使形成最终的政策实践偏差后果的变量区分为基础性偏差与执行性偏差，基础性偏差主要是指政策执行的社会基础对政策实践偏移的作用与影响，而执行性偏差则主要是指政策执行理论范畴内的由政策执行行为所导致的政策实践偏差。从形成变量的角度来分析国家政策实践中的偏差现象不仅可以加深对现象本身的认识，而且有助于进行政策实践偏差矫正的理论探讨。

中央所制定的政策需要由地方政府来执行，在我国地方政府的层级中，执行主体大体上可分为省、市、县(区)、镇(乡)四级，其中乡镇成为执行国家各种政策的行政权力末梢，国家政策的执行实际上大量依赖于乡、村两级组织。孙立平在研究国家权力的基层运作实况时重点分析了在国家总体性支配权力式微的前提下，基层政府为了完成国家的税费任务，采取了一系列非正式的权力运作方式。[①] 不过就当时的国家权力运作而言，最重要的不是国家权力的非正式运作，[②] 而是国家权力的半正式运作，即在农业税费收取过程中对由村干部组成的代理人体制的高度依赖。换言之，国家农业税费政策执行对村干部的依赖，表明村干部成了国家政策执行过程中不可缺少的治理主体。既然在国家治理的当代经验中，国家政策执行的范畴早已超出官僚体制本身，其执行末端实际上是官僚体制之外的村庄代理人，那么国家政策执行的问题实际上同样构成了村庄内部的治理问题。村干部既是国家权力的代理人，又是村庄社会内部的权力拥有者，[③] 国家政策在村庄场域内的实践不仅在政策执行过程中是最真实最重要的环节，而且也是最为复杂的环节。因此，从村庄本体的角度来加强对国家政策实践偏差的理解就具有进一步解释的理论空间。

农业税费取消后，国家的农村政策发生了由资源汲取型向资源供给型的总体性转向，当下农业政策主要是为了促进农业的发展、农村的建设和提高农民的生产生活质量。后税费时期的国家农村政策在乡村社会中存在着怎样的实践偏差，国家政策实践偏差与村庄社会之间存在着何种关联是本章关注的重点。本章以国家低保政策在农村的实践经验为例，来解析国家政策实践偏差的形成变量并进行类型学上的划分，并进而对解决政策偏差中具有伪村庄本体视角的农民参与理论进行在地化的反思。

本章的研究采用的是以结构化和开放式深度访谈为主要方法的实

---

① 孙立平：《“软硬兼施”：正式权力非正式运作的过程分析——华北 B 镇收粮的个案研究》，载谢立中主编《结构—制度分析，还是过程—事件分析?》，社会科学文献出版社 2010 年版，第 155—185 页。

② 对这一点的质疑参见吴毅《小镇喧嚣：一个乡镇政治运作的演绎与阐释》，生活·读书·新知三联书店 2007 年版，第 348 页。

③ 吕德文：《乡村社会的治理》，山东人民出版社 2013 年版。

证研究方法，为了展开这一研究，2013 年 7 月初至 8 月初，笔者与调研组同仁在中部某省 W 村进行了为期一个月的乡村田野调查，对村组干部、村民均进行了深度访谈。W 村位于城郊地带，全村农业以种植小麦和玉米为主，下辖 7 个自然庄，共 12 个村民小组，有 2600 多口人，近 4000 亩地，人均 1.5 亩地。全村设立村民小组建制，各个村民小组由小组长、小组会计和妇女队长全面负责小组内部的日常事务。

二、国家低保政策实践及其执行性偏差

中部某省于 2006 年开始全面建立农村最低生活保障制度，当时全国性的农村低保制度尚未开始建立。W 村的档案显示，低保政策执行在当时的主要特点是补助标准低，按照每人每月 8 元的标准进行补助；低保名额少，以案例村的情况来看，全村仅 63 人享受到了低保；低保资源分配基本公平，从低保资金的适用对象来看，除少量低保人外，几乎做到了对老弱病残等社会贫困群体的经济救济。2007 年国家开始全面建设农村低保制度之后，低保名额和低保补助金开始逐年上升。随着低保名额的不断增加，低保的评选开始成为村级治理中的问题之一。农业税费取消之后，国家基层出现了严重的治理危机，W 村上访户不断涌现，为了完成综治维稳的重点工作，在治理资源匮乏的情况下，不断增多的低保名额开始从救济资源变为治理资源。[①] 低保政策实践偏差从某种程度上讲就是低保资源分配的“错位”[②]，从国家政策执行的角度来看，这种现象实际上就是政策实践偏差，但是值得注意的是，尽管政策执行偏差是政策实践偏差的主要构成，但国家

---

① 郭亮：《从“救济”到“治理手段”》，《中共宁波市委党校学报》2009 年第 6 期。

② 耿羽：《错位分配：当前农村低保的实践状况》，《人口与发展》2012 年第 1 期。

政策在迈向实践的过程中必然会出现的偏差并不都是政策执行所致。

(一)低保政策的实践偏差

根据国家及地方低保政策的内容，国家低保政策的政策目标包括：(1)顺利地甄别出符合国家政策条件的低保农户。(2)建立公平、公正的低保评选机制，这是实现政策目标1的制度条件。(3)实现有效的低保管理制度，其内容是实现对低保农户的有效检查。(4)规范低保资金的使用、发放与监管。(5)有效的低保动态管理及村庄退出机制。如果以上政策目标在实践中得到实现，就可以认为低保政策得到了顺利的实行。

根据低保政策执行实效来看，W村的低保政策的实践出现了巨大的政策偏移，就笔者调查时的低保政策执行现状来看，总体上可以归纳为：低保人大量存在，从2006年之后逐年增多；关系保、人情保无法被有效排除；低保评选去民主化。低保评选在规定中设置了多层次的评选办法，村民和小组长都应该参与其中，但是低保在实际的评选过程中村民和小组长都没有决定权与话语权。由于乡镇无法知道村庄低保农户的个人信息，以至于只要村级组织不向上反映，低保户去世之后乡镇也无法知晓，于是就出现了人已去世而低保资金依然下拨的现象，低保缺乏有效的退出机制。

(二)政策执行性偏差及其展开

以上是W村的低保政策执行的偏差情况，是国家低保政策在农村的实践状况。政策执行的后果是政策执行过程的终点，但却无法从中归结出造成政策偏差的原因。由于其中的复杂关联非本章所能揭示，因此本节将从政策文本、政策属性、政策执行的政府治理架构来对低保政策执行的偏差后果进行分别表述，并将这种属于政策执行理论范畴的政策实践偏差称之为政策执行性偏差。

1. 低保政策文本与乡村社会现实存在张力

根据低保政策的规定，低保政策的目标群体是低保户而非低保人，但是W村的村庄档案显示，在2006年地方政府开始实行农村最低生活保障制度时，便出现了低保人。当时低保名额少，村庄中的贫困户一目了然，将这样的农户评选为低保户几乎成为村庄内部的地方性共识。但是低保指标的不断增多使得低保户的形式要件在村庄社会经济条件均质化的前提下难以执行。另外，低保政策中的低保资格条件中不准家里有手机、电视等规定显然在家电普及的农村社会丧失了进行资格区分的意义；而对农民收入的核算不仅行政成本高，而且在人口流动剧烈、家庭结构复杂多样的农村不具有操作的可能。

2. 低保政策的再分配属性弱化政策执行权威

根据政策类型学理论，作为社会保障政策重要组成部分的低保政策属于再分配型政策，再分配型政策的特点是政策本身涉及资源与利益的分割和转移，因而容易引起因目标群体的积极争取而带来的资源分配困境。[①] 另外，与强制性政策如农业税费政策相比，再分配型政策是典型的弱权威型政策，其政策内容主要是将国家的社会福利资源公平、公正地向农村社会中的贫困人群进行分配和转移。农业税费时期，乡村干部在工作方法上采用软硬兼施的工作策略，但国家权力软化表达的背后实际上具有国家强制性权力的有力支撑，这也是地方政府敢于通过强制性的措施收取农业税费的原因之一。现在的低保政策等惠农政策，其政策本意在于扶助弱势农民，不可能具有强制性权力的支持，而在以自己利益为重的村民看来，国家向农村输入的公共资源理应人人有份，于是“人人要低保、户户争贫困”成为较为普遍的

---

① 魏姝：《政策类型与政策执行：基于多案例比较的实证研究》，《南京社会科学》2012年第5期。

现象。不论是乡镇干部还是村干部在执行低保政策的过程中不可能具有因为政策本身的属性所带来的权威性，因此国家政策塑造出来的服务形象难以转化为有效的政策执行权威。

3. 乡镇政权运作体制构成低保政策执行的制度性约束

低保政策的执行在整个行政系统的末端需要乡镇政府来完成，而乡镇政府的“营利性”使得乡镇的主要行政资源被配置于招商引资、土地开发、综治维稳等涉及乡镇经济收入和压力型体制考评等中心工作中。[①] 在乡镇机构设置上，低保政策的执行主体是作为行政事业单位编制的民政所，民政所不仅在乡镇政府内部没有充分行政管理权，也不属于上级指标考核的重点内容。另外，乡镇机构改革后，民政所的工作人员由原先的四个正式干部缩减为两人编制，而低保政策规定每年需要进行两次低保评定，而且每次都需要民政所 100% 入户核查。行政资源的稀缺性、行政工作负担的沉重以及工资收入的稀少使得民政所的干部在低保工作上遵循“不出事”的行政逻辑。[②]

三、国家低保政策基础性偏差及其形成机制

以上本章基于 W 村低保政策的实践经验总结出了造成低保政策实践的执行性偏差的原因，尽管既有研究已关注过这些原因，但这些原因没有在一个整体性的政策运作经验中得到完整的呈现，而本章则利用低保政策实践的完整微观经验实现了政策执行性偏差的整体性理解。除此之外，在对低保政策的村庄基础考察中，村庄社会本身实际上构成了对国家低保政策目标的消解力。也就是说，村庄社会本身成为低保政策实践偏差的基础性原因，本章

① 欧阳静：《策略主义：桔镇运作的逻辑》，中国政法大学出版社 2011 年版。
② 贺雪峰、刘岳：《基层治理中的“不出事逻辑”》，《学术研究》2010 年第 6 期。

称之为低保政策实践的基础性偏差。低保政策基础性偏差的形成机制需要从村庄社会结构、社会秩序等方面进行把握。

（一）村庄“权力—利益”网络侵蚀低保资源

W 村是比较典型的“分裂型村庄”[①]，村庄内部各个自然村或行政村内部都有 3—5 个“门头”，这些门头实际上就是黄淮海地区农村社会的小亲族。[②] W 村的刘楼庄有 4 个门头，其中最大的门头有 200 多口人。在村庄的日常生活中，门头内部的村民构成社会交往较为密切的社会单位，一般的人情范围都在自家门头之内。门头不仅是村庄的人情单位、生产单位，也是重要的价值生产单位，村庄内部的面子竞争都在门头内部或门头之间激烈展开。一般而言，村民小组内部的组长与小组会计都是小组内部门头的代表人物，而且极大门头内部各自会不断成长出村庄精英人物来担任小组长。[③] 村庄的经济精英有能力将在小亲族内成长起来的村庄头面人物吸纳进村庄的“权力—利益”网络之中。

尽管村干部在低保评选中具有决定权，但低保资源不可能彻底服从于“权力—利益”结构的无理需求，而必须照顾到村级组织在村庄治理中的正当性，同时也需要考虑乡镇政府对村庄低保政策执行的监管，一旦被激愤的村民告发将会招致乡镇政府的行政指标考核上的惩罚。[④] 低保资源的分配在总体上还是做到尽可能的公平、公正。

（二）乡土公平观生成低保分配平均主义

从 2009 年开始，国家增加了低保的名额，为了保障低保资源的

---

① 贺雪峰：《论中国农村的区域差异——村庄社会结构的视角》，《开放时代》2012 年第 10 期。
② 贺雪峰：《村治模式：若干案例研究》，山东人民出版社 2009 年版，第 278 页。
③ 申端锋：《农民行动单位视域中的小亲族》，《江海学刊》2007 年第 4 期。
④《关于实行村级组织百分绩效考核制度的通知》（关文〔2012〕6 号）。

有效利用，地方政府对低保开始实行分类评定制度，即将低保分为A、B、C三类，按照不同的等级要求来进行评选。① 在低保的三个等级中，A、B两类的标准都倾向于经济上十分困难的人群，具有较为明确的政策导向，而C类低保则不具有政策执行上的辨析度。因此，C类低保的评选成为村庄低保政策执行中的老大难。根据国家低保政策的规定，低保政策的目标群体是低保户。在W村，由于A、B两类低保具有政策执行上的辨析度，这部分低保没有太多争议。但是C类低保往往被经济水平相差不大的农户争相索要，这些农户都认为自己的家庭条件情况相差无几，都具备C类低保的资格，与自己经济条件相近的农户有低保而自己没有将极大地刺激到村民的乡土公平观。尽管C类低保在总的名额中仅占10%，但这部分低保的评选最容易给村级治理带来困境。为了保障低保工作的顺利进行，村干部将小组长和村民代表排除在外，直接以村委会议来决定低保的人选，为了做到尽可能地减少村民的意见，C类低保基本上以低保人的形式进行评定，这样低保资源最后只能按照平均主义的原则被各户平均。

（三）"不得罪人"的乡土逻辑消解低保退出机制

动态管理是低保政策本意的内在需求，从低保政策的政策目标来看，低保资源应该向经济长久困难或临时性困难的农村家庭进行倾斜，如果低保家庭的经济情况得到好转，那么在乡、村两级政策执行主体的监管之下就必须予以取消。按照乡、村两级执行主体对低保政策的执行的现实状况，对低保的动态管理在村庄内部依靠村民的举报。但是W村的小组是一个熟人社会，"不得罪人"的乡土逻辑是做人的基本准则，② 考虑长远的生活预期使村民对应该退出低保而不退

① 《关于进一步完善农村居民最低生活保障制度的通知》（驻政办〔2009〕6号）。

② 陈柏峰：《熟人社会：村庄秩序机制的理想型探究》，《社会》2011年第1期。

出的农户即使有所不满，也绝不会进行只有陌生人之间才会做出的举报行为。李西组的刘新某于2006年开始被评为低保，家里有四口人，其妻子和两个女儿身体都很健康。当时刘新某被误诊为肝癌，一直按照肝癌来吃药，由于自己不能劳动，再加上两个女儿在上学，家里经济负担十分沉重，于是村干部就给他们一户四个人评了低保。当时村民觉得刘新某患的是癌症，也活不了多长时间，对其全家都吃低保没有表示异议。但是后来刘新某发现自己是被误诊为肝癌，改变治疗方法后现在已经恢复健康。最近两三年，刘新某的家庭条件明显好转，去年家里建了很气派的两层楼房。但是自2006年第一次评上低保后，就一直依靠低保，大女儿出嫁后家里还有三个人依靠低保。村民看在眼里怒在心里。但是当笔者询问村民时，大家都表示低保其实也没有多少钱，尽管觉得不公平，但绝不会去举报，因为“都是一个庄子里的，经常见面，怎么会干那种事?”在国家强制性权力无法有效在低保的动态管理中发挥作用的前提下，村庄内的熟人社会机制实现了对国家所制定的政策监督举报规则的消解。

（四）农村家庭社会问题催生政策偏差

依靠农村社会内部的监督机制无法实现低保的有效退出，尽管乡镇政府每年都会取消一部分低保户的资格，但这种对低保指标的取消主要是依照低保政策的形式规定，如果发现家里有太阳能热水器或农户家里有电话就会取消低保，而这种政策执行形式主义不仅没有将应该取消的低保户取消掉反而使需要救助的农户失去了最基本的保障资源。李庄组的李宗某今年30岁，其刚满10岁的儿子一直患有脑瘫，尽管2011年被评上低保，但是远不能解决家庭的基本生活。为了养家，李宗某贷款买了一辆小型货车做水果生意，在经济情况并未好转的情况下，李家的低保被取消，原因就是民政所发现家里买了车不符合低保的条件。

低保政策在执行过程中，需要尽可能地保持低保资源向需求人群的供给，否则也是一种政策执行偏差。2012 年，李庄一位老人患了脑瘫，这种重大疾病需要去县里检查以提供医学证明，但因为老人儿子都在外打工，留守在家的老人不愿意去检查，民政局又不愿意下来主动验证，因而村组织报上去了也无法得到批准。另外，低保人增多后得低保的多是老人[①]，但是 W 村的老人尽管与儿子分家但还是跟着儿子过，比如南刘庄的一位老人，眼睛看不见且耳鸣，结果因为儿子家有太阳能热水器而没有上报成功。

不论是村庄权力结构对低保资源的侵蚀、乡村社会中的乡土公平观，还是低保动态管理中的“不得罪人”的乡土逻辑、村庄社会中的家庭结构原因与农村社会留守老人等现实问题，都展示出村庄社会本身对国家低保政策的政策目标的消解。如果说上节所述的国家政策的执行性偏差具有进行制度设计与体制变革方向上的优化可能，那么村庄社会本身的现实状况却只能成为国家社会保障政策执行的社会基础，尽管它构成了政策执行偏差的“原因”，但却是一种无法消弭的社会现实。

四、低保政策执行中的“农民参与”

（一）公共政策执行中的“农民参与”理论

与政策执行研究中的政府制度视角不同的是，公共政策执行中的农民参与理论认为农民政治参与不足是影响公共政策执行的重要原因。在政策执行的过程中，目标群体本身是左右政策执行结果的重要

---

① 贺雪峰:《小农立场》，中国政法大学出版社 2013 年版，第 217—222 页。

因素，“农民参与”理论认为当前中国农民的政治意识开始不断高涨，因此政策接受者不再是被动接受政策的政策客体或政策对象，而是能够自觉认识到政策目标和措施与自身利益间的关系，并做出积极反应的主体，即“政策接受主体”。[①] 政策执行者如果能够积极地参与到政策的制定与执行过程中来，能够有助于政策制定的科学性，也能够确保政策执行获得成功的可能。从博弈论出发，“农民参与”理论认为公共政策本身所涉及的利益极大地影响到农民对政策的态度，能够获得利益的目标群体将对政策的执行积极支持，而不能获得利益的群体则会对政策的执行进行干扰。“农民参与”理论并非没有考虑农村社会的现实状况，其认为农村社会的本土文化或地方传统构成了对公共政策执行造成消极影响的阻滞因素，因此提升农民在公共政策执行中的参与度将有助于平衡或缓和国家政策与乡土文化之间的固有张力，从而保障公共政策的成功执行。“农民参与”理论基于村民自治的政治理论设想，认为农民参与到政策执行的过程中还能有助于对执行主体进行有效的监督从而保障政策执行的完整性与科学性。[②] 总体来看，公共政策执行的“农民参与”理论希望从农村的民主政治中来对公共政策的执行问题进行分析和政策探讨，认为农民参与机制的建构是解决公共政策执行偏差的重要出路。

（二）“农民参与”理论的村庄社会基础

“农民参与”理论与目前学界主流的最大不同之处在于从村庄层面来讨论国家政策执行偏差的原因和解决之道。不过“农民参与”理论对农村社会的现实基础的总体判断出现了较大的认识偏差。相比转型时期的中国，西方社会的整体结构早已稳定，国家政策执行中的问

① 金太军：《公共政策执行梗阻与消解》，广东人民出版社 2005 年版，第 211 页。
② 周晨虹：《农村公共政策执行中的农民参与研究》，《山东社会科学》2011 年第 10 期。

题可以侧重从国家与制度上来进行分析，而且西方成熟的市民社会也使得公民参与构成了政策执行分析模型中的重要环节。但是，中国农村社会正在快速解体，社会关联度越来越低，农村社会关系的原子化是社会变迁的主要方向。伴随着农村社会经济的高度分化，农民内部出现了明显的阶层分化，各个阶层之间的社会关系、经济能力、政治倾向都有不同程度的差异，[①] 因此村庄社会内部的利益早已多元化，甚至在利益密集度较高的农村，社会阶层之间都存在着显著的社会冲突与社会竞争。[②] 农民的行动逻辑既非传统中国社会的乡土逻辑，也非现代公民的权利逻辑，而是一种复杂的融贯状态，而这种融贯的行为逻辑构成国家政策执行最现实的基础。“农民参与”理论实质上是利用西方的公共政策分析模式的社会基础替代了中国的现实国情和农村社会的复杂面貌，从而将农民假想为具有主体性的政策执行主体而非多元复杂的政策执行对象甚至是治理对象。

（三）“农民参与”理论的村级治理基础

就村庄的治理现状而言，农民缺乏政治参与的积极性，村庄体制性资源被村庄的权力拥有者所把控，农民在低保评定过程中很难参与进来。低保政策的评选程序中对村民代表参与的规定实际上就是对农民参与的规定，但在村庄以“权力—利益”为导向的政治生态下，村民代表的政治参与也只可能为这张强大的结构之网所稀释或吸纳掉。从“农民参与”理论的角度来看，低保政策的评选可以考虑由村民进行普选，这就可以避免村干部对低保资源的控制。但正如前文所述，村庄的社会结构主要是传统社会遗留下来的小亲族结构和社会转型时

---

① 杨华：《农村阶层分化：线索、状况与社会整合》，《求实》2013 年第 8 期。

② 杨华：《农村征地拆迁中的阶层冲突——以荆门市城郊农村土地纠纷为例》，《中州学刊》2013 年第 2 期。

期以来由村庄共同体瓦解所形成的“权力—利益”结构，这两种结构无法为农民的普遍参与提供现实条件。民主选举就是将低保资源的分配交给村民，在村民都想得到好处的前提下，有可能人人都投自己一票。W村的小亲族十分发达，小亲族是村庄社会的行动单位，遇到选举投票，村民大多会投自己人，那么投票的结果更多的是势力大人数多的小亲族获得更多的低保名额，而真正需要低保救助的农户反而可能无法获得低保。另外，在农村的社会秩序之中，贫困户实际上是村庄“差序格局”中的边缘人，往往成为社会主流群体所排斥的对象。从这一点来看，村干部垄断低保资源实际上有助于利用体制性权威克服掉村庄的社会结构对低保资源分配的影响，使得低保资源在全村范围和大多数资源的分配上做到基本公平。可以说，让更多的人来投票仅仅是缺乏对村庄社会了解的一种一厢情愿的理论追求，并不符合村庄社会的实际情况。如此，“公民参与”理论对农民参与机制的理论建构也只可能成为美丽的理论乌托邦。

五、政策执行的社会基础

农业税费取消以来，中央频繁出台了大量的惠农政策，然而政策实践中的偏差现象使得国家投入的公共资源没有被有效地输送到政策目标群体身上。本章基于W村的低保政策实践状况，对低保政策实践偏差的形成变量进行了简要的总结，将国家政策实践偏差的形成变量划分为基础性偏差与执行性偏差两种类型，其中政策基础性偏差可分解为村庄权力结构、乡土公平观、“不得罪人”的乡土行动逻辑及农村家庭、社会问题等村庄社会结构特征，而政策执行性偏差则包含政策文本、政策属性、政策执行的政府治理架构等具体方面。本章认为，对政策实践偏差的理解需要加强对执行性偏差的系统梳理与基础性偏差的正确认知，政策执行性偏差构成了政策实践偏差的主导型变量，但政策基础性偏差可以成为理解政策实践偏差现象与建构应对策略时的认识前提。另外值得注意的是，“农民参与”理论视农民为政策接受主体的观点缺乏村庄社会基础与治理基础的认识，其希望通过提升政策制定与执行中的农民政治参与程度来缩小政策实践偏差的构想只能成为一种理论上的乌托邦。

再好的公共政策也需要通过执行来将其落到实处，基于执行对公共政策运作过程的重要影响，目前学界将大量的理论笔墨投掷于政策执行本身。理论是灰色的，而经验之树常青。从社会保障制度之一的低保政策的实践经验来看，公共政策执行研究尤其需要加强对社会基础的认识，正是出于此，本章使用政策基础性偏差来指称公共政策执行的社会基础。在国家治理越来越常态化的前提下，公共政策无疑对于社会的长治久安和幸福增长具有巨大的促进作用，而公共政策的执行是其中的重要环节，但从微观经验来看，社会本身却构成了政策实践的现实基础，加强对公共政策执行的社会基础的研究应该成为公共政策执行理论的重要内容。

第十三章

政策执行偏差的整体性治理

作为社会保障体系的重要组成部分，低保政策在扶贫减贫中成效显著。[①] 然而，以社会保障的实质性公平为基准，围绕农村低保政策的偏差，有三类解释逻辑值得重视：瞄准偏差、一线弃权、政策泛福利化。

瞄准偏差的解释路径在方法上依靠统计数据分析，发现在社会救助标准普遍偏低的情况下，瞄准偏差带来的负面影响。由于贫困人口经济信息机制不健全，农村低保政策的实际保障对象和政策规定的贫困对象之间存在一些背离，基于此，不少学者提出要建立健全家庭收入审核机制和贫困人口识别机制，以提高低保社会救助资源的瞄准率。[②]

一线弃权的解释路径倾向于在治理语境中理解基层政府在执行农村低保政策中所面临的体制环境。

---

① 农村低保政策指的是农村最低生活保障制度。显然，农村低保政策是一个政策体系，包含从2007 年农村最低生活保障制度确立以来至今的所有政策。

② 易红梅、张林秀：《农村最低生活保障政策在实施过程中的瞄准分析》，《中国人口·资源与环境》2011 年第 6 期；黄瑞芹：《民族贫困地区农村最低生活保障目标瞄准效率研究——基于两个贫困民族自治县的农户调查》，《江汉论坛》2013 年第 3 期；杨龙、李萌、汪三贵：《我国贫困瞄准政策的表达与实践》，《农村经济》2015 年第 1 期。

政策泛福利化的解释路径关注农村低保政策执行中与专项社会救助政策发生的政策捆绑，这类研究发现农村低保资源的配置产生了社会救助资源的剩余，加之专项社会救助政策与低保政策相衔接，最终形成“底线救助”向“高位福利”的政策执行异化。[①] 这种解释路径着眼于兜底型社会救助制度所包含的政治价值理念，有助于厘清当前低保政策偏差的制度缘由，明确农村低保政策的价值选择，防止农村低保政策在扶贫减贫工作上形成不必要的功能超载。

以上三类解释逻辑分别从贫困信息甄别、行政体制环境、政策价值辨析剖析农村低保政策的偏差，并提供了相应的政策偏差治理意见，均具一定解释力和启发意义。不容忽视的是，低保政策是一个处于不断建设和完善过程中的动态政策体系，政策偏差并非一蹴而就，而是既有研究所涉及的政策执行变量相互叠加、长期累积的结果，并在不同的政策执行阶段呈现出不同的偏差特征。如此看来，企图以单一视角解释政策缘何发生偏差并提供政策修补或制度完善意见，必将无功而返。

本章将从政策体系与政策执行互动的角度，梳理农村低保政策体系的变迁，对当前农村低保政策偏差生成的政策症结给予解释，并对基层行政的整体性治理予以体制反思，最后简要讨论农村低保政策完善的制度方向。

① 贺雪峰：《农村低保实践中存在的若干问题》，《广东社会科学》2017 年第 3 期；仇叶、贺雪峰：《泛福利化：农村低保制度的政策目标偏移及其解释》，《政治学研究》2017 年第 3 期；陈文琼、刘建平：《论农村低保救助扩大化及其执行困境》，《中国行政管理》2017 年第 2 期；左停、贺莉、赵梦媛：《脱贫攻坚战略中低保兜底保障问题研究》，《南京农业大学学报（社会科学版）》2017 年第 4 期。

一、农村低保政策体系的变迁

以2007年国务院颁发《关于在全国建立农村最低生活保障制度的通知》为始，农村低保政策体系的建设已有十余年。截至目前，农村低保政策体系的总体目标、执行程序、救助标准等核心部分一直处于动态调整之中。本节梳理出2007—2016年国家层面的主要农村低保政策(见表5-1)。

表5-1 2007—2016年我国农村的低保政策

序号	政策名称	颁发机构	文/令号	时间
1	《关于在全国建立农村最低生活保障制度的通知》	国务院	国发〔2007〕19号	2007年7月11日
2	《关于进一步规范农村最低生活保障工作的指导意见》	民政部	民发〔2010〕153号	2010年11月11日
3	《关于进一步加强和改进最低生活保障工作的意见》	国务院	国发〔2012〕45号	2012年9月1日
4	《最低生活保障审核审批办法(试行)》	民政部	民发〔2012〕220号	2012年12月12日
5	《社会救助暂行办法》	国务院	国务院令第649号	2014年2月21日
6	《关于进一步加强农村最低生活保障申请家庭经济状况核查工作的意见》	民政部、国家统计局	民发〔2015〕55号	2015年3月10日
7	《关于做好农村最低生活保障制度与扶贫开发政策有效衔接的指导意见》	国务院办公厅(转发)	国办发〔2016〕70号	2016年9月17日

在表5-1中，最重要的农村低保政策是先后于2007年、2012年

和2014年颁发的《关于在全国建立农村最低生活保障制度的通知》《关于进一步加强和改进最低生活保障工作的意见》和《社会救助暂行办法》，三者分别标志着我国农村低保政策体系的建立、形成和法制化。以上述农村低保政策文件、行政法规等制度文本为基础，本节重点讨论农村低保政策体系中救助程序和救助内容两方面的变迁。

（一）低保救助程序：从村级民主评议到乡镇审核为主

从2007年农村低保制度建立到2012年《最低生活保障审核审批办法（试行）》出台，低保救助程序发生了明显变化。《关于在全国建立农村最低生活保障制度的通知》第四部分“规范农村最低生活保障管理”采取了“从农村实际出发，简便易行的方法”，将低保评定的关键程序放置于行政村层面，即“受乡（镇）人民政府委托，在村党组织的领导下，村民委员会对申请人开展家庭经济状况调查、组织村民会议或村民代表会议民主评选后提出初步意见，报乡（镇）人民政府；乡（镇）人民政府审核后，报县级人民政府审批”。

以上政策文本意味着，低保救助的实质性程序被简化为由村两委主导民主评议并决定谁能够享有公共救助资源。

政策形势很快发生了变化，2010年民政部《关于进一步规范农村最低生活保障工作的指导意见》不仅将农村低保政策的目标从“解决温饱问题”上升为“解决基本生活问题”，而且全面强化了乡镇人民政府的审核职责：一方面乡镇人民政府被要求对低保申请户开展全覆盖式的家庭经济状况调查；一方面村级民主评议需要由乡镇人民政府统一组织并列席参加。更重要的是，该文件还专门强调“村级民主评议不是批准程序”，这显然是为了改变《关于在全国建立农村最低生活保障制度的通知》政策执行中出现的村干部决定低保救助资源分配的乱象。

2012年国务院《关于进一步加强和改进最低生活保障工作的意

见》更为鲜明地确立了“乡镇人民政府是审核最低生活保障申请的责任主体”，并且将低保审核程序的重心由村级民主评议变更为乡镇审核。也就是说，最初的低保审核程序中，村级民主评议在前、审核在后，后者仅具有形式审核功能；而新的低保政策规定审核在前、村级民主评议在后，后者成为附属性审核程序。紧随其后，2012 年《最低生活保障审核审批办法(试行)》则进一步细化了低保审核程序，确定了村级民主评议的核心功能在于核定乡镇人民政府的家庭经济状况调查结果的真实有效性。

农村低保政策的变迁显示，现行低保审核程序基本放弃了最初低保救助资源分配中以村级民主评议为主的方法，选择了略显烦琐的先是乡镇下乡入户调查、村级民主评议家庭经济状况真实性，而后乡镇审核通过的行政程序。村级民主评议在正式行政结构之外，属于典型的“简约治理”模式。[①] 相比传统的正式行政机构的消极行政而言，低保政策的制度设计对作为政策执行主体的乡镇政府提出了更多积极行政的要求。为确保低保救助资源的公平分配，乡镇政府和村级组织需要相互分工、有效配合，凸显出以乡镇审核为主的程序设计，不仅强化了乡镇人民政府在低保审核上的行政主体责任，而且企图借助村级民主评议来获取正式行政实践的社会确认，以提高低保政策执行的公正性和合法性。

(二)低保救助内容：从社会兜底到综合救助

社会救助制度的政策定位是“托底线、救急难、可持续”，不同的社会救助制度具有相对独立的政策定位。在整个社会救助制度体系中，长期生活类救助、专项分类救助和应急类救助三者是并列关系，

---

① 黄宗智：《集权的简约治理——中国以准官员和纠纷解决为主的半正式基层行政》，《开放时代》2008 年第 2 期。

其中低保救助制度与特困人员供养制度属于长期生活类救助，医疗救助、教育救助、住房救助和就业救助属于专项分类救助，受灾人员救助和临时救助属于临时应急类救助。[①] 我国力图建立长期生活类救助与专项分类救助相结合，辅之以临时应急类救助的社会救助体系，例如国务院《关于进一步加强和改进最低生活保障工作的意见》提出要加强最低生活保障与其他社会救助制度的有效衔接，“加快推进低收入家庭认定工作，为医疗救助、教育救助、住房保障等社会救助政策向低收入家庭扩展提供支撑”。其政策文本所要表达的显然是希望以最低生活保障制度的实施建立生活困难人口信息，推动专项社会救助体系的建设。

但从我国社会专项救助制度的发展历程来看，专项分类救助从建立之初就和低保救助制度捆绑在一起。民政部2003年颁发的《关于实施农村医疗救助的意见》明确规定医疗救助对象是农村五保户和农民贫困户，农村低保制度建立后，医疗救助对象被更改为农村低保户。民政部2004年颁发的《关于进一步做好城乡特殊困难未成年人教育救助工作的通知》明确规定教育救助对象之一为“持有城乡最低生活保障证家庭的未成年子女”。也就是说，在社会救助政策实施过程中，享有最低生活保障成为获得专项分类救助的“身份证”，而非低保户、非特困户在需要专项分类救助时极有可能被拒绝在申请门槛之外。[②]

2014年颁布的《社会救助暂行办法》属于行政法规，是我国社会救助制度的最高位阶。《社会救助暂行办法》的立法思路延续了多年来我国社会救助政策实施的制度惯习，以最低生活保障制度为核心，统筹其他各项社会救助制度，尤其是专项社会救助制度。农村最低生

---

① 谢勇才、丁建定：《从生存型救助到发展型救助：我国社会救助制度的发展困境与完善路径》，《中国软科学》2015年第11期。

② 张浩淼：《关于我国专项救助制度建设的思考》，《学习与实践》2007年第6期。

活保障的对象是家庭年人均纯收入低于当地最低生活保障标准的农村居民，主要是因病残、年老体弱、丧失劳动能力以及生存条件恶劣等原因造成生活常年困难的农村居民。最低生活保障家庭成员成为申请医疗救助、教育救助、住房救助和就业救助的前置性救助资格之一，最低生活保障制度与社会专项救助制度实现了全面有效的衔接，我国正式进入综合社会保障救助制度阶段。《社会救助暂行办法》为低保政策执行提供了一个根本性、稳定性的法律制度框架，对低保政策执行产生了巨大影响。

二、农村低保政策偏差的生成机制

农村低保政策的政策目标是有效保障农村困难群众的基本生活。现阶段农村低保政策偏差的重点不再是"关系保""人情保""治理保"的层出不穷，而是享有低保救助资源的农户获得了比低保边缘户更多的救助资源，引发了新的社会不公。

(一)配额制主导下的"社区瞄准"

国家低保政策的核心原则是"应保尽保"，但在政策执行过程中，考虑到地方财力是低保救助开支的主体，地方政府在财政预算中按照"以钱定线""以钱定人"来编制年度低保救助计划，并形成低保政策执行中的配额制。配额制是典型的分配稀缺性公共资源的有效制度，大多数具有竞争性的公共资源的配置都采取配额制。[①] 也就是说，原本应该按照低保救助需求来确定民政开支，最终却形成了指导性的低

① J. H Dales. *Land, Water and Ownership*. Canadian Journal of Economics, 1968(4); David. W Montgomery. *Markets in Licenses and Efficient Pollution Control Programs*. Journal of Economic Theory, 1972(3).

保名额指标。配额制意味着，低保名额总是多于或少于实际的低保户数量，假设国家社会救助财政开支不断增加，低保名额就会逐年增加，而这并不表明农村社会中的低保救助需求在同步增加。

配额制主导下的低保政策执行采取国际通行的“社区瞄准”机制，即将贫困家庭根据困难程序排序，按照配额从贫困人群中筛选出最贫困的家庭给予救助。[①] 与国际标准不同的是，在低保政策执行之初，为了节省行政成本并有效发挥“社区瞄准”机制在社会救助中的治理功能，乡镇政府赋予了村级民主评议实质性的社会救助审核权，“社区瞄准”机制不仅力图实现对乡土社会贫困人口的排序，而且直接决定了谁能享有公共救助资源。

低保政策如此设计的原因集中在两个方面：一方面，与世界上其他发展中国家类似，我国福利认证能力不足。福利认证能力是中央政府对社会保障需求状况的全面而准确的把握，最典型的比如美国建立的依靠税收体系而形成的社会保障信息认证能力。[②] 我国低保政策的实施是在国家福利认证能力并不具备的前提下快速推行的，依靠村级民主评议的社区认证模式来弥补国家福利认证能力的不足。另一方面，“社区瞄准”机制相对现代行政体系而言具有不可替代的优势。农村社会的家庭生计是显著的“半工半耕”模式[③]，农业收入和务工收入对于国家而言属于典型的模糊社会信息，均难以通过经济调查准确获得。[④] 依靠乡土熟人社会信息相对对称的特点，国家能够简便易行地实现低保申请户贫困程度的排序。

---

① Conning J, Kevane M. *Community-Based Targeting Mechanisms for Social Safety Nets: A Critical Review*. World Development, 2002(3).

② 欧树军：《国家基础能力的基础：认证与国家基本制度建设》，中国社会科学出版社 2013 年版，第 157—158 页。

③ 杨华：《中国农村的“半工半耕”结构》，《农业经济问题》2015 年第 9 期。

④ 韩志明：《在模糊与清晰之间——国家治理的信息逻辑》，《中国行政管理》2017 年第 3 期。

"社区瞄准"机制运作依赖于村民自治的良好运作，否则便一定会发生贫困瞄准上的偏差。社会救助审核规范化后，这类政策偏差很快大大减少。

虽然国家在当前低保政策执行中不断从制度上强化乡镇审核并弱化村级民主评议，但基层行政体制的执行使得"社区瞄准"依然成为低保救助资源配置的关键环节。所以，在村民自治运作不甚理想的前提下，低保配额制主导下的"社区瞄准"机制必然会产生瞄准偏差，这作为低保政策执行的基础性偏差将长期存在。

(二)救助资源扩增下的"福利叠加"

至2007年全国性农村低保政策实施以来，我国农村低保救助事业获得飞速发展。这一方面得益于地方经济的持续增长，一方面是由于低保救助支出责任从最初的地方负担制变为"央地分级"负担制，[①]中央资金在低保救助资金总盘中所占的比例不断提高。统计数据显示，2011—2014年中央补助资金在农村低保资金中分别为506.6亿、431.4亿、612.3亿和582.1亿，其在总的农村低保救助资金中的占比分别达75.3%、60.1%、70.6%、66.9%。以下是近10年来农村低保覆盖率的总体情况：

表5-2　2007—2016年全国低保财政支出和覆盖率

年度	低保资金(亿)	每人每月平均低保标准(元)	低保救助人口(万人)	乡村人口(万人)	低保救助覆盖率(%)
2007	109.1	70	3566.3	71496	4.988
2008	228.7	82.3	4305.5	70399	6.115

① 杨红燕：《中央与乡镇政府间社会救助支出责任划分——理论基础、国际经验与改革思路》，《中国软科学》2011年第1期。

续表

年度	低保资金（亿）	每人每月平均低保标准(元)	低保救助人口(万人)	乡村人口（万人）	低保救助覆盖率(%)
2009	363	100.84	4760	68938	6.904
2010	445	117	5214	67113	7.768
2011	667.7	143.2	5305.7	65656	8.081
2012	718	172.31	5344.5	64222	8.321
2013	866.9	202.83	5388	62961	8.557
2014	870.3	231.41	5207.2	61866	8.416
2015	931.5	264.8	4903.6	60346	8.125
2016	1014.5	312	4586.5	58973	7.777

注：数据来源于民政部社会服务发展统计公报(2010—2016 年)和民政事业发展统计公报(2007—2009 年)以及国家统计局年度人口数据

如表 5-2 显示，10 年来低保资金增加了 900 多亿，每人每月平均低保标准从最初的 70 元提高到 312 元，低保救助覆盖率从最初的 4.98%提高到 7.78%。在农村贫困人口不断减少的形势下，低保救助覆盖率的总体递增是行政化的配额制所致，即低保救助资金在财政预算中占有一定比例，并且民生政治建设不断增加低保预算比例。由此，低保救助资金的提高不仅表现为低保救助额度水平的逐年提高，而且表现为低保救助覆盖率的不断提升。

虽然无法准确测量出农村低保的需求量，但经验调研显示，低保救助覆盖率已经超出了实际的农村低保救助需要，绝大多数行政村每年都存在剩余指标如何分配的治理难题。一旦低保救助出现资源剩余，而配额制下的指导性低保指标又需要在行政体制内完成分配，那么即便不考虑基础性的社区瞄准偏差，也总有非贫困人口享有低保救助资源。剩余低保救助资源需要采取相对公平的方式分配下去，于是乡土社会的平均主义观念影响低保救助资源的配置，共同生活的家庭成员中的残疾人、重大疾病者和高龄老人，成为争取剩余低保救助资源的重要依据。

现实情况是，基础性的社区瞄准偏差始终存在，加之剩余低保救助资源分配导致的政策偏差，低保户中便存在一定比例的人口获得了原本不该享有的公共救助资源。相比之下，人均年收入在最低生活保障线以上不多的低保边缘户就很容易产生相对剥夺感，并极易产生对低保政策的不满。此外，社会专项救助与低保救助捆绑执行，导致非低保户享有社会专项救助的可能性大大降低，这对社会专项救助存在需求的农村人口形成强大的排斥作用。

《社会救助暂行办法》的政策本意并未规定低保户必须享有专项社会救助资源，但在乡镇政府执行《社会救助暂行办法》过程中，低保救助制度不仅与专项社会救助制度直接挂钩，而且改变了《社会救助暂行办法》中对专项救助制度的规定，例如低保户不仅能够直接享有医疗救助，还可以按照最高比例直接报销合作医疗费用。

可见，现阶段低保政策执行中最容易引发低保救助资源分配不公的是《社会救助暂行办法》实施之后救助政策捆绑带来的显著的“福利叠加”效应，即以低保作为享有其他优惠政策的准入资格的现象。[①]虽然专项社会救助政策早已存在，但之前的专项社会救助并不产生救助红利，低保政策与专项社会救助政策的捆绑并未形成可观的政策福利。关键在于，国家立法提高社会救助政策体系的制度化水平之后，专项社会救助制度建设得到极大发展，专项社会救助水平得到极大提高，享有低保资格便意味着能够获得更多的社会救助资源。

结合上述分析，农村低保政策偏差的机理可以归纳如下图：

① 张开云、叶浣儿：《农村低保政策：制度检视与调整路径》，《吉林大学社会科学学报》2016年第4期。

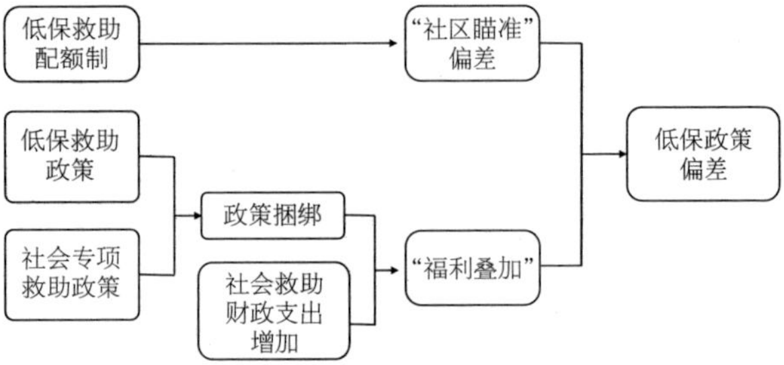

图 5-1　我国农村低保政策偏差形成的机理

长期以来，学界将低保政策偏差的责任归咎于地方政府的不作为或乱作为，很少从政策体系的层面来看待低保政策执行的不尽如人意。结合以上论述，低保政策偏差的制度根源在于社会救助政策体系救助分类能力的匮乏，即低保政策缺乏将低保人口进行筛选后与专项社会救助制度衔接的能力；专项社会救助政策亦难以对低保人口进行重新筛选并给予救助。正因如此，原本应该相互独立的社会救助政策在执行中形成政策捆绑后的"福利叠加"，带来低保政策的偏差。

三、乡村政府的整体性治理

（一）政策执行压力下的整体性治理

在乡镇政府的行为逻辑中，低保政策执行属于专项社会发展业务工作，与其他科室、站所的业务工作毫不相干，无法在行政体制中获得额外的组织资源支持。乡镇政府将专项业务工作转化为中心工作，对科层体制内的组织资源重新整合，以行政内部发包的方式，实现业务工作量的指定到人。[①] 对比低保政策的程序性规定，可以发现，乡

① 杨华、袁松：《行政包干制：县域治理的逻辑与机制——基于华中某省 D 县的考察》，《开放时代》2017 年第 5 期。

镇政府针对政策偏差所开展的整体性治理实际上并非制度创新，而是向低保政策体系的全面回归，即真正开始贯彻以乡镇审核为主的低保救助审核程序，将村级民主评议作为低保申请户家庭经济状况真实性核实的必要环节。

乡镇政府推动的整体性治理并非是为了克服低保政策执行的“碎片化”，而是力图弥补乡镇科室行政人力资源的不足，以应对压力型体制下的政策执行压力。[①] 从理论上讲，整体性治理需要以信息技术治理为依托，[②] 但低保政策执行显然无法得到信息技术治理的足够支持。自最低生活保障制度建立以来，救助申请家庭经济状况核对机制的建立一直被国家所强调，但政策执行中真正建立起有效的信息数据系统的地方政府屈指可数。如前所述，这主要是由于农村社会的经济收入结构难以精准计量，另一方面则是低保政策执行所需要的政府部门合作领域出现的“孤岛现象”。[③]

面对低保政策偏差，即便在政策执行压力之下，地方政府难以突破政策体系所划定的诸多限制。基层行政的整体性治理的动力在于：一方面是上级政府开始强化了对农村最低生活保障工作的考核力度，这无形中提升了地方党委政府的领导重视程度；一方面是低保政策本身导致了公共救助资源配置的执行难题。如何以更为公平合理的方式解决制度本身带来的不公平和克服村级治理带来的社会冲突，是乡镇政府在政策执行压力下必须开始着重考虑的问题。为了应对上级行政考核和党委纪律监督，乡镇政府必须全面清理多年来低保政策执行所

① 荣敬本、崔之元等：《从压力型体制向民主合作体制的转变：县乡两级政治体制改革》，中央编译出版社 1998 年版。

② 竺乾威：《从新公共管理到整体性治理》，《中国行政管理》2008 年第 10 期。

③ “孤岛现象”是指政府机构间在职能、资源、信息、利益等方面因不能满足多元组织主体充分整合、及时交流、高效利用的一种状态。参见马伊里《合作困境的组织社会学分析》，上海人民出版社 2008 年版，第 2 页。

形成的问题，以统一的制度性规定贯彻落实下一年度的农村低保救助任务。

照理说，乡镇政府对“简约治理”模式具有极强的制度化依赖。为了减轻行政负担，乡镇政府倾向于将行政任务放置于村民自治的半正式行政结构，使得村级组织的行政化程度不断增加，村干部在行政事务中的权力不断增大。

我国的党政体制决定了低保政策偏差的整体性治理依然遵循权力的高度集中，即便制度性的权力打破了低保救助资源分配的“关系—利益”网络，只要乡镇政府保持强有力的政治性和政策执行力，低保救助资源分配的相对公平的政策执行结构便可很快形成。更重要的是，乡镇政府作为低保政策的执行主体，能够为低保审核提供统一标准，实现行政辖区范围内的程序性公平。

(二)行政体制内整体性治理的限度

我国政府纵向层面的“职责同构”是保障政令畅通的有效的行政体制设计。就地方治理的日常行政运作而言，中心工作并非学界通常所认为的运动型治理，而是呈现出一系列常规化特征。[①] 乡镇政府在政府体系中的定位就是具有综合治理功能的一线地方政府，乡镇政府科室、站所的日常工作一方面承接上级的指令，一方面是在中心工作中成为其他行政工作的协助单位。受限于乡镇机构编制和行政经费预算，乡镇政府的科室、站所经常无法完成被要求严格执行的诸多政策，凡是进入政策执行压力序列中的日常工作，便直接在乡镇内部转化为中心工作，由原科室、站所牵头，其余单位视情况作为成员单位

① 欧阳静：《论基层运动型治理：兼与周雪光等商榷》，《开放时代》2014 年第 6 期；樊红敏、周勇振：《县域政府动员式社会治理模式及其制度化逻辑》，《中国行政管理》2016 年第 7 期。

协助工作，最终统一于乡镇党委政府的领导。

迫于政策执行压力，乡镇政府只需采用中心工作机制便可轻而易举地修正低保政策执行偏差。就此而言，乡镇政府推动的整体性治理最重要的是重新确立低保救助资源分配的权力与规则，确保乡土社会的贫困排序更加公平合理，更加标准化，突破社会民主的地缘血缘因素和利益关系带来的局限性。不过，乡镇政府全面主导的低保救助资源分配并不意味着对“社区瞄准”机制的彻底摒弃。以乡镇审核为主的政策执行结构反而意味着乡镇政府需要将村级民主评议定位于真正的“社区代理”，积极发挥村级组织的协助功能，协助乡镇政府识别乡土社会中的贫困人口并实现贫困排序。

四、结　语

国家政策需要依托行政体制实现有效执行，同时需要考虑到基层行政实践的执行能力，否则再好的政策也注定无法获得完满执行。从政策与政策执行者的关系来看，政策建设和基层行政实践应该实现良性互动：政策建设从基层行政实践中获得有效反馈，进而不断调整以更加符合实际情况；基层行政从政策执行中提升政府的公信力。基层行政监管强化之后，现阶段低保政策偏差集中于低保救助资源剩余和政策捆绑执行所带来的社会不公，这显然是在信息技术治理不足背景下的基层行政实践较难以克服的治理困境。

以低保政策执行及其偏差治理为例，政策执行的中国经验在于政策体系的变迁始终为政策执行提供了更大的灵活空间，同时地方党政体制主导下的整体性治理能够为政策偏差的矫正提供政治支持和行政体制空间。从制度变迁的角度看，低保政策体系以《社会救助暂行办法》的出台而实现法制化，在执行过程中生成政策偏差的同时，也提供了低保救助资源配置标准化的执行压力。这种程序性公平的实现主要依靠乡镇政府的整体性治理。

基于此，本章认为《社会救助暂行办法》未来进一步法制化的方向不仅在于实现从行政法规向全国人大立法的迈进，更需要以现有社会救助体系为基础，探索性地建立低保政策与专项社会救助政策之间的分类衔接机制，从政策源头克服“福利叠加”效应。需要保持谨慎的是，即便未来信息技术治理能力足够发达，地方政府对低保申请户经济状况能够有效核查，低保救助公共资源进入乡土社会依然需要依赖“社区瞄准”。故而，低保政策执行优化最微妙的地方在于，如何科学合理运用村级组织在社会救助中的协助功能。

结论

本书聚焦资源反哺时期的乡村治理能力，立足乡村治理的事实，探究了当代乡村治理能力。如果从理论的角度定义乡村治理能力，似乎可以清晰地界定何为乡村治理能力。全书的导论实际上已经对乡村治理能力的含义进行了简要的说明。但更重要的理解乡村治理能力的因素其实是时间，因为被同样的语词完成的定义界定，在不同的时期会存在完全不同的意涵。

正是国家治理的大转型，使得当代乡村治理能力具有完全不同于以往的具体含义。当代乡村治理能力首先需要对乡村社会的信息有一个更为精细的掌握。其次，当代乡村治理能力还需要基层政权能够将国家的财政资源与农民生产生活的实际需求相对接，这不仅要求能够真正了解农民的所思所想，而且需要能够在丧失对农民的约束机制的条件下有效动员农民。最后，乡村治理能力还要求基层政权引导农民、教育农民、规劝农民。乡村治理主体就需要对农民来信来访开展有效甄别，以更好的工作方法和工作方式来引导农民，尽可能地为农民解决难以解决的问题。

本书研究发现，当前的乡村治理能力面对的是一个巨变的乡村社会，乡村社会正处于一个快速解体与重构的阶段，城镇化对农村家庭带来的影响至关重要。毫不夸张地说，城镇化进程重塑着乡村社会，并且直接形塑了新时期的乡村治理事务。

乡村治理能力的主体是基层政权，基层政权运作的状况直接决定了乡村治理能力的高低。当前基层政权已经成为较为完备的现代科层组织，拥有了较为有效的行政权力。不过，相比于上级政府所掌握的公共资源而言，基层政权在常规性权力上还处于弱势地位，这在我国纵向政府关系中体现得最为突出。乡镇政府不仅需要应对常规工作，还需要根据上级党委政府的要求来落实大量的重点工作。如果乡镇政府的行政资源在完成上级交办的行政事务时都不够用，那么很多具有实质意义的行政事务都可能流于形式。如此一来，乡镇政府的常规性权力很难转化为有效的乡村治理能力，科层化的权力运作方式很难回应非格式化的、具有综合性的乡村治理需求。

在乡镇政府缺乏足够的行政资源完成行政任务的时候，国家推行的保障村级组织运作经费和改善村干部待遇的改革，给了乡镇政府缓解自身行政压力的契机。上级政府用公共财政来保障村级组织运作，是基层党建的重要工作。行政化之后的村级组织，成为乡镇政府的常规性权力在乡村社会延伸的组织载体。

从当前乡村治理能力的应然状态来看，基层政权应该着力形成对乡村治理资源的统合型权力，利用行政资源建设具有灵活性、便利性、综合性的乡村组织权力网络。然而，村级组织行政化的改革历程显示出，基层政权建设的主要方向依然是农业税费取消以来的对常规性科层权力的扩展，就连村民自治组织都被吸纳进现代科层体系之中。从这个角度来看，乡村治理能力的建设任重而道远。

常规性科层权力不断扩张与乡村治权不足所产生的治理后果，是乡村治理事务在预期治理目标上的偏离。纠纷解决上，纠纷的属性决定了纠纷解决所依赖的资源。一般来说，乡村社会内产生的小微纠纷可以通过本土资源获得解决。涉及土地利益的生活纠纷，则是利益诉求较为刚性的社会纠纷，而且一旦牵扯到复杂的社会关系，这类社会纠纷即便借助法律资源也很难解决。总体上，乡村社会自我解决纠纷的能力在不断下降，村干部能够用于协调乡村社会利益的治理资源不断流失是重要的原因。当然，农民也会工具主义地向法律系统寻求帮助并取得纠纷解决上的一定成效，但总体效果并不令人满意，一个重要原因是基层政权运作不断规范化、科层化，除非农民开始上访，否则基层政权很难在纠纷解决上提供足够的治理资源。

高度行政化的村级治理模式在乡村治理能力上更偏向于正式的科层权力，对乡村治权的需求度不高；而绝大多数农村的村级治理需要建立以乡村治权为基础的乡村治理能力。目前来看，在资源输入和村级行政化的改革逻辑下，乡村治理能力不仅没有建立起来，反而陷入了乡村治理内卷化的困境。

政策执行上，即便不考虑政策本身的完备性，乡村社会中盛行的特殊主义和一系列的乡土规则便足以消解原本就缺乏监管的村级权力，由此带来政策执行的偏差。基层政权可能基于考核压力和行政问责而对政策执行偏差开展治理，但由于行政资源的稀缺性，这种运动式治理难以持续。

随着国家治理转型的持续深化，乡村治理领域的改革也在全面展开。乡村治理体系的优化必须以提升乡村治理能力为核心。乡村治理能力的建设，首先需要强化基层政权的常规性权力，通过地方资源下沉来扩充乡镇政府的科层权力，以此来提升基层政权的基本公共服务水平。当前国家公共财政能力不断提升，可以借助党和国家机构改革的契机，真正夯实乡镇政府的治理资源，确保专业性较强的治理事务能够被乡镇职能部门有效承担。

其次，需要强化乡级组织建设。乡村组织建设并不仅是村级组织建设，还应该包含针对广大乡村干部的组织建设。进一步，这种组织建设也不仅是党组织建设，而是广义上的人员配置、机构设置、工作机制、办公设备及考核方法等方面的全面革新，目的在于提升乡村组织的物质资源和权威资源，真正提高为乡村社会提供公共服务的能力。其中，最重要的是积极探索培养乡村干部工作能力的治理机制，防止乡村干部成为只会坐班的办公室干部，要让乡村干部在田间地头开展工作，提升乡村干部的综合能力。

最后，扭转村级组织行政化的整体局面。从全国农村的治理改革来看，村级组织行政化已经全面推开。为了提升乡村治理能力，应该在给予村级组织运作经费保障的同时，减少对村级组织的行政化使用，应该给予村级组织和村干部开展工作的主动权。当然，这也要求行政体制本身做出适度的调整，减少农村工作上的形式主义，减轻基层政权运作的行政负担。

乡村治理能力涉及乡村社会的方方面面，也深刻嵌入行政体制之中。当前，国家在乡村治理领域投入了大量资源，物质资源的下乡真正转化为有效的乡村治理能力，不是通过行政考核就能够完成的。当代乡村治理能力的建设，除了加强治理资源配置和权力监管，最重要的是给予乡村组织充分的政治信任和做事的灵活空间。

后　记

在2011年大学毕业的那个暑假，经陈柏峰教授推荐，我有幸参加了贺雪峰教授主持的华中科技大学中国乡村治理研究中心的农村调研。在此后的6年里，我系统接受了“华中研究”的学术训练，顺利取得了博士学位。

“华中研究”的学术训练主要包括两个方面：一是硕士研究生期间被明确要求不允许参加课题、不允许写论文，3年时间的唯一任务是读“经典”。平时，硕士读书会的同学们“三点一线”，绝大部分时间浸泡在图书馆，日夜苦读，不敢有丝毫懈怠。每个月，贺老师会亲自主持读书汇报会，检查我们读书的情况。到硕士毕业时，同学们都能阅读完成大约200本理论书籍。回想起那段心无杂念的阅读时光，令人无比怀念；二是博士生期间开始深入“经验”，马不停蹄地开展密集的田野调研。按照贺老师的要求，在开始做博士论文之前，博士同学们至少需要累积调研时间200天，而博士论文的选题强调以源于经验的问题意识为中心，不拘泥于学科的限制，博士论文的调研和写作大约在一年内完成。

这本书便是这种学术训练模式下的产物。书中各个章节均为历次集体调研的成果，这些集体调研的地点分别是江西赣南、河南驻马店、浙江绍兴、山东德州、上海松江、河南信阳、广东佛山、重庆涪陵、浙江淳安等地的农村，其中绝大多数调研都是在我攻读博士学位期间完成，相关论文的写作和发表也都集中在这个时期。

基于田野调研后的写作成果首先归功于集体，这是因为集体学术是我所切身感受到的研究方法。拿本书中第三编“纠纷解决”来说，其中所涉及的调研是李祖佩师兄带着我完成的。当时我还处在硕士读书阶段，只是零星地跟着耿羽、杨华等师兄调研过，对农村经验的感觉并不是太好。作为调研新手，我不过是跟在师兄的后面“混”经验而已。经过师兄多次经验访谈示范之后，自己才开始鼓起勇气去赣南的村子里找人访谈。后来，基于调研所获得的纠纷案例，我写作完成了关于乡村纠纷解决的数篇论文。第五编“政策执行”的研究也是如此，当时刘锐师兄带着我和博士同学张雪霖、陈文琼，每天顶着39度的高温在豫南农村四处找人。某天夕阳西下，师兄向我谈及农村的“低保”问题，我这才觉察到关于政策执行方面的一些问题意识。再后来，在浙江绍兴农村，也是谭林丽、张建雷、王海娟等师兄师姐，天天带着我，白天访谈，晚上讨论，不断凝练问题意识，这才有了后来我关于社会分化方面的研究论文。这些研究经验的微观过程说明，集体学术可以使进入田野的个体，以非常低的成本去触碰、累积、分析、提炼经验，使个人获得快速的学术成长。

参加工作后，在陈柏峰教授的组织和带领下，我和研究团队的龚春霞副教授、朱政副教授、刘杨副教授、于龙刚、刘磊等老师们一起带队参加集体调研，大家相互砥砺，共同进步！这种集体学术的经验研究方法，在训练和培养学术人才上卓有成效。李梦侠、王裕根、徐凯、王福强、刘法杞等师弟师妹多次和我在一个小组共同调研，他们现在都已顺利取得博士学位并任教于各个高校。在江苏无锡、江苏徐州、河南光山、湖北荆门、湖北宜昌、浙江桐乡等地的历次调研中，韩娜、梁永成、吕健俊、孙冲、孙明扬、刘雪姣等师弟师妹逐渐从调研新手，成长为可以独当一面的“老将”。每次与你们一起调研，总能源源不断地获得学术灵感，书中不少想法正是在与你们的集体讨论中形成的！现在，团队中有越来越多的学术“后浪”涌现出来，令人振奋！

书名以乡村治理能力为关键词，全书按照乡村治理能力的社会基础、乡村治理能力的主体和支点、乡村治理能力的具体事务等线索进行编排，这无疑获益于陈柏峰教授的宝贵建议。本书的各个章节，之前分别在《环球法律评论》《中国法律评论》《民间法》《南京农业大学学报(社会科学版)》《北京社会科学》《西北农林科技大学学报(社会科学版)》《华南农业大学学报(社会科学版)》《中共宁波市委党校学报》等期刊发表过，感谢各个杂志社和期刊编辑们！

本书的出版获得中南财经政法大学法学院的科研经费支持，感谢张家勇副院长和科研办蒋效华老师的热情相助！感谢陈柏峰教授在百忙之中亲自联系了出版社，让这本面临夭折的著作起死回生！感谢陕西人民出版社的王亚嘉、党静媛两位老师，为本书的出版付出了辛劳的汗水！

感谢我的家人，你们永远是我前进的坚强后盾！